심천의 꿈

나남
nanam

심천의 꿈

대한민국 백년의
시민살이에 관한 사색

나남신서 1968

2018년 6월 20일 발행
2018년 7월 10일 2쇄

지은이 조대엽
발행자 趙相浩
발행처 (주) 나남
주소 10881 경기도 파주시 회동길 193
전화 (031) 955-4601(代)
FAX (031) 955-4555
등록 제 1-71호(1979.5.12)
홈페이지 http://www.nanam.net
전자우편 post@nanam.net

ISBN 978-89-300-8968-5
ISBN 978-89-300-8655-4(세트)

책값은 뒤표지에 있습니다.

나남신서 1968

조대엽 사회평론집

심천의 꿈

대한민국 백년의
시민살이에 관한 사색

나남
nanam

심천의 꿈

대한민국 백년의
시민살이에 관한 사색

차 례

12장
정치, 정치인

서문

1. 심천, 서릿빛 꿈을 꾸다

작년 여름 나와 내 주변은 불같이 뜨거운 시간을 보냈다. 그리고 몇 달이 지난 후, 내가 살아온 삶을 통째로 뒤흔든 그때 그 견디기 어려웠던 시간을 곁에서 지켜준 고마운 지인들의 권유로 나는 두 번의 조용한 지방 나들이를 나섰다.

11월의 나주(羅州)는 여전히 고운 가을빛이 남아 있었다. 혁신도시가 차츰 자리를 잡아가면서 희망의 빛깔이 반짝이는 듯도 했다. 만추의 들판을 가로 질러 우리 일행은 삼봉(三峯)의 흔적을 찾아 나섰다. 나주시 다시면 운봉리 백동마을, 고려 말 정도전 선생이 유배 갈 당시는 나주목 회진현 거평부곡의 소재동으로 불렀다. 그곳에는 궁색한 단칸 초가로 복원해 놓아 오히려 더 썰렁한 삼봉 선생의 유배 터가 있었다. 안내 비석이 없었다면 어디서도 선생의 3년 유배살이를 느낄 수 없는 무미한 초옥이었다. 하지만 여기가 선생께서 부곡의 천민들과 어울리며 사무치게 '민본'을 깨닫던 곳임을 떠올렸다. 그래서 새 나라 조선을 설계한 선생의 꿈이 여기서 시작되었으리라는 생각에 이르자 말없는 초옥은 중요한 것이 아니었다. 그리고 나와 선생 사이에 놓인 640여 년의 시간을 건너뛰었다. 비로소 이곳 소재동에서 선생이 쓴 《심문천답》(心問天答)이 오롯이 떠올랐다.

올해 1월, 설을 약 한 달 앞둔 안동 도산(陶山)은 겨울답지 않은 포근한 날씨였다. 요즘 한창 세간의 관심이 높아진 임청각(臨淸閣)에 들러 차 한 잔을 마신 후 오랜만에 도산에 들어선 것이다. 퇴계 선생의 묘소에 참배하고 원천리에 있는 이육사문학관을 찾았다. 나는 육사(陸史)의 삶을 모은 원천리 문학관에서 육사 선생의 '서릿빛' 서정을 느끼고 싶었다.

육사의 시에는 나라 잃은 민족의 비애와 한이 겹겹이 배어있지만 거기에는 해방을 향한 강렬한 저항과 혁명의 코드가 내장되어 있다. "내 고장 칠월은 청포도가 익어가는 시절"이라며 향수의 서정을 담은 시에서도 "하늘 밑 푸른 바다가 가슴을 열고"와 "흰 돛단 배가 곱게 밀려서 오면", "내가 바라는 손님은 … 청포를 입고 찾아온다고 했으니"와 같은 구절은 해방과 혁명의 코드로 다가온다. 육사의 시에 빈번하게 등장하는 푸른빛과 흰빛 또한 내게는 해방의 빛깔이고 저항의 빛깔이며 새로운 세상을 열고자 하는 희망의 빛깔로 읽힌다. 이 푸른빛과 흰빛은 다시 하나로 섞여 그의 시에서 '서릿빛'으로 등장한다. 나라 잃은 민족의 한과 비애가 서릿빛 저항의 절개로 곧추선 것이다.

그래서 육사의 시는 서릿빛이다. 나는 육사의 시에 번뜩이는 서릿빛이 좋다. 그 서릿빛은 일제의 억압과 연이은 독재, 부패와 국정농단을 잇는 죽음처럼 캄캄한 시대에도 끊임없이 분출했던 열망과 저항의 원천이었다.

하늘도 그만 지쳐 끝난 고원
서릿발 칼날 진 그 위에 서다. (〈절정〉)

서리 빛을 함북 띠고 하늘 끝없이 푸른 데서 왔다. (〈서풍〉)

서리에 번적이는 네 굽
오! 구름을 헤치려는 말 (〈말〉)

대한민국의 시민은 참 오랜 세월을 서릿빛 민족, 서릿빛 시민으로 살았다. 서릿빛 시민의 역사에서 지난 10여 년은, 내게는 가장 최근에 가장 푸르게 날을 세웠던 시간이었다. 이명박 정부와 박근혜 정부는 민주화 이후 한국정치의 비정상성이 낳은 기형아였다. 민주화 이후 한국사회의 비정상성의 원천은 다른 무엇보다도 '87년 정치'와 '97년 사회'의 모순적 결합에 있다. 현재의 관점에서 87년 정치의 핵심은 민주화운동 최대의 성과라고 할 수 있는 대통령 직선제보다도 변함없이 유지되는 중앙집권적 국가권력이다. 97년 사회의 핵심은

IMF 외환위기 이후 신자유주의 시장경쟁의 광풍이 만든 공동체 해체의 현실이다. 이 두 질서의 결합은 국민의 삶과 정치를 분리시키는 결과를 만들었다.

이 두 가지 질서의 어울리지 않는 결합의 틈 사이로 이명박 정부와 박근혜 정부라는 기형적 정권이 들어섰다. 해방 이후 우리 사회는 '이념의 시대'를 거치면서 적대와 대결이 가속되었고, 민주화 이후에는 '시장의 시대'를 거치며 욕망과 이익이 시대의 주류를 형성했다. 이명박, 박근혜 정권에 들어 마침내 우리 사회는 이념의 유령과 고삐 풀린 탐욕이 뒤섞인 기형적 '분열의 시대'를 맞았다.

두 번의 정권이 바뀌는 동안 일제 이후 누적된 적폐가 청산되기는 커녕 가중되었다. 국민이 합법적으로 선택한 정권이라는 형식 속에서 대결과 억압은 농익어 갔고 욕망과 이익은 거침없이 팽창했다. 소통을 모르는 권력은 분열과 배제를 확대했고, 국민을 둘로 갈라 적대를 부추기는 '두 국민정치'와 기만정치가 일상이 되었다. 국가권력의 무능과 부패가 나라를 뼛속 깊이 썩게 하는 시간이 흘렀다. 한낮에 깃든 어둠의 시간이었고 나라의 깊은 곳이 삭아 내리는 부식(腐蝕)의 시간이었다. 국가권력의 한가운데가 그렇게 썩어가는 동안 세월호의 죽음이 있었고, 메르스의 공포가 나라를 흔들었다. 그리고 시민들의 푸른 분노는 촛불의 바다가 되어 광장을 뒤덮기를 반복했다.

이명박 정권의 사익정치는 이미 예견된 것이었다. 예견은 틀리지 않았다. 이 글을 쓰는 지금, 정확하게는 2018년 3월 22일 자정을 넘긴 시간 이명박 전 대통령은 서울동부구치소에 구속되었다. 저급한 욕망의 정치는 이명박 정부로 만료되어야 했다. 2012년 대선은 대한민국의 부식을 이명박에게서 멈추게 해야만 하는 절박한 시간이었다. 야당의 후보가 뚜렷하지 않은 가운데 박근혜가 당시 여당의 대통령후보가 되었다.

그때까지 나는 대학에서 '딸깍발이'로 남는 것이 알량한 자존을 지키는 선비의 길이라고 조금은 자만을 부리며 살았다. 그래서 정치나 정부의 일, 그것도 철 지난 이념과 무분별한 욕망으로 뒤덮인 보수정권은 되도록 멀리한다는 오만한 순결을 즐겼는지도 모른다. 그러나 2012년 대선을 앞두고 여당의 후보로 박근혜가 결정되자 내게 주어진 불역열호(不亦說乎)의 시간은 멈추고 말았다. 이명박 정부라는 한 번의 일탈은 교정될 수 있지만 거듭되는 일탈은 대한민국을 건잡을 수 없는 역사의 구렁텅이로 몰아갈 것이라는 불안이 엄습했다. 게다가 대한민국이 자기 아버지가 만든 나라라고 철저히 믿는 천진하고도 무례하고 무능한 독재자의 딸이 두 번째 역사의 일탈을 준비하는 현실을 나는 견딜 수 없었다. 학생들과 세상을 향해 했던 말과 글이 비수(匕首)가 되어 나를 향하는 듯했다. 학자와 교수로서의 자존과 오만은 사치일 뿐이었다.

문재인이 대안이었다. 그분이 2012년 대선 야당후보로 어렵사리 나섰고, 나는 문재인 캠프의 새정치위원회와 함께했다. 캠프는 어수선했고 당은 결집되지 않았으며 신념은 무디었다. '사람이 먼저다'라는 현실을 꿰뚫는 구호만이 공허하게 휘날렸다. 박근혜의 시간을 내주고야 말았다. 대한민국의 국민이라는 사실이 부끄럽고, 준비를 갖추지 않은 채 선거판에 뛰어든 자신이 원망스러웠다. 스스로를 책망했다. 그리고 어렵사리 출마를 결심하고 역사의 짐을 의연히 짊어진 문재인 후보에게 가슴 미어지는 미안함이 밀려왔다. 새로운 준비가 필요했다. 그것도 빨리 시작해야 했다.

2013년 박근혜 정부가 출범한 지 약 한 달 후, 압구정역 부근 한 카페의 이층에 몇몇 교수들이 모였다. 새로운 정치, 새로운 나라에 대한 절박한 가슴을 안고 모였다. 문재인이 만드는 나라를 디자인하고 완전히 새로운 대한민국을 건설할 역사적 소명을 문재인의 것으로 만드는 작업을 시작했다. 2017년 대선을 약 4년 10개월 남겨둔 시점이었다. 이 모임을 '심천회'(心天會)라 불렀다. '마음이 묻고 하늘이 답한다'고 하는 심문천답(心問天答)을 줄인 말이다.

《심문천답》은 정도전 선생이 1375년 12월 유배지 나주 회진에서 쓴 저술로, 현실에 대한 불안과 불만으로 가득 찬 '마음'과 '상제'로 묘사된 하늘의 대화로 구성되어 있다. 마음이 하늘에게 부당하고 모순된 현실에 대해 따지는 것이 〈심문편〉이고 이에 상제가 마음을 꾸짖으며 답하는 것이 〈천답편〉이다.

불교국가인 고려를 조선이라는 성리학의 질서로 바꾸는 혁명적 국가디자인의 철학적 기초가 대화의 형식으로 제시된 것이 흥미롭다. 인과응보의 불교윤리에 기반을 둔 종교국가를 유교 기반의 인륜국가로 새롭게 설계하기 위한 사회철학적 문제제기를 한 것이다. 조선 건국 이후 삼봉의 저술은 도학이 어두워진 원인을 불가(佛家)와 노장(老壯) 사상에 대한 체계적인 비판으로 밝힌다.

《불씨잡변》이나 〈심기리〉 3편 등에는 불교비판을 넘어 마음과 기(氣)와 리(理)의 관계를 불교와 노장과 유교의 윤리로 비교분석하는데, 바로 그 뿌리가 《심문천답》이라고도 할 수 있다. 성리학으로 도를 닦는 유자에게 '마음'(心)은 불안하고 위태로운 존재다. 〈심문편〉 3장에서 삼봉은 마음의 불안을 이렇게 표현한다.

> 사람은 이목이 있어 빛을 보고 소리를 듣는다. 동하고, 정하고, 말하고, 손으로 잡고, 발로 걷는 등 마음에게 병을 만드는 것들이 날마다 마음과 더불어 다툰다.

이어서 드디어 불안한 '마음'이 인과응보의 불교윤리에 저항한다.

> 배반자는 장수하고, 순한 자는 요절하고, 마음의 명령을 따르는 자는 빈궁하고, 반대로 거역하는 자는 부귀하다. 세상 사람들이 마음이 하는 일을 허물하여 마음의 명령을 따르지 않고 오직 적(악)을 따를 뿐이다.

마음이 말하기를, 내가 비록 비루하고 어리석지만 이런 세상이 옳으냐고 상제에게 따진다. 상제의 답은 간명하다. 〈천답편〉에서 상제는, 인간이 만물의 영장으로 하늘과 땅과 동등하게 '천지인'의 지위가 부여되었고 인의예지의 덕을 하늘이 부여하고 사람이 얻은 것인데 오히려 사람이 하늘을 병들게 한 것을 반성하지 않고 하늘을 책망하느냐고 반문한다. 심문천답에서 심, 기, 리의 관계가 체계적으로 논해지지는 않지만 상제의 비답은 '리의 질서 속에서 심과 기가 순해지도록 갈고 닦아라, 그리고 때를 기다리라'는 것이다.

그 시절, 압구정동 한 카페에 모인 우리들의 마음에는 불만과 불안이 있었고 그 불만과 불안은 새로운 '리'의 질서를 향한 서릿빛 꿈으로 살아났다. 삼봉의 꿈과 다르지 않았다. 나는 정례적으로 모이는 우리들의 불안과 불만의 마음을 읽었다. 모순된 인과응보에 고통받는 고려 말 백성의 불안과 박근혜 정부의 출범을 보는 대한민국 국민의 불안이 다르지 않았다. '우리'가 하늘에게 묻고 싶었고, 시민의 마음이 하늘에게 따지고 싶었으리라. 그래서 '심천회'가 되었다.

새로운 세상에 대한 신념과 새로운 질서에 대한 꿈을 포기하지 않았던 서릿빛 시민이 여전히 살아있다고 믿었다. 저 기미년의 시민과 4월의 시민, 5월의 시민과 6월의 시민이 서릿빛 꿈을 잃지 않았고 그들은 촛불시민으로 살아나 서릿빛 날을 세우고 있었다. 그 서릿빛 시민이 "이게 나라냐?"라고 물었다. 서릿빛 가슴을 안고 서릿빛 꿈을 꾸는 사람들이 심천회를 만들었다. 심천은 서릿빛 마음의 물음에 문재인으로 답하고자 했다. 문재인으로 천답을 삼고자 했다. 문재인과 심천회는 서릿빛으로 물들어 갔다.

이제 문재인과 심천회는 "그렇다면 무엇이 나라냐?"에 답해야 했다. 문재인이 만드는 나라다운 나라를 디자인해야 했다. 대권을 향한 행보에서 문재인은 나라다운 나라를 외쳤고, 재조산하(再造山河)를 되새겼고, 완전히 새로운 대한민국이라는 사자후(獅子吼)를 토했다. 이제 완전히 다른 대한민국을 무엇으로 채울 것인가? 내용을 채워야 했다. 2012년 대선에서 문재인의 정치 브랜드는 '사람이 먼저다'였다. 2017년 대선을 향해 일관되면서도 중복되지 않는 문재인의 정치철학을 도출해야 했다.

현재의 문제는 무엇보다도 87년 정치와 97년 사회의 모순적 결합이 만든 기형적이고 위태로운 발전국가의 껍질이었다. 그 두꺼운 껍질 속에서 기형적 성장주의가 시민의 삶을 벼랑으로 내몰고 있었다. 삶과 정치, 삶과 국가, 삶과 민주주의는 철저히 분리되어 있었다. 발전국가에서 '생활국가'로의 패러다임 전환이 절실했다. 시민의 삶과 민주주의가 분리되지 않고 삶 속에 국가와 정치가 살아서 작동하는 그런 민주주의가 필요했다. '생활민주주의'였다.

2014년 5월 23일 노무현 대통령 5주기 추도식은 세월호가 침몰한 지 약 한 달이 지난 시점에서 치렀다. 당시 문재인 의원은 노 대통령의 5주기 추도사에서 시민의 삶과 정치가 하나 되는 '생활국가'의 상을 제시했다. 세월호 사태는 대한민국의 맨얼굴이라고 했다. 안전이 없고 책임도 없고, 정부도 국가도 없었다고 강조했다.

국가와 정치와 민주주의의 중심에 시민의 안녕이 있고, 시민의 구체적인 삶 속에 국가와 정치와 민주주의가 살아 숨쉬는 '생활민주주의 시대'를 열고자 합니다. 나라의 제도와 가치가 생활 가까이 있을 때 국민들은 행복합니다. 나라의 제도와 가치가 생활로부터 멀수록 국민들은 불행합니다. 민주주의가 대의적 형식에 멈추어, 시민은 정치의 도구가 되고 시민의 생활은 정치의 장식이 되어버린 시대를 뛰어넘겠습니다. 그리하여 시민의 생활이 정치의 현장이자 목적이 되는 새로운 민주주의 시대를 열겠습니다. '생활민주주의'를 바탕으로 하는 '생활국가'로 나아가 '사람 사는 세상', '사람이 먼저'인 정치를 실현하겠습니다.

— 노무현 대통령 5주기 추도사

국민의 구체적인 삶과 사람을 중심에 두는 생활국가의 패러다임은 무엇보다도 발전국가 패러다임의 경제질서를 완전히 바꾸는 데서 출발한다. 수출주도, 국가주도 경제성장 모델과는 완전히 다른 '소득주도성장' 모델로 새로운 경제질서를 구축하는 것이 현실의 과제였다. 그간 정부는 수출을 장려하고 수출을 늘리는 대기업에게 혜택을 주면서 친기업정책을 확장했다. 기업을 살찌우면 경제의 규모가 커지고 그 낙수(落水) 효과로 서민들까지 잘 살게 된다는 것이 고도성장 시대의 오래된 논리였다.

그러나 저성장시대가 장기화되고 있는 현실에서 기업의 수익은 기업의 금고를 채우지만 재화는 시민의 삶으로 흐르지 않는다. 기업은 부유하나 경제는 선순환하지 않고 저성장의 악순환은 되풀이된다. 그래서 낙수효과로는 경제를 살릴 수 없다는 것이 대부분 나라의 공통된 결론이었다. 시민의 소득을 늘려 소비를 확대하고 내수의 진작으로 경제를 활성화시키는 말하자면 '분수(噴水) 효과'를 기대하는 소득주도성장이라야 했다. 문재인 후보는 국민의 '지갑을 두툼하게 해주는 성장'이라고도 표현했다.

심천회가 서릿빛 꿈을 가꾸는 동안 문재인으로 새 시대를 열어야 한다는 신념을 가진 대학교수들이 전국에서 여러 형태의 모임을 갖고 있었다. 문재인의 싱크탱크를 자임하는 그룹에서부터 지역 지식인모임의 형태까지 다양했다. 심천회는 출발 초기부터 문재인 의원의 싱크탱크로 연구소 출범을 구상했다. 그러나 전국에 산재한 교수모임들을 소규모 연구소에 합류시키기에는 적절한 참여와 활동을 보장하기 어려웠다. 정무적 판단이 필요했다. 전국의 모든 지지교수를 포괄하는 대규모 싱크탱크를 만들어 초기 대세론을 형성하고 정책생산은 집단 지성적 방식을 개발하기로 뜻을 모았다. 약 580명의 참여교수 리스트가 만들어졌다. 대선 사상 초유의 일이 전개되었다.

싱크탱크의 명칭에 대한 고민이 시작되었다. 시대정신과 새로운 국정철학을 담으면서도 간결하고 대중적 확산성이 있는 이름이 필요했다. 정무팀의 몇 분과 잘 알려진 카피라이터를 포함해서 국정비전을 구상하는 팀이 만들어졌다. 몇 차례 회의가 계속되던 중 참석했던 문 대표께서 자료를 보다가 "국민이 돈 버는 성장"이라는 표현이 있던 데 아주 마음에 든다고 했다. 국민의 삶을 보장하고 책임지는 생활국가의 경제모델이 소득주도성장이다. 소득주도성장의 현실적 표현으로 '국민이 돈 버는 성장'은 대중친화적인 정치인 문재인의 감각이 돋보이는 지점이었다.

그다음 회의에서 나는 '국민이 돈 버는 성장'을 '국민성장'으로 축약할 것을 주장했다. 경제에만 국한되지 않는 정치, 경제, 문화 모든 영역에서 국민의 삶이 나아지는 국민성장이야말로 새로운 비전이 될 수 있다는 점을 강조했다. 김대중의 '대중경제론'을 넘어서는 새로운 국가디자인의 핵심 개념이자 국정철학의 근간으로 문재인의 '국민성장론'을 정교화하자고도 했다. 대부분 긍정 반 부정 반의 태도였다. 걱정이 없을 수 없었다. '국민'이든 '성장'이든 모두 오랜 세월 우리 사회에서 보수의 언어로 사용되어 왔기 때문이다. 참석했던 양정철 전 비서관이 '사람이 먼저다'의 시즌 2로 적합한 개념이라고 동의했고, 정철 카피라이터는 한 달만 언론에 돌면 금방 친숙해질 수 있는 개념으로 본다고 했다. 결론이 났다.

그간의 오랜 구상을 바탕으로 싱크탱크 조직이 빠르게 구성되었다. 기존의 심천회 멤버 외에 싱크탱크의 주요 직책을 맡을 분들을 물색하고 영입에 나섰다. 소장으로 조윤제 교수를 초빙했고, 최정표 교수, 조흥식 교수, 정순관 교수, 원광연 교수, 안성호 교수 등이 주요 분과위원장으로 새로 초빙되었다. 8개 주요 분과를 구성하고 10개 추진단을 설치했다. 한완상 전 부총리를 고문으로 모셨고, 박승 전 한은총재를 위원장으로 하는 자문위원회와 정동채 전 장관을 이사장으로 이사회도 구성되었다. 싱크탱크의 출범을 위해 자문위와 이사회, 분과위와 추진단의 각 단위별로 문 대표가 참석하는 공식준비회의가 열렸다. 나는 싱크탱크의 취지와 의의에 대해 매 회의에서 일일이 설명해 나갔다.

문제가 생겼다. '국민성장'의 명칭에 대해 몇 분이 문제를 삼았다. '국민'도 박정희의 언어이고 '성장'도 박정희의 언어라고 이름을 바꿀 것을 요구했다. 난감했다. 국민성장은 분배와 성장의 의미를 동시에 담는 개념이다, 보수의 언어로 진보의 가치를 실현하기 위한 전략적 개념이기도 하다고 설득했으나 완강했다. 출범식 날 행사장 배경막에 '국민이 함께 성장'이라고 표현하는 선에서 넘어가기로 했다. '이 함께'라는 말은 작은 글씨로 넣었다. 조직구성을 하는 한편 나는 '국민성장'을 키워드로 곧바로 창립취지문을 작성했다. 싱크탱크 설립 절차와 시점의 문제가 얽혀 창립취지문은 공개되지 않았지만 핵심멤버들은 그 내용을 공유했다.

… 대한민국의 현대사는 세계가 주목하는 두 번의 기적을 이루었습니다. 산업화의 기적이 먼저이고 민주화의 기적이 두 번째입니다. 이 두 번의 기적이 대한민국을 세계 10위권의 중견국가로 만들었습니다. 세계가 대한민국의 괄목할 변화에 놀란 만큼 우리 자신도 자부심을 가졌습니다. 그러나 오늘날 우리 앞을 가로막고 있는 지우고 치유하고 넘어

서야 할 시대의 어둠과 불안은 또 한 번의 새로운 기적을 기다리고 있습니다. 산업화의 기적은 재벌을 성장시키고 기업을 키우고 나라의 부를 늘렸지만 '국민'을 '성장'시키지 않았습니다. 민주화의 기적은 정치제도의 외피를 바꾸었지만 국가와 정치와 민주주의에 국민이 없습니다.

이제 우리가 직면한 시대적 과제는 '국민'이 성장하고 '국민의 삶'이 무엇보다 우선하는 민주주의와 시장경제를 실현하는 것입니다. 사람이 먼저고, 주민이 먼저고, 국민이 먼저인 민주주의여야 합니다. 그래서 대한민국의 세 번째 기적은 '국민성장의 기적'이라야 합니다. 재벌과 기업과 권력의 성장이 아니라 국민이 성장하는 '국민성장시대'야말로 우리가 열어야 할 대한민국의 새로운 시대인 것입니다. … 우리는 대한민국의 다른 미래를 여는 새로운 동력을 '국민성장'에서 찾고자 합니다. 청년이 꿈 꿀 수 있는 미래, 장년의 삶이 즐거운 미래, 노년의 삶이 편안한 미래를 '국민성장'으로 열고자 합니다. 국민성장경제, 국민성장정치, 국민성장문화를 선도하는 국민성장국가야말로 대한민국의 새로운 미래를 여는 세 번째 기적을 가져올 수 있습니다.

오늘 우리는 '국민성장국가'를 향한 싱크탱크를 출범합니다. … 외형과 규모와 수치의 성장만을 지향하거나 극단적 양극화에 따른 소수 계층의 성장만을 보장하는 구래의 성장주의에서 벗어나고자 합니다. 성장을 지향하되 국민이 잘 사는 성장, 국민 모두의 삶이 나아지는 성장을 지향합니다. 그래서 우리는 단순한 정권교체를 넘어 역사를 바꾸고 시대를 바꾸고 삶의 양식을 바꾸는 혁신의 대장정에 오르고자 합니다.

국가와 정치와 민주주의를 오로지 '국민성장'을 위한 것으로 만드는 새로운 출발에 함께해 주실 것을 부탁드립니다.

— 정책공간 국민성장 창립취지문

2016년 10월 6일 프레스센터에서 창립준비심포지엄이란 형식으로 '정책공간 국민성장'이 실질적으로 출범했다. 출범 당시 회원 리스트에는 약 580명의 이름이 올라 있었으나 연말경 1,000여 명으로 늘어났다. 모든 언론의 초미의 관심이 '정책공간 국민성장'에 몰렸다. 언론창구를 일원화해서 내가 응대하기로 했다. 출범 심포지엄을 한 후 라디오 생방송에서 진행자가 물었다. 탱크에 왜 그렇게 많은 교수가 필요한가. 나는 "큰 파도를 넘으려면 큰 배가 필요한 법"이라고 말했다.

2016년 12월 13일 국회헌정기념관에서 '완전히 새로운 대한민국을 만듭시다'라는 주제로 국민성장 제 1차 포럼이 열렸다. 8차까지 이어진 '대한민국 바로세우기 포럼'의 첫 회가 개최된 것이다. 문재인 대표의 기조연설이 있기 전에 역사학계의 원로 강만길 선생님을 모셨다. 강원도에 계시면서 서울 출입을 잘 하지 않으시는 선생님께 고려대 한국사학과 교수들을 동원하여 도움을 요청하고 선생님께 전화를 드려 첫 포럼을 격려하는 강연을 부탁드렸다. 문재인을 지지하고 정책을 제안하는 1,000여 명의 교수들이 싱크탱크를 만들었다고 말씀드렸다. 깜짝 놀라시더니 우리 현대사에서 없던 일이라고 하시며 강원도에서 택시를 타고 오셨다. 지금 생각해도 감사한 일이었다. 이

자리를 빌려 선생님의 건강을 기원 드린다.

문재인 대표의 기조연설에서 완전히 새로운 대한민국의 밑그림이 그려졌다. 문 대표는 반칙과 특권에 물든 기득권질서의 해체를 선언했다. 친일과 독재의 역사를 청산하지 못한 데서 반칙과 특권이 뿌리 내리고 여기서 불평등과 불공정과 부정부패가 자랐다고 일갈했다. 이 3불의 청산이야말로 촛불혁명의 완성이고 새로운 대한민국의 시작이라고 말했다.

그리고 새로운 대한민국이 추구해야 할 비전으로 '공정국가', '책임국가', '협력국가'를 제시했다. 공정국가 - 책임국가 - 협력국가 모델은 애초에 생활민주주의를 지향하는 국민성장국가 혹은 생활국가의 3단계 발전모델로 구상되었다. 그 기원은 졸저 《생활민주주의의 시대》에서 생활민주주의의 3대 핵심가치로 자율, 책임, 협력을 설정한 데 있다. 생활민주주의의 3대 핵심가치는 '공정'과 '책임'과 '협력'이라는 국가비전으로 재가공되었다.

문재인이 그리는 사람이 먼저인 세상은 무엇보다도 '정의로운 나라'다. 공정은 정의를 구현하는 사회적 조건의 윤리이고, 책임은 정의를 구현하는 사회적 결과의 윤리다. 나아가 협력은 정의를 구현하는 사회적 통합의 윤리다. 공정국가와 책임국가와 협력국가의 모델은 나중에 선대위의 여러 곳에서 가공과 변형이 있었지만 2017년 2월 28일 국민성장 회원의 날 문재인 대표께 전달된 1,000쪽 분량 정책보고서의 기본 틀이 되었고, 대선 승리 후 인수위를 대신한 국정자문위원회의

100대 국정과제로 구체화되었다.

2017년 대선에서 문재인 대세론의 중심에 '국민성장'이 있었다. 8차에 걸친 대한민국바로세우기 포럼이 진행되는 동안 문재인 대세는 이미 만들어졌다. 2016~2017년의 촛불혁명과 대통령 탄핵으로 앞당겨진 5월 대선을 무난히 치른 것도 어쩌면 오랜 준비가 있었고 그 중심에 '심천'의 꿈과 '국민성장'의 비전이 있었기에 가능한 일이었는지 모른다.

당내 경선이 마무리된 후 당의 결속과 주도가 크게 아쉬웠던 2012년 대선 때가 떠올랐다. 문재인 후보야말로 당내 정치세력을 통합시키고 국민통합을 이룰 유능한 후보라는 점을 보여주는 것이 필요했다. 정치인들의 화합보다 먼저 정책을 통합하는 것이 효율적이라 판단했다. 경선에 참여했던 박원순, 안희정, 이재명, 최성, 김부겸 의원까지 포함한 경선후보들의 싱크탱크를 주도했던 교수들을 만났다. 먼저 정책통합 필요성에 공감한 민주당의 각 경선후보 진영의 교수들이 모였다. 일종의 통합 싱크탱크라고 할 수 있는 '민주정책통합포럼'이 출범했고 공동대표체제로 시작해 민주당의 공식 선대위 기구로 편제되면서 내가 상임위원장을 맡았다.

2017년 5월 9일 대통령 탄핵으로 치러진 조기 대선에서 문재인 후보는 대통령이 되었다. '심천'의 서릿빛 꿈이 현실이 되었고, '국민성장'의 비전이 첫걸음을 떼었다.

2. 촛불의 바다가 '고래'를 띄우다

《장자》의 내편 일곱 편 가운데 첫 편인 〈소요유〉(逍遙遊)에는 신화 같은 붕새이야기가 나온다.

> 북명(北冥: 북쪽 바다)에 물고기가 있는데 그 이름은 곤(鯤)이다. 곤의 크기는 몇천 리가 되는지 알 수 없다. 이 물고기가 변해서 새가 되는데 그 이름은 붕(鵬)이다. 붕의 등은 몇천 리가 되는지 알 수 없다. 붕이 힘껏 날아오르면 날개는 마치 하늘을 뒤덮는 구름과 같다. 붕새는 바다가 움직이면 남쪽 바다로 날아가려고 한다. 남쪽 바다는 하늘의 연못이다. 제해란 사람이 … 말하기를 붕이 남쪽 바다로 옮겨 갈 때는 삼천리나 물결을 치면서 회오리바람을 타고 구만리까지 올라간다. 남쪽 바다를 향해 육 개월 동안 날아간 다음 비로소 숨을 쉰다.

다양한 해석이 있지만 장자의 대가 이효걸 교수는 〈소요유〉편 첫 구절에서 이런 신화를 꺼내는 것을 "경험세계에 길들여진 우리의 이해력을 감안하여 장자는 새로운 삶의 무한성을 신화를 통해 시각적으로 그리고 있다. 그러나 그 세계는 궁극적으로 인간정신의 무한성을 상징하고 있음에 틀림없다"고 해석했다.

이 분야 학자들의 정교한 해석에 대한 결례를 무릅쓰고 나는 〈소요유〉를 읽을 때마다 나름의 상상력을 펼친다. 인류역사를 절대정신의 자기실현 과정으로 본 헤겔을 떠올리기도 한다. 문명사의 주요 시점을 떠올리면 당대의 인류가 잉태하고 생산하고 실현한 자유의 정신이 거대한 당대 인류공동체의 삶에 내재되어 있는 것을 상상해 볼 수 있다.

당대를 실현하고 규정하는 절대정신은 마치 북명이라는 어두운 바다에 갇힌 곤에 비유될 수 있다. 곤이 붕으로 변해 구만리를 날아오르는 것은 절대정신의 새로운 자기실현일 수 있다. 정신은 끊임없이 자기실현 과정을 거듭하기에 곤이 붕으로 변해 구만리를 날아오르고 육 개월을 난 후 숨을 쉬는 과정도 인류 문명사의 반복적 과정에 비유될 수 있다. 고대문명이 실현되고 세계종교가 출현하고 유럽에 기독교의 시대가 열리고, 계몽의 근대가 열리는 문명사는 곤이 붕이 되어 날아오르는 순환을 연상시킨다.

절대정신의 새로운 자기실현은 세계사적 혁명으로 구현되곤 했다. 세계사적 혁명의 과정이야말로 절대정신이 자기로부터의 탈출과 귀환을 반복하는 역사다. 인류사에서 불의 발견, 농업혁명, 청동기혁명과 철기혁명, 종교혁명, 부르주아혁명, 사회주의혁명, 산업혁명, 6·8혁명 등이 모두 북명으로부터 곤의 탈출이요 대붕의 비상이라 할 수 있다.

세계사적 혁명과 절대정신의 자기실현을 역사로 구체화하는 것은 당대의 대중과 그 대중을 이끄는 위대한 영웅이다. 위대한 영웅이나 지도자가 새로운 역사를 만드는 것은 헤겔의 논리로는 '이성의 간계'다. 막스 베버의 눈으로 보면 새로운 카리스마의 등장과 카리스마의 일상화다. 그래서 장자의 대붕은 자기실현을 거듭하는 절대정신일 수도 있고 이성의 간계로 등장하는 위대한 영웅이나 카리스마일 수도 있다. 따라서 대붕의 비상은 한 시대의 개막과 새 시대를 여는 위대한 리더십에 비견될 수도 있는 것이다.

위대한 정치인, 정치적 거인은 다양하고도 복잡한 시대적 조건이 만든다. 누적된 구래의 모순을 뚫고 새로운 시대정신이 거대한 날갯짓을 할 수 있는 건 대개 위대한 지도자를 만들어냄으로써 가능하다. 그래서 자질을 갖춘 리더십은 시대가 선택하고 시대가 만들어간다.

지금 우리는 어떤 시대를 살고 있으며, 어떤 리더십을 요구하고 있나? 나는 우선 인류의 오랜 문명사를 구성하는 '협력'의 문명에 주목한다. 인류에게 내재된 협력의 유전자가 만들어낸 협력의 시대는 끊임없이 부침을 되풀이하는 문명사적 거대 주기를 갖는다. 인류의 문명사에서 새롭게 출현한 협력의 질서는 시간이 지나면서 언제나 권력과 자원의 집중화라는 거대경향을 만든다. 이 거대한 집중문명의 경향은 강제와 억압과 갈등과 분열로 이어져 협력의 질서를 무너뜨린다. 그리고 강제와 불평등과 분열의 현실은 더 이상 견딜 수 없는 수준에 이르게 됨으로써 다시 새로운 협력문명을 출현시킨다. 작업협력문명, 종교협력문명, 이념협력문명은 문명사의 긴 시대를 주도했던 협력의 다른 유형들이다. 이제 인류는 이념협력의 질서가 해체된 후 '가치협력'이라는 제 4의 협력문명을 열어야 할 시점에 와 있다.

우리 사회 또한 다르지 않다. 세계사적 변화가 응축된 한국사회는 해방 이후 산업화와 근대화, 민주화로 이어지는 이념의 시대를 거치며 대결과 적대가 팽배했다. 이어진 시장의 시대에는 욕망과 경쟁의 문화가 몰아쳤다. 그리고 최근 두 번의 기형적 보수정권 이래 우리 사회에는 복합적인 분열과 해체의 현실이 일상화되었다. 이 같은 현실에 지친 대중이 갈망하는 것이야말로 공동체 속에서 위안받는 삶이다.

그래서 현실을 박차고 날아올라야 할 새로운 시대는 공동성과 공공성을 확장하는 '협력의 시대'다. 국민성장국가의 발전단계로 설정된 공정의 질서와 책임의 질서는 협력의 시대와 협력국가를 가능하게 하는 기반이다. 이념과 이익과 욕망으로 갈라진 분열의 시대를 넘어선 가치협력의 시대는 이전과는 다른 새로운 리더십을 요구한다. 그것은 다른 무엇보다도 화합과 협력의 리더십이다. 공감과 포용과 공존의 열망을 묶어내고, 공감과 포용과 공존의 가치를 제도화하고, 공감과 포용과 공존의 질서를 보편화하는 화합과 협력의 리더십이야말로 시대의 요청이다.

문재인 대통령의 리더십은 오랫동안 폄하되어 왔다. 민족투쟁과 전쟁을 이끄는 구국의 리더십은 역사에 크게 부각될뿐더러 당대의 대중에게 메시아적 상징을 갖는다. 근대화와 산업화를 향한 열망의 시대, 민주화를 향한 분출의 시대를 이끄는 리더십 또한 그에 버금가는 상징으로 카리스마가 부각되거나 주목된다. 그러나 분열의 시대에는 리더십이 등장하지 않는다. 아니, 리더십이 평가되기 어렵다. 민주주의가 삶의 영역으로 진화되기 전에 들이닥친 시장화의 경향은 우리 사회의 분열을 가속시켰다. 문재인 대통령은 바로 이 분열의 시대에 정치적 역할을 떠안았다.

나는 민주화 이후 분열의 시대 가운데 이명박 정부와 박근혜 정부의 10년을 우리 사회의 중심이 급속히 썩어가는, 마치 음식물이 겉은 멀쩡한 데 먹을 수 없는 수준으로 상해 가는 것과 같은 '부식의 시대'라고 본다. 이 분열과 부식의 시대에 정치리더십은 잘 드러나지 않기 마련이다. 더구나 문재인 대통령의 리더십에 대한 평가는 야박하고 인색했다. 분열과 부식의 시대를 뚫고 나가기 위해 몸부림치는 문재인 대통령을 향해 '사람은 좋다', '깨끗하다', 그러나 '권력의지가 없다', '유약하다'고 평했다. '친노(親盧) 패권주의'라는 프레임에 가두고 '종북'(從北)으로 내몰기도 했다. 문재인 대통령에 대한 대중의 평가는 그의 선한 외모에서 나온 것이고 이것을 유약한 이미지로 전환시킨 데는 정치적 의도와 정치공세가 결합되어 있다.

문 대통령의 정치역정은 당내에서나 정치권 전체, 나아가 크게 기울어진 언론환경에서 변화와 새로운 질서를 바라지 않는 기득권에 의해 철저히 포위되었다. 철벽같은 기득권의 공세를 견디고 새 정권을 세운 일 자체로 그는 다시 평가되어야 한다. 어쩌면 문재인 대통령을 제대로 보는 것이야말로 새롭게 열릴 대한민국의 위대한 변화를 이해하는 가장 빠른 길일지도 모른다.

문재인 대통령은 그리 길지 않은 정치이력에서 집중적인 정치적 고난을 겪은 셈이다. 참여정부 이후 '친노' 프레임에 갇혀 이른바 슬퍼하지도 울지도 못한 불비불명의 시간을 보냈고 2012년 대선후보로 떠밀려 나온 후로는 NLL문제를 앞세운 지독한 종북몰이에 시달렸다. 모든 것이 정치권의 조작으로 드러난 아들 취업문제로 생사람을 잡은 일은 또 어떠했나? 그러나 그 어떤 어려움보다 약 1년간의 당대표 시절은 참으로 견디기 힘든 시기였던 것으로 보인다. 당대표선거에서 박지원은 문 대표에게 친노의 횡포와 친노패권주의의 프레임을 씌워 집요하게 공격했다.

2015년 2월 8일, 당대표선거에서 대표로 선출된 후에는 사퇴압력이 반복되었다. 호남이 문재인을 버렸다며 문재인 대표체제를 겁박했다. 당 혁신위를 출범시키고 혁신안을 만들어 표결에 부쳐 합법적 절차를 갖추고 재신임을 묻겠다고 해도 당의 기득권 세력은 받아들이지 않았다. 합법적으로 선출된 당대표 문재인이 하는 어떤 것도 거부되었다. 두 번의 재보선 패배를 오로지 문 대표 탓으로 돌리며 당대표를 내놓을 것을 요구했다. 그러고 나서 탈당(脫黨) 러시가 이어졌고 탈당한 호남중진들은 안철수가 손잡고 국민의당으로 합당했다.

2016년 1월 27일, 문재인 대표가 사임하고 김종인 비상대책위원장에게 당대표직을 넘겼다. 그런 후 김종인의 정치가 다시 당을 흔들었다. 그들은 문재인 당시 대표를 친노패권주의라는 그물로 옭아맨 후 문재인이 자신들을 몰아낸다며 스스로 피해자 되기에 열중했다. 기득권을 지키기 위한 분열을 문재인 탓으로 덮어씌워 숨통을 조이는 비정한 겁박과 모략의 시간이었다.

그 가혹한 시간의 어느 지점이었던 것으로 기억된다. 곁에 앉은 문재인 대표의 수척해진 얼굴에서 고뇌가 그대로 드러났다. 당대표 출마를 할 것인가 아니면 조용히 대선후보의 길로 가는 실리를 챙길 것인가라는 문제로 이전부터 격렬하고도 잦은 토론이 있었다. 문재인 대표의 주위 분들 가운데 정치경륜이 있는 분들은 대표출마를 말렸다. 그분들은 당을 혁신하는 일이 얼마나 어려운 일인가를 알기에 반대했다. 대선후보로 평탄하게 갈 수 있는 꽃길이 있는 데 왜 굳이 진흙탕을 건너냐는 것이었다.

그러나 당시 문 대표 주변에는 정치개혁은 정당개혁이고 당의 혁신 없이 정치혁신은 없다는 입장이 주류였다. 나도 당을 혁신해내지 않으면 기득권에 포위되어 아무것도 할 수 없을 것이며, 그것은 곧 문재인이 왜 정치를 해야 하는가라는 원론적 질문과 맞닿아 있다는 의견을 강하게 표명했다. 아무리 생각해도 꽃길로 피해 가는 것은 문재인답지 못했다. 어떤 고난이 따르더라도 당을 끌어안고 당을 혁신해서 새로운 정치질서를 만들어내고야 마는 과정이야말로 국민을 감동시키고 문재인을 정치적 거인으로 우뚝 서게 만들 것이라고 확신했다. 당을 정면으로 돌파할 것을 요청했다.

그런데 상상했던 것보다 훨씬 더 가혹한 정치공세가 문 대표를 견디기 힘들게 했다. 갑자기 후회가 밀려왔다. 온몸에 화살을 맞아 피를 철철 흘리며 서 있는 문 대표의 모습이 떠올랐고 우리가 이분을 사지로 몰아넣은 것이 아닌가라는 자책이 엄습했다.

수척한 모습을 보며 드릴 말이 없었다. "많이 힘드시지요?"라고 겨우 입을 떼었다. 문재인 대표는 어두운 표정으로 독백(獨白)처럼 읊조렸다.

"고래인들 얕은 물에 갇힌 바에야 무얼 할 수 있겠어요?"

무심히 내뱉는 그 말이 가슴을 때렸고 그 말에 가슴이 미어졌다. 그리고 그 말이 내게는 영원히 잊히지 않는 말이 되었다. 그날 밤 나는 대양을 마음껏 헤엄치는 고래의 꿈을 꾸었다.

약 1년에 걸친 극한의 시간들, 그리고 후보가 되기까지 겪었던 핍박의 시간들을 문재인 대표는 말없는 인내로 견뎌냈다. 나는 그 고난의 시간들이 문재인과 국민이 기득권에 둘러싸인 당을 넘어 나눈 말없는 대화의 시간이었다고 여긴다. 국민들은 오랜 기득권 정치인들의 기형적 정치행태에 지쳐있었다. '새 정치'를 외친 이와 '새 정치'를 이용한 자들이 뒤섞여 벌이는 문재인 죽이기를 국민들은 똑똑히 목격하고 있었다. 국민의 눈은 문재인을 죽이고자 하는 그 기막힌 정치적 행패를 놓치지 않았다. 광폭한 정치적 광란 속에서 얕은 탁류에 갇혀 거친 숨을 내뿜고 있는 고래의 모습을 국민들은 보았다. 문재인이 살아남은 것은 그 광란의 탁류에 휩쓸리지 않고 타협하지 않고 견뎌내는 모습을 국민들이 말없이 보고 그를 안았기 때문이다. 그 말없는 인내의 시간은 국민과 문재인이 서로의 마음을 잇는 시간이었다.

2016년 10월 29일 마침내 박근혜 퇴진을 외치는 제 1차 촛불집회가 열렸다. 촛불이 모이고 또 모여 바다를 이루었다. 마침내 그 위대하고도 거대한 촛불의 바다가 '고래'를 띄웠다. 얕은 물에 갇혀 꼼짝달싹하지 못했던 고래의 꿈을 바다를 이룬 촛불이 띄워낸 것이다. 촛불의 바다에서 고래는 비로소 힘차게 헤엄치기 시작했다. 북명의 어둠에 갇혀 있던 곤이 비로소 대붕으로 날아오르기 시작한 것이다.

2017 촛불혁명이 갖는 가장 뚜렷한 의의는 새로운 나라에 대한 국민적 열망을 실현하는 새로운 시대의 개막이다. 이 같은 의의의 구체적 과정을 들여다보면 두 가지 획기적인 정치사적 성과를 확인할 수 있다. 하나는 대한민국 민주공화제 백년의 역사를 살았던 백년의 시민이 이루어낸 제도혁명이다. 촛불혁명은 폭력적 전복이 아니라 법과 제도의 절차를 통해 정권을 바꾸었고 질서를 바꾸고 있다. 다른 하나의 정치사적 성과는 바로 이 제도혁명을 이끌었고 마침내 국민이 선택한 문재인 대통령이 열어가는 새로운 리더십의 개막이다. 촛불혁명과 탄핵정국을 주도하고 새로운 시대를 열어가는 문재인 대통령의 새로운 리더십은 이제 우리 정치사에서 새롭게 조망해야 할 가장 의미 있는 요소가 되었다.

근대 사회학의 거장 베버(Max Weber)는 정치인의 주요 자질로 '신념의 윤리'와 '책임의 윤리'를 들었다. 불굴의 의지와 강인한 실천력,

뜨거운 열정으로 궁극적 목표를 향해 달려가는 힘은 무엇보다도 신념의 윤리에서 나온다. 그러나 신념의 윤리는 자칫 옳고 그름을 가리지 않고 오로지 이기는 데 집착함으로써 공동선을 추구하는 데는 큰 결함을 가질 수 있다.

반면에 책임의 윤리는 행위의 결과와 행위의 사회적 효과에 대한 성찰을 반영한다. 정치인은 어떤 개인보다 정치적 존재로서 공동체의 공존을 위한 책임을 인식해야 한다. 특히, 정치인은 합법적 수단으로서의 폭력을 사용할 힘을 갖기 때문에 폭력에 내재된 악마의 힘과 결탁할 수밖에 없다. 책임의 윤리는 이 악마의 힘을 통제할 정치인의 자질인 셈이다. 말하자면 책임의 윤리는 정치적 행위에 대한 결과의 윤리이자 공공성의 윤리다. 그래서 신념의 윤리와 책임의 윤리는 상호보완적인 정치적 자질이라고 말할 수 있다.

문재인 대통령은 적어도 2012년 이후의 정치적 선택과 정치적 역경 속에 자신의 정치적 자질로서의 신념의 윤리와 책임의 윤리를 드러내 보였다. 무엇보다도 문재인 대통령이 2012년 대선에 뛰어든 것은 본인의 선택이었다기보다 당시 야권의 선택 혹은 시대의 선택에 몸을 실은 모양새였다. 어쩌면 2012년 대선의 과정은 시대의 열망을 자신의 신념으로 내면화하기 시작하는 과정이었고, 궁극적 목적을 향한 신념을 막 달구기 시작하는 과정이었다고 할 수 있다.

따라서 2012년 대선 출마는 신념의 윤리가 확장되기보다는 한편으로는 국민의 열망에 대한 책임의 윤리와 다른 한편으로는 이명박 정권에 이어 연속될 수 있는 박근혜 정권의 폭력성에 대한 강력한 책임의 윤리가 작동한 것으로 볼 수 있다. 이에 비해 2015년 당대표에 도전하고 당 혁신을 일정하게 완료하는 과정은 강력한 책임윤리에 바탕을 두고 정치적 신념을 뚜렷하게 확장한 과정이었다.

특히, 당대표로서 1년간의 고난을 견뎌낸 것은 새로운 정치와 사람이 먼저인 세상에 대한 뚜렷한 신념 없이는 불가능했다. 문재인 대통령의 탁월한 정치적 자질은 2016년 후반 이후에 두드려지게 드러났다. 나는 이 시기 이후의 정국에서 문재인 대통령의 리더십이야말로 정치사적으로 평가되어야 한다고 본다. 더불어민주당 대선후보로 결정되기 전 2016년 후반에 이미 조기대세론이 형성되었다. 촛불혁명과 탄핵정국의 과정, 나아가 19대 대통령으로서 이른바 재조산하의 정신을 새기고 코리아 패싱을 우려했던 외교안보정국을 풀어내며 마침내 남북정상회담과 평화시대를 열었다. 이 같은 과정에는 문대통령 특유의 신념과 책임의 윤리가 배어 있다. 그래서 촛불혁명과 탄핵정국의 시기에 무엇보다도 주목해야 할 점이 자신의 신념과 책임윤리를 구현해내는 문재인 대통령의 리더십이다.

2016년 10월 29일 시작된 촛불집회는 2017년 3월 10일 박근혜 대통령이 파면될 때까지 20회에 걸쳐 약 1천 700만 명이 참여한 위대한 혁명이다. 약 2천만 명에 가까운 군중이 광장으로 나왔으나 경찰의 검거나 연행이 없었으며, 인명피해도 거의 없이 질서 있는 시위가 이루어졌고 거리의 쓰레기까지 치우는 시민정신에 세계가 놀란 정치과정이었다. 그리고 제도적 절차를 통해 대통령을 파면했고, 제도적 절차를 통해 새 대통령을 세웠다.

나는 2017 촛불혁명은 21세기 민주주의의 제도적 확장을 실현한 쾌거라고 본다. 광장에 쏟아져 나온 시민들은 불법행동을 하지 않음으로써 민주적 법질서를 훼손하지 않았다. 대중이 직접 저항하는 광장의 민주주의가 제도적 행동으로 간주되어 제도적 민주주의의 형식을 확장시켰다. 특히, 경찰과 법원의 공권력은 시위의 범위와 규모에 대한 통제를 최소한으로 조절함으로써 법 집행의 유연성을 보였다. 이 또한 공권력의 위축이 아니라 제도적 민주주의의 확장이라고 할 수 있다. 시위와 저항행동이 제도적 행동으로 수용되고 제도 속에서 작동함으로써 민주주의의 확장을 이루어낸 셈이다. 대의적 절차에 갇혀 있었던 대의민주주의를 보완하는 21세기 민주주의의 확장이 아닐 수 없다.

민주주의의 제도적 확장은 다른 한편으로 21세기 새로운 혁명의 유형화를 가능하게 한다. 혁명은 전통적으로 제도적 절차를 넘어선 정치체제의 급격한 전복과 이에 따른 사회질서의 전환을 의미한다. 그러나 제도를 훼손하지 않는 거대한 집합적 저항행동으로 새로운 정권을 세우고 새로운 시대정신과 새로운 질서를 실현해 나가는 정치과정은 기존의 정치언어로 설명하기 어렵다. 따라서 혁명의 외연을 넓힐 필요가 있다. 말하자면 제도적 절차를 훼손하지 않고 오히려 제도적 절차를 통해 대통령의 탄핵과 파면 그리고 새로운 질서의 수

립을 압박하는 과정 자체를 혁명과정이라 할 수 있다.

이 같은 제도적 압박이 혁명의 효과를 얻는 광장의 민주주의를 폭력적이거나 전복적 혁명과는 다른 '제도혁명' 혹은 '압력혁명'의 과정으로 유형화할 수 있다. 이런 점에서 2017년의 거대한 촛불집회와 탄핵정국의 전 과정은 제도혁명으로서의 촛불혁명이라고 말할 수 있다.

촛불집회와 탄핵정국, 조기 대선으로 이어지는 제도혁명의 시기는 제도적 절차를 훼손하지 않았지만 실제 전개과정은 한 치 앞을 헤아리기 어려운 정치적 혼돈의 시기였다. 2017년 대한민국의 압력혁명은 성공했고 21세기 민주주의의 제도적 확장을 이루었으며 정치적 혼돈은 걷히고 새로운 시대를 개막했다. 우리는 이 위대한 제도혁명의 과정에서 집합적 대중의 민주적 참여에만 주목하는 경향이 있다. 나는 위대한 군중행동과 아울러 한 치 앞을 알 수 없는 혼돈의 정치과정을 주도하고 관리함으로써 새 시대의 개막을 성공적으로 이끈 정치리더십에 주목한다.

제도혁명의 성공과 새로운 시대의 개막은 혼돈의 정치과정에 개입하고 정국운영을 주도했던 정치리더십 없이는 불가능했다. 문재인이 있었고, 박원순이 있었고, 이재명이 있었다. 많은 정치인들이 혼돈을 제어하기도 하고 혼돈을 증폭시키기도 한 가운데 문재인과 박원순과 이재명의 리더십은 광장의 민주주의를 주도하며 제도혁명을 성공으로 이끄는 데 크게 기여했다. 특히, 특유의 신념과 책임의 윤리를 실현해낸 문재인 대통령의 리더십은 2017 제도혁명의 성공적 관리자로 주목되어야 한다. 탄핵정국이라는 극도의 정치적 혼돈을 안정적으로 이끈 문재인 대통령의 치밀한 위기관리의 리더십에 주목해야 한다. 이 혼돈의 정국에서 문재인이라는 변수를 뺀다면 혁명적 혼란의 불확실성은 훨씬 더 확대될 수밖에 없었다. 촛불혁명의 질서가 가능했던 것은, 제도혁명이 절차적 혁명으로 안정적 관리가 가능했던 것은 문재인이라는 대안이 있었기 때문이다.

내가 아는 문재인 대통령은 강직하고 결단력 있는 정치인이다. 자신이 하는 일, 옳은 일에 대해 확신에 찬 정치인이다. 어렵고 힘든 시간이 있었지만 그는 늘 함께하는 사람과 정책과 전략에 자신감이 넘쳤다. "자신 있게 하세요", "속도감 있게 하세요"라고 주변을 독려했다. 무엇보다 뚜렷한 신념의 소산이다. 돌이켜 보면 촛불혁명과 탄핵정국에서야말로 문재인 대통령에게 내면화된 신념의 윤리와 책임의 리더십이 특히 돋보였다.

당시 상황은 촛불혁명의 거대한 물결만 있었던 것이 아니다. 덕수궁 대한문을 중심으로 보수진영의 이른바 '태극기 집회'가 세를 불려가는 중이기도 했다. 문재인 대통령은 신중했다. 이재명 시장이 광장에 출현하고 박원순 시장이 광장에 출현해도 본인은 신중했다. 그 신중한 태도가 고도의 긴장상황을 조율하는 결과를 가져왔고 그러한 조율은 국가위기 관리에 대한 강력한 책임윤리에서 나온 것이라 여겨진다. 화합하지만 휩쓸리지 않는 화이불류(和而不流)의 리더십이 아닐 수 없다.

나는 문재인 대통령의 리더십에서 화쟁(和諍)을 떠올린다. 불가적 기원의 화쟁사상은 모든 논쟁과 대립을 조화시키는 것을 지향하며 모순과 대립을 하나의 체계 속에 묶어서 담아내는 원효사상의 바탕이기도 하다. 통일과 화합과 총화와 평화가 바로 화쟁에서 온다. 화쟁사상은 교단의 화쟁과 교리의 화쟁으로 구별할 수 있는데 교단의 화쟁은 승단(僧團)의 화합을 깨뜨리는 죄를 가장 중한 죄로 간주하는 계율로 구체화되었다. 보살의 십중대계 가운데 '사부대중의 허물을 말하지 말라', '자기를 칭찬하고 남을 헐뜯는 일을 하지 말라', '삼보(불보, 법보, 승보)를 비방하지 말라' 등의 3계가 여기에 해당한다. 이 같은 계율은 원효가 자찬훼타계(自讚毁他戒)를 범하는 것을 가장 큰 허물로 간주한 데서 기원하는 것으로, 화의 정신으로 쟁을 이겨나가고 쟁을 화로 승화시켜 세상을 교화하는 화쟁의 기초라 할 수 있다. 화쟁사상은 불교 교단의 화합을 위한 육화경(六和敬)으로 제정되어 제도화되었다. 몸, 입, 뜻, 계, 바른 지견, 이익 등의 여섯 가지 공존과 화합의 요소를 강조하는 육화경은 화쟁의 실천윤리인 셈이다.

문재인 대통령은 가톨릭 신자이기 때문에 아마도 조화와 화합을 포괄하는 '샬롬'정신을 내면화하고 있는 것으로 보인다. 그 연장에서 문재인의 정치는 분명하고 구체적인 화쟁의 리더십이다. 무엇보다 그는 자신의 정치적 입장을 말하지만 경쟁자들을 헐뜯지 않는다. 선거뿐만 아니라 일상의 정치에서도 비방과 인신공격, 모략은 한국정치판에서 상식이 된 지 오래다. 문재인 대통령은 일상의 정치과정이나 선거정국에서 인신공격이나 비방과 모략을 수단으로 삼지 않았다. 그는 누구보다 많이 읽고 많이 알고 있으나, 말하기보다 상대의 말을 들어주는 편이다. 자신의 말은 짧게 할 뿐만 아니라 워크숍이나 세미나에는 형식적으로 들여다보고 일어나는 게 아니라 오랜 시간 진지하게 듣고, 읽고, 함께한다.

고려대 노동대학원의 KU노사정 포럼에서 장시간 특강을 한 후에도 약 300명 가까운 참석자들과 일일이 손을 잡고 사진을 찍어주던 모습은 함께하는 사람들에 대한 인정이자 공감과 공존과 화합의 정신이 내면화된 화쟁의 기본을 떠올리게 한다.

촛불의 광장, 촛불의 정치는 대단히 다양한 이질적 요소들로 구성되어 있었다. 광장의 시민과 함께 어울려 촛불을 들더라도 그는 신중했다. 보수층과 중도층에 대한 배려를 잊지 않았다. 촛불과 태극기의 혼돈 속에서 정국을 관리하고 운영해 내는 노련한 화합의 리더십이었다. 광장의 군중과 민심을 수용하고 조절하고 관리하는 탁월한 능력을 보인 것이다. 모든 이질적 요소들, 대립적 요소들을 '화'(和)로 모아내고 안정된 제도로 전환시키는 문재인 특유의 화쟁주의가 가장 뚜렷하게 빛을 발하는 대목이 아닐 수 없다.

당대표 시절 그 고난의 시기에도 탈당을 주도하는 정치세력들을 비난하거나 공격하기보다는 인내하고 기다리는 리더십을 보였다. 대통령이 된 이후에도 야당의 무분별한 공세에도 쟁론과 대결을 만들어 나가기보다는 묵묵히 국민과의 약속을 실천해가는 신념과 책임의 행보를 보이고 있다.

문 대통령의 화쟁주의는 최근 전개되고 있는 외교안보국면에서도 잘 드러난다. 북한과 미국을 포함한 주변국의 강경한 태도에 일희일비하며 대결의 각을 세우는 것이 아니라 때가 될 때까지 준비하고 또 보이지 않게 때를 만들어가는 과정은 적어도 트럼프를 다룰 줄 아는 놀라운 정치력으로 드러났다. 평창 동계올림픽과 남북정상회담, 북미회담이라는 일련의 맵은 고도의 긴장관계에 있던 관련국들이 남과 북이 만든 하나의 그릇에 숟가락을 들고 오지 않을 수 없게 만든 화쟁의 리더십이 만든 효과였다. 평창올림픽을 역사적, 아니 세계사적 기회로 만들어 내는 노련하고도 위대한 정치적 능력을 우리는 보았다.

얕은 물에 갇혀 가쁜 숨을 몰아쉬던 고래가 촛불의 바다에서 떠올랐다. 원 없이 헤엄치기 시작했다. 그리고 대양을 향해 세계의 바다를 향해 거침없이 유영(遊泳)해 나아갔다. 구만리 장천(長天)을 날아오르는 대붕(大鵬)의 날갯짓이 시작되었다. 새로운 시대가 열렸고 새로운 리더십이 떠올랐다. 오랜 대결과 적대의 시대, 분열의 시대를 마감할 새로운 시대정신은 협력의 질서다. 협력의 시대를 이끌 새로운 리더십은 화쟁의 리더십이고, 화쟁의 리더십만이 새 시대를 열 수 있다.

3. 백년의 시민이 백년의 미래를 열다

지난 3월 1일 아침, 나는 가벼운 여장을 꾸려 중국 상해로 향했다. 나주와 안동 나들이에 이은 세 번째 나들이였다. 대한민국 임시정부의 숨결을 느끼고 싶었다. 올해는 1919년 3·1 만세운동이 있은 지 99주년이 되는 해다. 내년은 3·1 운동 100주년이자 대한민국 건국 100주년이 되는 해다. 심천의 꿈이 문재인 정부의 출범으로 이루어졌다는 생각과 나라다운 나라를 만드는 심천의 꿈은 이제 시작이라는 생각, 정권의 출범과 함께 겪었던 개인적 수난의 시간들을 떠올리며 선열들의 행적을 느끼고 싶었다. 그 모진 일제 강점의 긴긴 세월 동안 풍찬노숙(風餐露宿)으로 타국의 땅을 전전하면서도 해방과 국권회복의 꿈을 잃지 않았던 선열들의 흔적을 더듬으며 스스로 위안을 얻고 싶었던 건지도 모른다.

상해시 마당로 306통 4호, 대한민국임시정부 청사에서 나는 백년의 시간을 거슬러 대한민국을 만났고, 대한민국 '백년의 시민'을 확인했다. 1919년 3월 1일 독립선언에 기초해 4월 13일 중국 상해에서 임시정부가 설립되고 서울의 한성임시정부와 블라디보스토크의 노령정부가 상해임시정부로 통합되어 9월 11일 상해 대한민국임시정부가 단독 임시정부로 출범했다. 우리가 통칭 3·1운동이라고 부르는 기미년 독립운동은 비록 임시정부이긴 하지만 헌법과 의회를 갖춘 새로운 정부를 만들었다는 점에서 운동의 차원을 넘는 혁명이라 부를 만하다. 3·1운동이라기보다는 3·1혁명의 의미를 부여할 수 있는 것이다. 1919년 4월 10일 상해 프랑스 조계에서 개최된 임시의정원회의에서 29명으로 구성된 제헌의원들은 국호를 대한민국으로 정하고 민주공화제를 근간으로 하는 임시헌장을 채택했다. 대한민국이라는 민주공화국이 탄생했고 동시에 민주공화국의 시민이 탄생했다.

상해 프랑스 조계지역의 옛 모습이 여전히 남아 있는 골목 모퉁이에 백년의 국가와 백년의 시민을 입증하는 공간이 소박하게 자리 잡고 있었다. 내년이 민주공화국 백년이고 우리가 바로 대한민국 백년의 시민이다. 1919년에서 2019년까지, 상해에서 촛불까지 백년의 시민이 된 것이다.

2017년 촛불혁명을 백년시민의 서릿빛 꿈의 분출이라고 한다면, 촛불혁명은 긴 시대의 마감이 아니라 새로운 한 시대의 개막을 담고 있다. 백년의 시민이 여는 새 백년의 미래를 향한 출발이 2017 촛불혁명의 절대의의이자 궁극의 의의일 수 있다.

그렇다면 대한민국 백년의 시민은 어떻게 단련되었나? 서릿빛 시민은 백년의 시간 속에 어떤 시민살이를 겪었나? 19세기 말 한반도는 서구와 동아시아 열강의 각축장이 되면서 이른바 개화기를 맞았고, 마침내 경술국치로 대한제국은 몰락했다. 1945년 외세에 의한 해방을 맞기까지 오랜 동안 일제는 우리의 국토와 자원과 사람을 잔인하게 유린했다. 세계 식민지사에 유례가 없는 가혹한 식민의 시대였다. 일제는 무력으로 1905년 을사늑약을 체결하면서 외교권을 박탈하고, 1907년 이른바 한일 신협약으로 군대를 해산시켰다. 그리고 1910년 한일합방으로 마침내 5백 년 국가의 문이 닫혔다.

이로부터 36년간 이 땅에 일제를 심는 식민의 시대가 시작되었다. 그러나 경술국치 9년 후, 독립을 선언하는 3·1 만세운동이 전국을 휩쓸었고 그로 인해 대한민국 임시정부가 상해에서 수립되었다. 비록 임시헌장이었지만 헌법이 마련되고 의정원이 구성되었다. 민주공화국의 질서가 갖추어진 것이다. 압제의 세월을 뚫고 저항하는 백년 시민의 서릿빛 출발점이 여기였다.

해방 이후 1960년대까지를 나는 '열망의 시대'라고 부른다. 비록 해방은 2차 세계대전을 마감한 전승국들의 성과로 주어진 것이었지만 해방이 되기까지 서릿빛 시민의 강력한 열망의 몫이 있었다는 점은 분명한 사실이다. 해방은 그 열망의 실현이었다. 민족해방의 열망은 정치적으로는 민주공화제의 정상화와 통일에 대한 열망으로 전환되었고 경제적으로는 먹고 사는 문제를 해결하기 위한 산업화의 열망으로 바뀌었다. 이른바 압축적 근대화나 돌격적 근대화는 새로운 정치질서와 경제질서에 대한 강력한 열망의 효과였다. 세계는 '한강의 기적'이라 불렀다. 열망의 시대에 시민적 열망은 거대한 시민적 저항의 불꽃을 피워 올리기도 했다. 민주주의에 대한 열망이 이승만 독재를 거부하는 서릿빛 저항의 4월을 불태우기도 했고, 박정희 정권에서 한일협정에 반대하는 서릿빛 6월을 만들기도 했다.

1970년대는 민주화와 산업화를 향한 열망의 시민들을 유신독재의 우리에 가두고 독재의 망치와 칼로 그 열망을 두드리고 재단해서 오로지 국가동원의 수단으로 만들어 낸 시간이었다. 유신 선포 이후 수시로 발동된 긴급조치는 대한민국을 삼엄한 병영(兵營) 국가로 만들었고 병영국가에서 시민들은 깍듯이 길들여지는 한편, 고개 숙인 시민의 가슴은 불안한 긴장으로 가득 찼다. 열망의 시대는 '긴장의 시대'로 바뀌었다. 시민들은 유신의 신민이 되어 새마을운동과 같은 동원에 길들여지는 한편, 학생들과 지식인은 끊임없이 유신독재에 저항하는 시민으로 몸부림쳤다. 견딜 수 없는 억압은 저항의 물꼬를 틔웠다.

10년의 긴장이 마침내 광주에서 계엄군과 시민군의 무장충돌로 폭발했다. 광주가 틔운 물꼬는 1980년대 전국적으로 분출해 마침내 1987년 6월 대항쟁으로 분수령을 이루었다. 광주의 전국화는 1980년대를 '분출의 시대'로 만들었다. 대한민국 백년시민의 저항의 여정은 1980년대에 이르러 거대한 불길로 분출했다.

민주적 저항이 분출되고 대통령 직선제를 얻고, 직선으로 대통령을 뽑았다. 정치제도의 민주화는 진전된 듯했으나 문제는 시민의 삶이었다. 바로 그 삶의 민주주의는 조금도 당겨지지 않았다. 아니 점점 더 멀어져 가는 듯 보였다. 1990년대 들어 민주화의 기대로 들떠 있는 동안, 또 세계화라는 표현이 추상으로 다가오는 동안 1997년 IMF 외환위기는 우리 사회를 쓰나미처럼 덮쳤다. 민주화와 동시에 시장주의의 괴물이 들이닥친 것이다.

세계화의 현실은 가혹했다. 경쟁과 효율을 만능으로 여기고 적자생존과 약육강식의 정글 자본주의, 글로벌 자본주의가 팽창하면서 공동체는 갈라지고 공공성은 위축되었으며 사회는 해체되었다. 양극화가 확대되고 불평등이 증대했다. 젊은이들은 헬조선을 외치고, 흙수저, 금수저를 탓하는 수저계급론이 유행처럼 떠다녔다. '분열의 시대'였다. 일제 이후 민족과 반민족의 대립, 해방 이후 이념의 적대와 대결이 적폐로 누적된 가운데 시장주의의 욕망과 이익이 다시 세상을 가르고 찢었다. 이념의 분열과 욕망의 분열이 겹치고 그 분열의 끝에 10년간 나라가 썩어드는 '부식(腐蝕)의 시간'이 있었다.

대한민국 백년의 시민은 분열의 시대 마지막 10년이라고 할 수 있는 부식의 시대에 마지막 저항을 뿜어냈다. 더 이상 견딜 수 없는 부식의 현실, 정치가 시민의 삶과 생명을 내팽개치고, 국가가 적대와 대결을 부추기고, 불안한 민주주의가 양극화와 불평등의 폭을 점점 더 넓혀만 가는 가운데 박탈을 견딜 수 없게 하는 부패와 부식의 정치에 대해 백년의 시민이 마지막 서릿빛을 뿜어낸 것이다.

2016년 10월부터 시작된 박근혜 퇴진 촛불운동이 2017년 촛불혁명으로 새 정부를 출범시켰다. 촛불혁명의 요구는 분열과 부식을 마감하고 새로운 대한민국을 열자는 것이었다. 그래서 2017 촛불혁명은 백년의 시민이 '위대한 협력의 시대'를 여는 거대한 물결이었다. 대한민국의 위대한 협력시대를 여는 촛불혁명은 현재 진행형이다.

대붕의 날갯짓이 시작되었다.

인류역사에서 한 국가의 전성기가 200년을 넘는 경우는 드물다. 5명의 황제가 이끈 로마제정의 황금기도 약 200년에 그쳤고, 알렉산더로 마감되는 고대 그리스의 전성기 또한 약 200~300년이다. 중국의 춘추전국시대를 주도했던 춘추 5패(霸)의 흥망도 약 370년에 걸쳐 있고, 전국(戰國) 7웅(雄)의 부침도 약 200년에 걸쳐 있다. 몇십년에 걸쳐 흥하고 망한 나라도 많다. 우리의 경우 신라 천 년, 고려 500년, 조선 500년은 국가의 생존시간으로는 대단히 길다. 적어도 200년 이상 국가가 존속하려면 약 100년의 시간마다 새롭고도 거대한 국가갱신이 있어야 한다.

2017년 촛불혁명은 대한민국 백년의 시민이 요구하는 국가갱신에 대한 강력한 선언이다. 백년의 시민이 백년의 새로운 미래를 열고자 하는 것이다. 이것이야말로 2017 촛불혁명의 절대의의다.

앞에서 언급한 것처럼 2017 촛불혁명의 위대성은 두 가지 사실에 주목해야 한다. 어쩌면 이 두 가지 사실이야말로 2017 촛불혁명으로 우리 시대가 얻은 위대한 정치성과일 수 있다. 하나는 제도혁명으로, 한국 민주주의의 제도적 확장이자 21세기 민주주의의 지평을 확장시킨 세계사적 의의이다. 다른 하나는 촛불혁명을 선도한 정치리더십이다. 3·1 항쟁 - 대한민국임시정부의 수립 - 4·19혁명 - 6·3 항쟁 - 반유신운동 - 광주항쟁 - 6월 항쟁 - 2008년 촛불시위 - 2017 촛불혁명의 흐름은 대한민국 백년시민의 꿈이 만든 항쟁의 역사다. 문재인 정부는 그 꿈이 만든 정부고 문재인의 리더십은 그 꿈을 실현시켜야 하는 리더십이다.

서릿빛 저항은 저항 자체가 아니라 서릿빛 꿈에 담긴 새로운 가치에서 의미가 찾아져야 한다. 적대와 대결의 시대를 넘고, 욕망과 이익의 시대도 넘어 나라의 비전이 오로지 국민의 삶과 생명에 맞추어지고 이를 위한 화해와 화합과 협력의 질서를 만드는 것이 핵심이다. 그래서 화해와 화합과 협력의 질서를 이끄는 화쟁의 리더십이 필요하다.

화쟁의 리더십은 대통령 한 사람의 정치적 자질에 머물러서는 안 된다. 화쟁의 리더십은 정치사회와 경제사회와 시민사회로 확산되어 화쟁의 팔로십을 구축하고 화쟁의 사회질서를 세워야 한다. 화쟁의 질서는 대한민국 백년의 역사를 지탱해온 서릿빛 시민의 꿈이다. 그래서 화쟁은 협력의 시대를 채우는 새로운 질서다. 포용의 질서이고 공존의 질서이고 공감의 질서다. 무엇보다도 화쟁의 질서와 협력의 시대를 이끌어갈 사람이 필요하다. 가치협력의 시대정신을 주도할 대한민국 신주류가 만들어져야 한다. 심천의 꿈은 대한민국 신주류의 꿈이다. 대한민국 백년의 시민이 뿜는 서릿빛 희망은 신주류의 구축으로 실현되어야 한다. 대한민국 미래 백년을 이끌 신주류를 만들어야 한다. 그들을 미백류(未百流)라 부르고 화쟁류(和諍流)라 부를 수도 있겠다.

다시 신동엽 시인을 떠올린다.

껍데기는 가라.

사월도 알맹이만 남고

껍데기는 가라.

껍데기는 가라.

동학년 곰나루의, 그 아우성만 살고

껍데기는 가라.

…

껍데기는 가라.

한라에서 백두까지

향그러운 흙가슴만 남고

그, 모오든 쇠붙이는 가라.

이제 막 열어야 하는 위대한 협력의 시대 앞에 닳고 닳아 번들거리며 철면으로 버티는 마지막 껍데기는 벗겨져야 한다. 역사의 뒤로 물러나야 한다. 그래야 대한민국 미래 백년의 신주류, 미백류의 새살이 돋는다.

4. '정치적 자아'에 부딪히다

작년 여름, 2017년 6월 11일부터 7월 13일까지 33일간 나는 고용노동부 장관 후보라는 직함을 가졌다. 문재인 정부의 첫 조각에서 고용노동부 장관으로 지명된 것이다. 2017년 6월 11일 공식 발표된 후 33일 만인 7월 13일 오후 5시 45분경 나는 후보직을 사퇴했다.

6월 11일은 나와 내 가족에게는 평화로운 일요일이었다. 아마 노동부를 맡아달라는 전화를 받고 한두 주가 지난 시점이라 기억된다. 비교적 여유로운 일상이 이제 얼마 남지 않았다는 생각에 주말이면 가끔 식사를 함께하는 친구 가족들과 점심약속을 하고 사당역 부근의 한 음식점으로 향했다. 늦은 점심을 하는 도중에 전화가 왔다. 오늘 중으로 공식발표한다는 내용이었다. 축하의 분위기를 뒤로 하고 몇 가지 준비를 위해 가족들과 서둘러 집으로 돌아왔다.

저녁 무렵 고용노동부 준비팀이 집으로 들이닥쳤고 모든 것이 신상에 대한 검증과 청문회 준비에 맞추어졌다. 서울에 함께 거주하는 아내와 아들, 시골의 노모와 본가 가족들, 처가의 인척들까지, 나와 관련된 모든 것이 샅샅이 들추어졌다. 가혹할 만큼 지난 삶 자체가 통째로 들추어지는 이런 경험을 갖기 전에는 고위공직을 한다는 사실이 얼마나 비현실적으로 다가왔던가를 철저히 깨닫는 시간이었다.

고위공직이 갖는 공공성의 의미, 만인 앞에 자신을 드러내야 하는 공개성의 의미를 비로소 아주 구체적으로 체험하게 된 것이다.

구구한 변명으로 들릴 수 있는 위험을 무릅쓰고 그 가혹했던 시간에 대해 몇 가지만 언급하고자 한다. 이런 정도라도 짚어두는 것이 트라우마가 되어버린 그때의 시간들을 더 이상 회피하지 않고 그 또한 내 삶의 일부로 진지하게 대면하고 성찰하는 길이라 여기기 때문이다.

장관직 지명이 공식 발표된 직후부터 모든 고위공직 후보들이 겪었듯이 정치권과 언론은 다른 무엇보다도 개인의 신상을 집요하게 파헤치기 시작했다. 의혹이라는 이름으로 온갖 유언비어들이 난무하기도 했다. 끝까지 나를 괴롭힌 것은 세 가지 내용들인데 이 내용들이 시너지 효과를 만들며 나에 대한 이미지와 평가를 뒤틀었다. 음주운전 문제와 학내사태 당시의 동영상, 그리고 사외이사 건이 집요하게 다루어졌다.

음주운전 문제는 장관직 지명발표 당시 청와대가 미리 밝힌 내용이었다. 그런데 왜 술을 먹었느냐는 기자들의 질문에 당시 출교(黜校) 학생들의 농성이 장기화되고 있었는데 농성장 천막을 찾아가 학생들을 위로하면서 술을 마신 것으로 내가 말했고, 당시 출교생들이 농성 중에는 술을 안 마시는 것이 자신들의 원칙이었다면서 나와 술 마신 적이 없다고 언론에 증언을 한 것이 문제가 되었다. 음주운전에 대한 거짓해명 의혹이었다.

학교가 학생을 영원히 돌아오지 못하게 출교라는 처분을 내리는 것은 고려대의 역사를 부정하는 일이라는 생각에 뜻있는 교수들과 함께 학생들을 복권시키기 위해 참 많은 노력을 했다. 비록 학생들이 보직교수들을 본관에 감금하는 패륜을 저지른 것으로 보도되었지만 적어도 학교의 부당한 징계는 철회되어야 한다는 입장을 많은 교수들과 함께 밝혔다. 그 말미에 문과대학의 작은 행사 후 총장선거를 앞둔 유력후보와 저녁식사 자리를 가지면서 학생들 문제해결을 언급했다. 과음을 했고 자신이 총장이 되면 학생들을 구제하겠다는 약속을 받고 늦은 밤 이미 술이 취한 채 농성장을 찾았다. 일곱 명 학생들을 만났고 만감이 교차되어 마주 앉아 한참을 울었던 것 같다. 그리고 농성 천막 안에 있던 술병을 보고 남은 술을 가지고 오라고 했던 기억이 남아 있다. 나는 그렇게 기억하기 때문에 기자들의 질문에 농성장을 찾아 학생들과 마셨다고 무심코 대답했다.

학생들을 방문했을 때 이미 나는 취한 상태라 내 기억이 틀렸을 수 있다. 그러나 학생들을 찾아 천막을 방문했고 나는 거기서 술을 마신 것으로 기억했으며, 학생들은 술을 마시지 않았다고 했다. 나의 기억과 학생들의 원칙 중 어느 것이 진실인지는 알 수 없는 일이다. 그러나 언론과 정치권은 거짓해명 의혹이라고 말했다.

동영상 건은 이른바 '미래대학' 설립과 관련해서 이를 반대하는 시위학생들이 교무위원회 회의장을 밀고 들어오면서 교무위원들과 학생들이 충돌을 빚은 사건이다. 내가 학생들을 다소 격하게 야단치는 장면이 동영상으로 퍼진 것이다. 이 동영상은 이미 당시 교내에는 실황 중계되듯 공개된 내용들이었다. 장관 후보 지명이 공식 발표된 직후 바로 동영상이 SNS에 떴다고 한다.

학내문제로 학교 당국과 학생들이 충돌할 때 교무위원들은 학생들을 가르치는 교수이자 행정당국자라는 점에서 언제나 학생들에 대해 복잡한 심정을 갖기 마련이다. 교수로서의 교권에 앞서 선생으로서의 사제관계를 유지하려는 감정과 학생의 권익을 학교 당국의 입장에서 대응해야 하는 이중성을 갖기 때문이다. 나는 냉정하지 못했다. 교무위원들에게 "반말하지 마세요"라며 대들 듯하는 학생들의 태도에 분노했다. 모교 고려대학교에서 교수로 봉직하면서 어느 한순간 학교와 학생들을 생각하지 않았던 적이 없었기에 더 큰 배신감에 휩싸인 것이었는지도 모른다. 어쨌든 나는 학생들에게 막말하는 교수가 되어 있었다.

사외이사 건은 체불임금 회사의 사외이사로 있었다는 것이 문제가 되었다. 사회학과 박사과정에 재학 중이었던 한 조사회사의 대표가 여론조사를 기반으로 하는 방송사를 설립하는 데 도와달라는 요청이 있었다. 나는 의미 있는 일이라는 생각에 여론조사 과정과 결과를 방송 콘텐츠화하는 구상과 공익방송사의 지향과 운영에 대한 초기 디자인을 도왔다. 방송사 설립과정에 참여한 셈이다. 그러나 나는 여론조사 결과가 방송으로 실현되는 것을 아무리 기다려도 볼 수 없었다. 어느 시점에선가 그 일은 나에게서 완전히 멀어졌다. 사외이사라는 사실을 몰랐다고 한 것이 문제의 발단이 되었다. 정확하게 말하자면 나는 이 회사가 정상적으로 가동되는 회사라고 생각한 적이 없었다. 그래서 어떤 직책을 공식적으로 가졌다고 생각한 적이 없었다. 방송콘텐츠가 실현되는 것을 볼 수 없고, 매출은 전혀 발생하지 않는 것 같았으며, 온갖 사람들이 들락거리는 불완전한 회사에서 나는 사외이사라는 직함의 공식적인 임명장이나 위촉장을 받은 적도 없었다. 그와 관련한 공식회의가 있었는지 없었는지도 알지 못했다. 더구나 회사로부터 어떤 금전적 수혜도 없었다.

사장의 독단이 심하다는 말도 들렸고 나의 권유도 더 이상 듣지 않는 어느 시점에서 나는 관심을 끊게 되었다. 체불임금으로 고발되어 있다는 사실 등은 청문준비 과정에서 알게 되었다. 내가 관여했던 초기 매 시점에 대한 정확한 기억을 갖지 못한 것이 문제였다. 정확하고 구체적인 사실을 가지고 연관성을 입증하고자 하는 국회의원들의 의지 앞에서 무관심 속에서 멀어졌던 지난 일에 대한 나의 무덤덤한 기억은 나를 다시 궁지로 몰았다.

33일간 나를 뒤흔든 문제들은 사실 음주운전을 했다는 사실을 제외하고는 단 한 번도 떳떳하지 못하다는 생각을 가진 적이 없었던 일들이었다. 음주운전은 평생에 단 한 번의 과오로 참 많은 반성과 회한을 가졌던 일이다. 청문회에서 문제 삼은 내용들은 모두가 제자들인 학생들과 관련된 일이었다. 의원들이 밝히고자 하는 내용은 진위를 확인하는 과정에서 선생과 제자가 진실공방으로 돌입해야 하는 것이 불을 보듯 뻔한 일들이었다.

청문회 과정에서 내 삶은 왜곡되었고 나는 거짓 증언하는 부도덕한 교수로 내몰렸다. 견딜 수 없는 모욕감이 전신을 휘감았다. 그러나 나의 정당성을 엄밀히 주장하는 일은 선생과 학생이 서로 자기결백을 다투는 일이 될 수밖에 없었다. 학생은 그럴 수 있을지 모르지만 선생은 그럴 수 없었다. 그 과정에서 마지막 남은 자존심마저 훼손되고 선생이란 자가 겪을 수모를 생각하면 나는 더 이상 어떤 말도 할 수 없었다.

나는 대학교수로서 학자로서 그리고 신문의 칼럼리스트로 오래 동안 공개된 삶을 살았다고 생각했다. 모든 것에 원칙을 갖고 살았다. 학생들에게는 언제나 선생으로서 교수로서의 풍모를 잃지 않으려 애썼다. 누구보다 당당하고자 했고 많은 석·박사과정의 제자들에게 치우치지 않는 애정을 주려고 애쓰기도 했다. 그렇게 살았던 삶이 속절없이 무너져 내린 33일이었다. 청문회장은 환노위 소속 의원들의 위압이 가득 찬 곳이었다. 꼬박 12시간을 넘기고 자정을 넘겨서야 청문회가 끝났다. 청문시간 동안 의원들의 비난과 호통, 때로는 조롱이 반복되었다. 한 의원은 내게 교수도 아니라고 고함치며 광기어린 막말을 쏟아내기도 했다. 전 국민이 보고 있었다. 청문회가 끝났다고 끝난 게 아니었다. 야당들은 당대표나 원내대표의 입으로 다시 끝없는 공격을 되풀이했다.

힘들고 어려웠던 청문기간 동안 나는 정치인들의 '정치적 자아'에 눈떴다. 사회학이나 사회심리학에서 사회적 자아는 타인과의 관계

속에서 형성되는 것으로 알려져 있다. 사람들이 부모나 자식, 선생이나 학생이라는 자아정체성을 갖는 것은 일상에서 마주하는 다른 사람들의 태도에 부모로 자식으로 선생으로 학생으로 자신을 대하는 것이 비치기 때문에 자신이 부모이고 자식이고 선생이라는 자아가 생긴다는 것이다. 그래서 타자는 자신을 비추는 거울이라는 점에서 '영상자아'라는 개념을 쓰기도 한다.

그런데 정치인들에게 형성된 정치적 자아는 좀 다른 것 같았다. 정치인은 마주하는 개인들에게 비치는 자신의 모습은 의미를 두지 않는 것 같았다. 오로지 정치인에게는 언론과 방송, 거대 유권자 집단만이 자신을 비추는 거울로 간주되어 그런 거울 속에 비친 모습으로 이른바 정치적 자아를 형성시키는 것 같았다. 어쩌면 정치인들에게 시민과 시민의 삶을 직접 대면하거나 시민과 시민의 삶에 직접 비치는 자신의 모습은 의미가 없는 것인지도 모른다. 그래서 오직 카메라만이 자신들을 비추는 거울이 된 셈이고 카메라에 비친 자신의 모습을 통해 스스로의 자아를 확인하는 듯했다. 그래서 그분들의 정치적 자아가 만드는 정치적 행동은 때론 이해할 수 없이 공격성을 띠기도 하고 때론 한없이 관대하기도 했다. 정치인에 따라서는 그 정치적 자아가 더 일그러진 모습을 보이기도 하고 덜 일그러진 모습을 보이기도 한다.

멱라강에 몸을 던진 굴원(屈原)을 떠올렸다. 그리고 "굴원을 풍문에 듣다"라고 노래하며 상수를 건너는 가생의 심경을 더듬었다. 그러나 더 많은 자책은 언론이나 정치권을 대하는 데 훨씬 더 정교한 준비를 갖추지 못했던 나 자신을 향했다. 이 싸움터가 개인에게는 이토록 처절하고 가혹한 전장이란 점을 잘 몰랐던 탓도 컸다. 부끄럼 없이 살아왔다는 내 삶에 대한 하찮은 자만도 준비를 놓치는 데 한몫 했다.

모든 일이 문제가 되는 데는 얽힌 내막이 있기 마련이다. 그것도 정치의 현장에서는 정치적 내막이 있기 마련이라는 사실을 모르지 않았다. 또 나보다 앞서 겪었던 김상조 공정거래위원장, 강경화 외교부장관 등 다른 장관 후보의 힘든 과정이 나와 다르지 않았다는 점도 모르지 않았다. 그러나 그런 사실들이 나를 지탱해 주는 명분이 될 수는 없었다. 모욕감으로 찢어지고 갈라진 가슴은 스스로에게 물었다. 내가 반드시 여기에 있어야만 하는가?

정국은 극도로 얼어붙었다. 그리고 그 한가운데에 내가 있었다. 11조의 추경예산을 걸고 여야가 대치함으로써 문재인 정부의 출발 자체가 휘청거리는 상황이었다. 야당은 새 정부의 첫 조각에서 과연 몇 명의 장관을 낙마시키느냐에 명운을 건 듯 했다. 송영무 국방 장관 후보와 나, 누군가는 내려와야 하는 절박한 시간이 흐르고 있었다. 싱크탱크 국민성장이 출범하던 날, 박승 전 한국은행 총재께서 여기 모인 어느 누구도 사심을 가지고 자리를 탐해서는 안 된다고 카랑카랑한 목소리로 훈계하던 일이 떠올랐다. 오로지 나라를 새롭게 만든다는 단 하나의 목표를 위해 헌신하자고 마음을 다졌던 그날이 떠오른 것이다.

그래, 자리를 탐해서 대통령을 도운 것은 아니지 않은가? 무관(無冠)의 자리, 보이지 않는 곳에서도 할 일들이 있으리라. 나아가는 것과 물러나는 것이 분명해야 선비가 아닌가? 대통령께서 정국을 푸는데 누군가의 희생이 필요하다면 내가 그 역할을 떠맡아야 하지 않겠는가? 온갖 생각이 떠올랐다. 때가 되었다고 판단했다. 그간 나를 도왔던 측근 분들이 낌새를 알아채고 노동대학원장실로 들이닥쳤다. 그리고 울며불며 말렸다. 사퇴는 안 된다고. 그냥 며칠만 버티면 된다고. 그러나 그건 내게 어울리는 방식이 아니었다. 고용노동부 대변인에게 바로 전화했다. 33일 만의 일이었다.

본인의 임명 여부가 정국타개의 걸림돌이 된다면 기꺼이 고용노동부 장관 후보 사퇴의 길을 택하겠습니다. 이 선택이 부디 문재인 정부의 성공에 보탬이 되기를 바랍니다.

기자들이 겹겹이 에워싼 집에 들어갈 수가 없었다. 사퇴 이틀째 되는 밤, 어느 호텔에서 잠을 이루지 못한 채 지인들에게 그간의 심경을 휴대폰 문자로 전했다.

두서없는 마음을 우선 전합니다. 공직을 한다는 것이 자신을 드러내는 일이라는 것을 모르지는 않았지만, 1,400여 건의 자료제출 요구와, 한 트럭 분량 실려 나갔다는 학교 자료, 집요하게 반복되는 의혹제기, 꼬박 하루를 넘긴 질의응답 과정, 팩트에 대한 서로 다른 해석 등은 나 자신의 삶과 세상에 대해 근본적으로 돌아보게 했습니다.

특히, 내가 선한 의지로 관여한 일이 반드시 선한 결과로 이어지지 않을 수 있고, 내 삶이 지나온 주변에서 미처 내가 알지 못하는 가운데 고통받는 사람들이 생길 수 있다는 사실은 개인의 삶의 범위가 개인에 그치지 않는다는 점을 새삼 깨닫게 했습니다. 청문과정이 나와 내 가족에게는 잔인하고도 견디기 힘든 과정이었고 스스로와도 대면하는 뼈아픈 성찰의 시간이었습니다. 약 한 달이 넘는 기간 동안 견딜 수 있었던 것은 오로지 제게 보내주신 무한한 신뢰와 격려 덕분이었습니다. 기대에 보답하지 못해 미안합니다.

개인적으로는 오해와 왜곡의 늪에서 빠져나오기가 어려웠지만, 무엇보다도 정권교체와 문재인 정부의 출범이 오로지 대한민국을 새롭게 만들겠다는 데 있었기에 모든 선택과 결정의 기준이 이에 따라야 한다는 점은 운명과 같은 것이었습니다. 부디 제 선택을 용서하시기 바랍니다. 제게 보내주신 과분한 사랑과 믿음 평생 잊지 않겠습니다. 몸과 마음을 추슬러 곧 인사드리겠습니다.

나는 학생들을 가르치는 선생이었고 사회학을 공부하는 연구자였다. 고려대 교수로 보낸 시간만 해도 약 20년에 가깝다. 나는 스스로를 가누기 어려운 상황에서는 언제나 모교 고려대 교수가 되어 첫 출근하던 날을 떠올린다. 학부생 때부터 그렇게 오랜 세월 익숙한 캠퍼스였지만 그날 교정의 풀 한 포기 돌부리 하나가 그토록 소중할 수가 없었다. 세상의 아픔을 함께 아파하는 비판적 지성의 길을 가리라, 제자이자 후배들인 학생들을 무한애정으로 품는 선생이 되리라 다짐했던 그날을 떠올리는 것은 내 나름의 초심을 다지는 비법이었다.

우울증으로 신설동 전철역에서 뛰어내려 전신이 검은 멍으로 변해 풍선처럼 부푼 몸을 청량리 성바오로병원 응급실에 눕힌 채, 인공호흡기로 끊일 듯 끊일 듯 숨을 이어가는 학생의 곁을 지키며 주체할 수 없이 흐르는 눈물을 가누지 못했던 선생이었다. 티셔츠 바람으로 강의하러 들어가는 박사 제자가 안쓰러워 학교 가까운 백화점으로 데리고 가 양복을 한 벌 입혀 강의실로 들여보냈던 선생이기도 했다. 출교생 7명의 이념이 어떻든 고려대가 고려대 학생을 영원히 쫓아서는 안 된다고 성명으로 탄원으로 애원했던 선생이었다. 그랬기에 작년 내가 겪었던 고통 가운데 학생들에게 다친 마음은 참으로 견딜 수 없이 쓰린 것이었다.

나는 지금 고려대 노동대학원장의 보직을 맡아 일하고 있다. 나는 사회학 분야 가운데 시민사회와 사회운동을 중심으로 하는 정치사회적 현상에 대해 오랫동안 연구하고 가르쳤다. 지난 십여 년 동안은 공공성 연구와 사회통합과 갈등의 연구에 몰두했다. 나는 우리 세대 연구자들이 대부분 민족문제와 계급문제에 대한 학술적 실천에 대해 일종의 강박이나 부채의식 같은 것이 있다고 생각한다. 나 역시 그랬다. '시민사회통일론'을 비롯한 남북관계에 관한 몇 편의 논문과 공저서를 낸 것은 그런 강박의 효과이기도 했다. 계급문제에 관한 학술적 실천의 영역은 노동문제가 핵심이라고 본다. 그래서 오래 전에 노동대학원 노동복지정책학과의 주임교수를 맡기도 했다. 당시에 노동복지정책학과 학생들을 데리고 논문지도를 참 열성적으로 했던 기억이 있다. 그때 그 학생들이 지금도 여전히 내 곁을 지켜주고 있다. 2015년 노동대학원장을 맡게 되면서 내 연구의 이력에서 부채처럼 남아 있던 노동문제를 본격적으로 접할 기회를 갖게 된 셈이다.

고려대 노동대학원은 엄혹했던 개발독재 시절인 1965년 설립된 노동문제연구소를 기반으로 만들어졌다. 내가 늘 강조했지만 노동대학원과 노동문제연구소는 고려대 민주주의의 한 축이었다. 노동대학원은 안정적으로 성장했지만 그 기원과 역사를 세상에 알리는 데는 여전히 아쉬움이 있었고, 훨씬 더 적극적으로 브랜드화 해야 하는 과제 또한 숙제로 남아 있었다.

나는 노동대학원장직을 맡으며 두 가지 목표를 가졌다. 무엇보다도 2,800명 교우들을 결집시킴으로써 충원과 배출의 구조를 안정적으로 재생산하는 것이 중요했다. 다른 하나는 노동대학원을 노동가치의 공공성과 보편성을 확산시키는 교육과 연구의 거점으로 만드는 일이었다. 그래서 노동연구를 인간지향적이고, 현장지향적이며, 공공지향적이고, 융합지향적이며, 미래지향적인 영역으로 재구성하는 '노동학'을 주창했다. 노동의 공공성과 보편성을 실현하는 것은 노동과 일이 세상의 가장 근본적인 질서라는 사실을 누구라도 수용하게 만드는 일이다. 실천적 학문으로서의 노동학의 과제가 그것이고 노동대학원의 존재 이유가 그것이다. 에이브러햄 링컨의 1861년 연두교서를 인용해 노동대학원 복도에 현판을 걸었다.

> 노동은 자본에 우선하며, 자본에 대해 독립적이다. 자본은 단지 노동의 결실이며, 노동 없이는 결코 존재할 수 없다. 노동은 자본보다 우위의 존재이기 때문에 훨씬 더 존중되어야 마땅하다. 자본은 다른 권리들처럼 보호되어야 할 자기 권리를 갖는다. 자본과 노동이 불가분의 상생관계에 있고, 그 관계가 미래에도 변함없을 것이라는 점은 명백한 사실이다.

노동대학원 교우와 원우들의 결속은 빠르고 깊게 확장되었다. 내 생각과 말과 행동에 과분하게 호응해 주었다. 나는 노동대학원을 매개로 엮어진 모든 사람들에게 열과 성을 다했다. 나는 고려대 노동대학원이 평생을 노동판에서 싸웠던 현장의 노동운동가들에게 전태일이 그토록 갈망했던 단 한 명의 대학생 친구 역할을 할 수 있기를 바랐다. 경영계의 원우와 교우들에게는 노동계와 친화적이고 동반적으로 어울릴 수 있는 기회를 제공했다. 고대 노동대학원은 노사정이 격의 없이 만나는 장이 되었다. 내 개인적으로도 지난 4년 동안 노동현장의 의리와 끈끈함으로 다져진 노동계 인사들과의 교분이 놀랍도록 빠르고 깊게 맺어졌다.

고용노동부 장관 후보로 보낸 33일의 고통스런 시간 속에서 나를 버틸 수 있게 했던 것은 가족들이었다. 혈육과 함께 그 가족에 포함되는 또 하나의 가족은 노동대학원의 학생이자 제자이자 동지였던 교우와 원우들이었다. 내가 과분하게도 노동계와 경영계의 조그마한 신뢰라도 얻을 수 있었던 것은 전적으로 그들이 있었기에 가능했다. 나를 장관직에 빨리 임명하라는 여러 곳에서의 지지성명과 광화문 시위, 국회와 고용노동부 앞 시위가 이어졌다.

광화문 시위 때는 학계를 비롯해서 약 400명 이상의 인사들이 서명을 했다고 한다. 33일간의 장관 후보시절 사무실로 썼던 노동부 서부지청으로 갈라진 가슴을 안고 출근하는 내 앞에 힘내시라는 구호와 함께 피케팅을 하던 광화문 인근 기업 노동조합원들의 얼굴을 나는 영원히 잊을 수 없다.

고용노동부 장관 후보를 사퇴한 것은, 아니 장관직에서 낙마(落馬)한 것은 내 삶에 대한 세상의 한 치 오차 없는 응답이었다. 비록 내게는 가혹한 시간들이었지만 지금 돌이켜 보면 그 시간들은 나로서는 처음으로 겪어보는 전혀 새로운 학습의 시간이기도 했다. 전혀 예상치 못했던 상처를 입었고 그 상처가 아직 아물지 않는 시점이기는 하지만, 분명한 것은 내가 살아온 삶이 기성의 정치적 자아를 설득해내지 못했다는 사실이며, 정치적 자아로 둘러싸인 제도정치의 벽이 진입을 허용하지 않았다는 사실이다. 겸허히 수용해야 하는 것들이었다.

5. 10년의 사색을 《심천의 꿈》에 담고

다시 글을 쓴다. 글을 다시 쓰기까지 꽤 많은 시간이 필요했다. 폭풍 같았던 시간들을 넘어설 계기가 필요했다. 여러 해 동안 숙제로 남아 있었던 칼럼집을 내기로 했다. 좀 고상하게 말해서 사회평론집을 하나 내는 셈이다. 문제는 칼럼집 하나 낸다고 그것이 지난 시간들을 떨칠 무슨 계기가 될 수 있느냐는 것이다. 그래서 마음 정리용으로 좀 긴 서문을 쓰기로 했다. 두 번의 선거에 관여하면서 오랫동안 묻어두었던 이야기와 작년 33일간의 회한을 풀어내고 나면 뭔가 좀 달라진 나를 볼 수도 있을 것만 같았다.

시간을 쪼개기가 너무 어려운 현실에서 책을 내는 일이 쉽지 않았다. 게다가 묻어둔 이야기와 회한(悔恨)을 담아 서문을 쓰는 것도 고단한 일상이 잘 허락해주지 않았다. 지난 3월 초 상해를 다녀온 후 늦은 밤과 새벽에 시간을 내니 속도가 좀 났다.

지난 10년 동안 품었던 서릿빛 꿈을 말하고 싶었다. 북명의 어두운 바다에서 곤을 변신시켜 붕새로 날아오르게 하는 그 꿈을 말하고 싶었다. 책 이름을 '심천의 꿈'이라고 붙였다. 이명박 정부와 박근혜 정부에 걸쳐 약 10년간 쓴 칼럼들을 찾으니 약 120편이 되었다. 비교적 오래 쓴 칼럼은 〈경향신문〉의 '정동칼럼'과 그전에 〈위클리경향〉 시절부터 〈주간경향〉 시절에 걸쳐 쓴 칼럼 '조대엽의 눈'이다. 그 외 가끔씩 썼던 일간지와 저널의 기고 글들이 포함되었다. 120편의 칼럼 가운데 94편을 골라 실었다. 그리고 큰 고민 없이 12개의 관련된 주제로 구분해서 편집했다.

대부분의 칼럼 내용들은 기형적 정치와 기형적 국가가 짓누르고 있는 시민 삶의 모습을 그린 것이다. 시민 삶의 이모저모를 칼럼을 쓸 당시의 정국이나 사건에 따라 떠오른 상으로 그려냈다. 그것들을 모아 놓으니 백년시민의 시민살이를 말한 셈이 되었다. 그래서 '백년의 시민살이에 관한 사색'이라는 부제를 붙였다.

기형이 된 정치와 기형이 된 국가의 모습이 적나라하게 드러난 일이 세월호 사태였고 메르스 사태였다. 백년시민의 서릿빛 저항이 다양한 시민운동과 촛불집회로 나타났다. 오랜 연구 관심이었던 생활민주주의와 공공성, 사회통합과 소통, 책임정치, 세대문제 등이 다루어지고, 언제나 상수로 존재하는 분단현실, 노동현실, 시장화, 위험사회의 현실, 대학과 청년의 현실 등이 칼럼을 쓸 당시의 이슈로 다루어졌다.

시기적으로는 노무현 정부에 대한 평가와 관련된 글도 있으나 대부분이 이명박 정부와 박근혜 정부에서의 시민살이에 집중된 글들이다. 다양한 선거국면이나 정당정치의 흐름에서 각 정당과 정치인들이 보인 정치행태에 대한 논평도 많다. 대부분의 글들이 칼럼으로 짧게 쓴 것이기 때문에 어떤 글이든지 순서에 관계없이 읽어도 좋을 듯하다. 다만 칼럼을 쓸 당시의 정치사회적 상황에 대해 조금이나마 가늠하고 읽는다면 훨씬 더 납득하기 쉬울 것이기 때문에 각각의 글 말미에 게재된 날짜를 밝혀 두었다.

언론의 논평에 무지하게 관심이 많은 이들이 정치인인지라 몇몇 글들은 세간의 관심을 크게 모으기도 했다. 특히, 정치적으로 민감한 문제를 다소 과감하게 다룬 글들은 댓글의 격전을 부르기도 했다. 그러나 대부분의 글들은 특정 언론에 게재된 것이기 때문에 많은 사람들에게 읽히기 어려웠다. 그래서 이 책을 내는 또 하나의 명분을 든다면, 대한민국 백년의 시민살이에 관한 생각을 가급적 많은 독자들과 공유하고 싶었던 마음을 꼽을 수도 있겠다.

지난여름 이후 나를 억눌렀던 시간의 무게를 떨치고 이제 다시 말하고 쓸 수 있는 나를 찾으려 쓴 서문이 많이 길어졌다. 길어진 넋두리에 대해 독자들의 용서를 구한다. 이제 이 서문을 탈고한 후 지난 시간의 터널을 빠져나와 백년의 시민이 새롭게 여는 대한민국 백년의 미래를 온전한 마음으로 다시 직시할 수 있었으면 좋겠다. 앞을 다투지 않는 물처럼 흐르고 싶다.

늦은 밤, 서재 문이 조금 열리는가 싶더니 문 밖에서 아내와 아들이 소곤대는 소리가 들린다.

"아빠가 다시 글을 쓰셔."

"그래, 이제 좀 마음을 추스린 모양이다. 잘 견뎌내셨어."

흔들리는 나를 지탱해주며 참으로 잘 견뎌준 아내와 아들에게 고마운 마음을 전한다. 애비가 혹 딴 마음이라도 먹지 않을까하는 걱정으로 하루에 서너 차례 전화하는 정 깊게 바뀐 아들을 새로 얻게 되었다.

작년, 그 뜨겁고도 혹독했던 여름을 떠올리면 무한한 신뢰와 애정으로 나를 응원하고 내 곁을 지켜준 많은 분들이 떠오른다. 사람이 사는 일 자체가 누군가에게 의지하지 않을 수 없는 일인데, 개인사치고는 가혹했던 시간을 보내며 많은 분에게 평생을 두고 갚아도 모자랄 은혜를 입었다. 작년 여름부터 겪지 않아도 좋았을 일로 놀란 가슴을 아직도 쓸고 계시는 어머님과 장모님께는 늘 못나고 모자란 자식이다. 친가와 처가의 가족들, 그리고 크고 작은 내 일상을 가족보다 더 살뜰하게 챙겨주었던 오랜 친구들이 크게 놀랐다. 폭풍처럼 몰아쳤던 언론과 방송 보도에 일상의 단절을 겪으면서도 오로지 나를 걱정했다. 말이 필요 없는 관계라는 핑계로 늘 고마움을 가슴에만 묻어두게 된다.

사회학과의 동료 교수이자 제자인 김수한 교수가 큰 힘이 되었다. 평소 늘 유쾌하고 재기발랄했던 모습과는 달리 비장한 각오로 거의 매일 청문 관련 일에 매달려 오랜 자료들을 찾아내기도 하고 청문회장에 배석해서 나를 지켜주기도 했다. 그 깊은 마음을 떠올리면 언제나 가슴 먹먹하다.

33일간 내가 출근했던 노동부 서부지청과 학교를 오가며 혼신을 다해 함께했던 노동문제연구소 이종선 부소장의 충정도 잊을 수 없다. 오직 나와의 인연으로 인해 충직하게 청문 준비를 함께하며 33일간 거의 매일 저녁 모여 정책과 신상대응에 나섰던 준비팀이 있었다. 그들은 이제 내 삶의 미더운 동지가 되었지만 내가 그들을 위해 무엇을 할 수 있을까를 생각하면 늘 미안함이 앞선다.

혹 잘못된 자료라도 있을까 노심초사하며 해외 출장까지 반납하고 국회가 요청하는 서류를 준비했던 노동대학원 행정실의 장명주 부장은 우직한 의리로 직원들의 소중함을 새삼 일깨워주었다. 행정실의 남선정 선생, 교무처의 이주리 부장을 비롯한 직원들도 마찬가지다. 각별한 고마움을 간직하고 있다.

33일간 쏟아진 폭우를 맨몸으로 맞고 학교로 돌아온 나를 따뜻이 맞아준 동료 교무위원들과 동료 교수들의 응원의 말들은 고마움과 미안함을 동시에 안겨주었다. 또 청문 준비기간 중 모든 일상의 업무를 중단한 채 함께했던 고용노동부의 고위간부 직원들에게도 고마움과 미안함을 아직 제대로 전하지 못했다. 따로 자리를 가져야겠다고 생각했던 것이 훌쩍 시간이 흐르고 말았다.

한마음으로 분노하고 응원했던 고려대 노동대학원의 교우와 원우들의 애정을 잊을 수 없고, 힘들어하는 나를 보며 눈물을 터뜨리던 석·박사과정 제자들의 얼굴이 가슴 깊이 남아 있다.

이 자리를 빌려 각별한 고마움을 전해야 할 또 다른 분들이 있다. 우호적 입장표명과 성명으로 나를 지지하거나 적어도 당시에 중립적 입장을 지켜준 한국노총과 민주노총 산하의 산별 노조에 감사한다.

멀면 먼 대로, 가까우면 가까운 대로 참으로 많은 분이 과분한 응원과 격려를 보내주었다. 일일이 거명하는 것이 혹 불편을 드릴 수 있을 것 같아 내 남은 삶의 여정에 그 고마움을 새겨 가고자 한다.

이제 최근 10년간 이런저런 지면에 흩어져 있었던 내 사색의 자락들을 한 권의 책으로 묶었다. 책을 내는 일 또한 누군가의 수고와 배려를 빌리지 않을 수 없었다. 좋은 직장을 그만두고 학문을 잇겠다고 박사과정에 진학해 모자란 선생의 비틀대는 모습을 눈물로 보는 것도 부족해서 이 책의 출간까지 도맡았던 노동문제연구소 안리라 실장의 노고가 참 고맙다. 안 실장의 섬세함 덕에 책이 모양을 갖춘 듯하다. 나남출판사의 조상호 회장께는 출간에 대한 감사 이상의 마음을 전해 드려야 한다. 모자란 후배에 대한 애정과 신뢰에 늘 감사한 마음이다. 꼼꼼한 편집과 섬세한 제안으로 책 내용과 형식의 완성도를 높여준 백주영 선생께도 감사의 마음을 전한다.

내 삶의 파란 속에서도 사랑과 신뢰의 끈을 놓지 않고 또 하나의 가족, 인생의 동지가 되어준 모든 분들에게 《심천의 꿈》을 바친다.

북악산 기슭에서

새 정부 출범 1주년을 맞아 지난 시간을 떠올리며

1

생활민주주의

이제 우리는
시민들의 실질적 삶의
전환을 요구하는
강력한 열망이 중심이 되는
생활의 시대에 이르렀다.
이에 걸맞는 통합의 질서를
실현하는 것이야말로
우리 시대 진보의 새로운 과제다.

어떤 삶의 방식을 선택할 것인가?

적이든 동지든 상대의 말을 경청할 줄 아는 사람을 우리는 '괜찮은 분'이라고 평가한다. 워낙 적대적 대결의 구도가 뚜렷한 한국정치판의 줄서기 구조에서 괜찮은 정치인이 드문 것은 당연한 이치다. 오세훈 서울시장은 괜찮은 정치인이었다. 게다가 훤칠한 외모와 화려한 언변은 그가 서울시장으로까지 비상하게 하는 날개가 되었다.

지난 달 중순, 약 80만 장의 무상급식 주민투표청구용 서명지 박스 앞에 선 오 시장의 모습은 비장했다. 짧게 깎은 머리와 웃음기 없는 표정으로 참모들에게 투표에서 지면 각자도생하라는 말까지 한 것으로 알려지면서 마치 최후의 일전을 준비하는 장수를 연상시켰다. 이제 무상급식에 대한 성찰적 논의는 사라지고 주민투표가 오 시장을 살릴 것인가 죽일 것인가에 관심 있는 정치공학의 주판알을 튕기기 시작한 관객들이 하나둘 모여들기 시작했다. 이 우스꽝스런 정치쇼의 흥행을 위해 그리고 정치적 생존을 위해 이념의 유령은 어김없이 불러들여졌다.

뭔가 뒤틀린 이 정치의 시대에 우리는 복지논쟁이나 개인의 정치적 사활문제를 훨씬 넘어선 곳을 볼 필요가 있다. 우리는 어느 때보다 거대한 변화의 시대를 살고 있으며 그러한 변화는 시민의 관심과 시민의 욕구에 반영되어 있다는 사실을 깨닫는 일이 무엇보다 중요하다. 2000년대 이후 우리 시민사회의 뚜렷한 경향은 '생활정치운동'의 주류화라고 할 수 있다. '생활정치'의 개념은 기든스(A. Giddens)의 1990년대 초 저술인 《현대성과 자아정체성》에서 '해방의 정치'의 대응개념으로 제시되었다. 해방의 정치를 민족해방, 계급해방, 정치민주화 등이 주도하는 근대적 삶의 기회와 조건을 갖추는 과정이라 한다면, 생활정치는 삶의 양식과 내용에 관련된 정치를 말한다. 즉, 근대성의 핵심제도에 의해 억압되었던 도덕적이고 실존적인 문제들을 전면에 드러내는 과정이다. 환경, 여성, 평등, 평화, 인권 등의 가치가 삶의 양식에 대한 선택으로서 생활정치 이슈들이라고 할 수 있다.

무상급식이 단순한 복지의 차원을 넘어서 있다는 것은 새로운 삶의 양식에 대한 선택의 의미를 내재하기 때문이다. 오늘날 복지는 하위계층의 생존을 보장하는 수혜적 장치에 머물지 않고 시민적 삶의 양식과 관련된 생활정치의 주요 요소로 이해되어야 한다. 무상급식과 복지의 문제는 수혜의 폭이나 예산의 문제를 넘어 생활정치의 맥락에서 새로운 가치를 기반으로 한 우리 삶의 전면적 재구성과 관련된 문제로 보아야 하는 것이다.

이제 우리는 어떤 삶의 방식을 채택할 것인가에 대한 광범하고도 궁극적 질문을 제기할 시점에 있다. 사회변동에 대한 통찰력과 진정성, 그리고 공동체에 대한 책임의식을 가진 정치인이라면 시민 삶의 안정을 추구하는 우리 사회의 질적 전환을 위한 새로운 방향과 전망에 눈을 돌려야 한다. 더구나 신자유주의의 시장조건에서 생활정치는 생존의 문제를 포함하고 있다. 한진중공업 노동자들의 힘겨운 싸움은 생계수단을 잃어버리는 데 대한 절박한 위기의 공감구조를 확산시켜 시민들을 '희망버스'로 모여들게 하고 있다. 일자리를 잃은 이들은 일자리를 찾는 데 지쳐 있고, 남아 있는 이들은 일과 경쟁에 지쳐 쓰러지는 가혹한 정글의 현실이 우리의 모습인 것이다.

어떤 삶의 방식을 선택하는 것이 보다 안정적이고 지속가능한 사회를 도모하는 길인지에 대한 전사회적이고 근원적인 답을 찾아야 할 때이다. 무상급식이라는 생활정치의 문제를 역사 퇴행적 이념의 정치로 판 가르는 현실이 안타깝기만 하다. 전쟁도 겪었고 쿠데타도 있었는데 한 시대를 넘어서는 고통으로 선거비용 약 200억 원은 오히려 쌀 수 있다고 위안 아닌 위안을 가져보는 가운데, 이미 이념의 정치를 선도하는 구시대의 정치인이 된 오세훈 시장의 모습이 겹친다.

— 〈주간경향〉 935호, 2011. 7. 19.

작은 민주주의가 아름답다

지난주에 나는 처음으로 출판기념회를 갖는 약간은 거북한 호사를 누렸다. 서울시에서 첫 번째로 성북구가 시범 실시한 친환경 무상급식사업의 경험을 모은 책 출간을 기념하는 행사였다. 단독으로나 공동으로 여러 권의 책을 냈지만 대부분의 학자들이 그렇듯이 출판기념회는 의외의 일이었기에 다소 당황스럽기까지 했다. 그러나 다른 한편으로 나는 친환경 무상급식을 주제로 한 책의 출간이 출판기념회를 열어 많은 사람들에게 알려도 좋을 만한 시대적 의의, 나아가 역사적 의의를 갖는 일이라 판단했다.

조금은 거창해진 출판기념회에 대해 개인적으로 갖게 된 당혹감, 그리고 주위의 불필요한 오해와 확대 해석에 대한 부담감은 이 운동을 보다 널리 확산시켜야 한다는 대의 앞에 지극히 사소한 문제가 되고 말았다. 그리하여 어느새 출판기념회는 내게 어색하지만 당연히 치러야 할 일이 되었다.

나는 인류의 삶이 한 시대를 얽매고 있던 문화적 구속으로부터 끊임없이 해방되는 과정이라고 생각한다. 고대와 중세라는 꽤 오랜 기간 동안 사람들은 주술과 종교의 구속에 매여 있었고, 이러한 구속으로부터 해방된 근대사회에 와서는 다시 민족주의, 사회주의, 자유주의 등 이념에 속박되었다. 이러한 이념과 함께 작동했던 경제성장주의는 근대 산업화시대의 가장 강력한 문화적 구속이었다. 서구사회의 복지주의가 성장주의에서의 발 빠른 탈출을 의미하는 것이었던 반면, 우리 사회에는 21세기에 들어선 오늘날까지 맹목적 성장주의의 유령이 여전히 배회하고 있다.

지난 지방선거의 무상급식 쟁점은 우리 사회에서 성장주의를 해체할 수 있는 복지 논쟁을 안내했다는 점에서 역사적인 의의를 갖는다. 나는 〈주간경향〉 911호의 바로 이 지면에서 무상급식이 성장주의를 넘어서는 가치이자 단순한 복지의 수준을 넘어서는 복지라는 점을 강조하면서, 망국이 아니라 오히려 국격을 높이는 길이라고 말한 바 있다.

이제 친환경 무상급식운동이 갖는 다른 측면으로 정치변동 효과를 강조했으면 한다. 성장주의가 국가의 겉모습을 키우는 것이라면 복지는 국민 삶의 내면을 향한 정치이다. 그것은 민족이나 이념의 정치를 넘어선 시민의 일상과 삶에 관련된 정치이며, 중앙집중화된 국가주의를 넘어 생활정치를 지향한다는 점에서 '다른 정치'(*another politics*)의 시작이다. 친환경 무상급식운동에는 우리 시대가 요구하는 이 같은 새로운 정치적 실천과 새로운 사회변동의 전망이 모두 담겨 있다고 해도 틀리지 않다. 친환경 무상급식은 일상에서 비켜갈 수 없는 아이들의 먹는 문제이자 학교라는 아주 작은 공동체에서 공존과 형평의 삶을 추구하는 운동이기 때문에 무엇보다도 현장과 일상의 민주주의가 작동하는 영역이다. 게다가 그 운영과정은 농축산물의 생산업체와 유통조직들이 지역과 학교에 참여적으로 결합되는 공동체 협치(協治)의 공간이기도 하다. 다른 무엇보다도 이러한 정치적 성격은 친환경 무상급식운동을 '작은 민주주의'라고 부를 수 있게 한다.

세계 10위권의 경제규모와 국가브랜드, G20 정상회의를 떠받드는 외양과 껍질의 정치가 요란한 뒷면에서 앞길 유망한 젊은 시나리오 작가가 병마와 가난을 이기지 못해 외롭게 죽어간 것이 오늘 우리의 모습이다. 화려한 외양 속에서 신음하는 일상적 삶의 현장을 들여다보는 정치, 그러한 현장을 참여적인 작은 민주주의로 바꾸어가는 정치에 진보와 보수가 다를 필요가 없다. 장안에 떨어지는 낙엽 하나가 천하의 가을을 알린다고 했다. 우리 아이들의 학교에서 막 시작된 친환경 무상급식이라는 작은 민주주의가 이제 우리 사회에 또 다른 정치를 확산시키는 또 하나의 역사적 시작을 알린다면 좋겠다.

—〈주간경향〉 915호, 2011. 3. 8.

진보진영의 현주소와 나아갈 길

'잃어버린 10년'이라는 어법에는 진보와 보수의 대립적 현실이 잘 응축되어 있다. 예컨대 '빼앗겼다'라는 표현은 빼앗긴 주체와 뺏은 주체가 모두 설정되는 어법이다. 그러나 '잃어버린'이란 표현은 정권을 잃어버린 주체로서 보수진영을 의미하지만 정권을 획득한 주체로서 진보진영을 설정하지는 않는다. 10년간 정권을 가져간 쪽은 익명의 누군가일 뿐이다. 여기에는 정치권력의 주인은 원래 보수세력이었고 언제나 보수세력이어야 하기 때문에, 정권을 획득했던 진보세력은 존재 자체를 인정하고 싶지 않다는 의미가 내재되어 있다. 그리하여 분실의 주체만을 함의한 잃어버린 10년은 대립 관계를 넘어 존재 부정의 극단적 문법을 내재한다.

우리 사회에서 진보세력은 오랫동안 정치적으로 수세적 위치에 있었고 그에 따라 저항과 투쟁의 주체가 됐다. 해방 이후 격렬한 좌우 이념대결이 있은 후 미군정의 노동운동 통제와 좌익탄압은 이 시기 진보세력을 크게 위축시켰다. 한국전쟁 이후 반공이데올로기를 축으로 하는 분단체제에서 사회주의 지향의 좌파는 적어도 합법적 공간에서는 존립하기 어려웠다. 1960~70년대 군부권위주의 아래, 특히 1970년대 유신체제에서 진보진영은 이른바 재야와 학생운동으로 새롭게 등장했고 반유신운동을 주도하는 이 시기 진보진영 이념은 자유주의를 크게 넘어서지 않는 수준에 있었다.

1980년대는 진보진영으로서는 특별한 시기였다. 신군부가 주도한 광주에서의 극단적 국가폭력은 국가권력에 대한 근본적인 의문을 제기하게 함으로써 진보진영은 유례없이 급진화되었다. 계급지향의 민중주의와 반미 민족주의로 무장한 진보주의는 격렬한 반정부 저항의 중심이 되었다. 그러나 1987년 6월 대항쟁이 개헌을 향한 민주화의 물결로 귀결되며 급진좌파의 진보주의는 분단체제의 벽을 넘지 못했다. 곧 이은 동구 공산주의의 붕괴는 한국에서 급진적 진보를 빠르게 쇠퇴시켰다.

1990년대 한국의 진보진영은 민중정당을 실험하거나 보수야당으로 흡수되는 흐름과 민주노조의 건설과 민노당으로 이어지는 흐름, 나아가 시민운동의 흐름 등으로 분화·확산되었다. 이러한 과정에서 한국의 진보는 보수야당을 아우르는 넓은 의미의 87년 세력으로 민주화의 주체를 포괄하게 되었으며, 보수진영은 권위주의 정권을 축으로 하는 이른바 산업화의 주체로 구획되었다.

김대중 정부와 노무현 정부는 민주화세력의 집권이라는 점에서 이른바 진보정권으로 불릴 수 있다. 두 정권은 약 10년에 걸쳐 민주화운동의 제도화가 정권적 차원에서 전개되었다는 점에서 의미가 크다. 그러나 특유의 리더십과 보수와의 일정한 타협을 기반으로 성립한 김대중 정부와는 달리 노무현 정부의 개혁은 보수적 사회권력에 포위되어 정치적 한계를 뚜렷이 드러내고 말았다. 오늘날 진보진영은 집권의 경험을 가졌음에도 불구하고 운동의 관성으로부터 벗어나지 못함으로써 설득적 권력 운용에 실패했고, 민주화 이후의 어젠다 설정에 실패함으로써 정치적 구심을 찾지 못하고 있다.

그러나 다음과 같은 최근의 몇 가지 여건 변화는 진보진영에게 새로운 기회가 될 수 있다. 첫째, 세계금융위기에 따른 신자유주의의 자기성찰이 작동하고 있다. 둘째, 세계적으로 신자유주의가 방향전환을 모색하는 시점에서도 고집스럽게 지속되고 있는 이명박 정부의 신자유주의 정책은 진보진영이 보다 뚜렷한 정체성을 확보할 기회일 수 있다. 셋째, 이명박 정부의 일방적이고 편향된, 나아가 폐쇄적 권력 운용 방식은 새로운 민주주의의 과제를 던져주고 있다.

이 같은 지구적 사회변동과 국내 정치조건을 새로운 기회로 만들기 위해서 진보진영은 설득적 권력 운용의 실패와 민주화 이후 좌표 설정 실패에 대해 뼈아픈 성찰을 선행해야 한다. 말하자면 운동의 관성을 넘어 제도의 섬세한 운영 방식을 포괄하는 새로운 민주주의의 과제를 설정해 포용과 합리를 갖춘 보편적 진보주의로 거듭나야만 하는 것이다.

진보세력은 민주화 성과에 바탕을 두고 있다. 그러나 그간 우리 사회가 이룬 민주주의의 성과는 대통령 직선제를 비롯한 민주적 제도와 절차의 구축에 있었다. 제도를 갖추는 것과 제도를 운영하는 것은 다른 문제일 수 있다는 점에서 만들어진 제도를 어떻게 운영하는가의 문제는 또 다른 민주주의 과제이다. 제도 구축과 관련된 민주적 질서를 '거시민주주의'의 질서라고 할 수 있다면 이러한 제도를 운영하는 소통과 설득, 합의의 과정은 '미시민주주의'의 과제라고 말할 수 있다.

오늘날 세계사회가 지구적 수준에서 동시성을 경험하고 있다면 정치질서의 수준에서 대의민주주의의 위기와 한계는 이러한 동시성의 과제 가운데 하나이다. 서구에서 이미 활발하게 논의되었으며 또 실험되고 있는 참여민주주의, 심의민주주의, 결사체민주주의, 주창(主唱) 민주주의 등은 탈근대적 사회변동과 시민적 욕구를 반영함으로써 대의민주주의의 한계를 극복하려는 민주주의의 새로운 제안이다. 이러한 제안은 소통과 설득, 합의의 정치과정을 적극적으로 수용한다는 측면에서 미시민주주의의 새로운 전망이라고 말할 수 있다.

미시민주주의를 주도하는 진보의 전략적 과제는 민주주의의 개방화, 구체화, 일상화 등으로 구현될 수 있다. 참여와 심의 기회의 확대에 기반을 둔 개방화는 우리 시대가 요구하는 민주주의의 결핍을 보완하는 과제이며, 균형 발전과 사회적 약자를 배려하는 형평의 논리에 기초한 정책의 구체화는 경제민주주의를 포괄하는 미시민주주의의 전략적 과제가 되어야 한다. 나아가 민주주의의 일상화 과제는 일상적 삶의 영역에서 민주주의를 기획하는 일종의 작은 민주주의 실행과 결부되어 있다. 새로운 진보는 아래로 흘러 세상을 변화시켜야 한다. 새로운 진보는 지역과 주민, 일상의 삶에 밀착함으로서 민심과 함께해야 한다. 아래로 흐른 물이 큰물을 이루고 작은 민주주의가 큰 민주주의를 완성하는 법이다.

— 〈주간동아〉 694호, 2009. 7. 14.

박원순의
생활정치

서울시장 보궐선거의 열기가 뜨겁다. 오랫동안 시민운동과 공익재단 활동에 헌신했던 박원순 변호사가 야권 단일후보로 나서서 선거 전에 땀 흘리는 모습이 자못 안쓰럽기도 하다. 이번 선거에서는 두 후보가 모두 시민의 일상을 편안하게 하겠다며 '생활'모드를 강조하니 나쁘지 않은 방향인 듯하다. 그런데 박원순 후보는 시민의 일상적 삶에 늘 함께한 분이니 새삼스러울 것이 없으나 한나라당의 나경원 후보가 '생활특별시'를 구호로 삼은 것은 다소 생뚱맞은 일일 수도 있다. 한나라당 의원 가운데 오세훈 전 시장과 특별히 가까운 것으로 알려져 있고 지난 무상급식 주민투표에서는 "오세훈 시장을 계백 장군처럼 혼자 싸우다 죽게 해서는 안 된다"고 까지 나섰던 나 후보가 생활개념을 들고 나오니 흥미롭지 않을 수 없다.

그러나 생활특별시라는 말 앞에 "골목까지 섬세하게 챙기는"이라는 수식어는 다시 고개를 갸웃거리게 한다. 며칠 전 나경원 후보는 생활 공약으로 이른바 '생활약속 프로젝트'를 발표했다. 그 내용은 버려진 쓰레기와 시설물 소음, 생활악취, 음란유해 광고물, 길거리

흡연 등 5대 생활 공해를 없앰으로써 불편, 불안, 불쾌를 해소한다는 것이다. 생활정치에 대한 이해의 차이가 크다.

생활정치는 후기 근대의 새로운 사회운동을 설명하는 한 방식이라는 점에서 나름의 사회과학적 족보를 가진 개념이다. 생활정치는 일상에서 나타나는 생활주변의 일과 무관하지는 않지만 그 본질은 강제적 국가나 경쟁적 시장 등 근대성의 핵심제도에 의해 억압된 도덕적이고 실존적인 삶의 문제들을 전면에 등장시키는 데에 있다. 말하자면 생활정치는 주체적 삶의 구성과 관련되어 있고 삶의 방식과 정체성에 영향을 미치는 선택의 정치를 의미한다. 따라서 환경, 여성, 평등, 인권, 반핵, 복지, 소수자 등의 이슈로 시도되는 시민운동의 정치야말로 생활정치의 가장 핵심적 내용이 된다. 본연의 생활정치가 능동적이고 자율적인 삶을 구성하기 위한 시민운동이라고 한다면 나경원식 생활정치는 일종의 환경미화정치에 그친다는 느낌이다.

2000년대 들어 한국의 시민운동은 다소 중첩되지만 서로 다른 세 가지 유형으로 분화되는 경향을 보였다. 1990년대 정치경제 개혁운동을 넘어 생활정치운동이 주류화되는 경향이 하나이고, 뉴라이트운동과 같은 다양한 형태의 이념정치운동의 흐름이 다른 하나라고 할 수 있다. 또 생활정치운동이나 이념정치운동과 일부 중첩되면서도 선거정치나 정당정치에 직접 개입하는 정치참여운동의 흐름이 있다. 2000년 낙천낙선운동 이래 2012년 선거에서 야권연대를 도모하는 다양한 운동네트워크들이 그런 범주에 든다. 2000년대 이후 시민운동은 이처럼 생활정치운동과 이념정치운동 그리고 정치참여운동이라는 새로운 분화경향을 보였다.

이번 서울시장 선거에서 박원순 후보의 출마선언 후 보수진영의 시민사회에서 이석연 씨가 출마를 선언했을 때 그를 지지하는 주요 축은 뉴라이트 관련 시민단체들이었다. 뉴라이트 계열의 단체를 비롯한 보수진영의 시민단체는 대체로 시민의 삶에 관한 정치보다는 국가정체성이나 반북 자유주의이념을 제고하는 데 몰두하는 경향이 있었다. 이 점에서 보수진영의 시민운동은 이념정치운동 혹은 국가주의 정치운동이라고도 부를 수 있다.

명확히 하자면 이석연 후보를 추대한 보수 쪽의 시민단체들은 이념정치에 기반을 둔 정치참여운동의 한 흐름으로 볼 수 있다. 이석연 씨가 출마를 포기한 후 보수적 정치참여운동 그룹은 나경원 한나라당 후보에 대한 지지를 선언했다. 나경원 후보는 한나라당과 보수시민사회의 이념정치 위에 굳건히 선 셈이다. 후보 토론 때마다 천안함 사태에 대한 생각을 집요하게 묻는 나경원 후보에게 서울 시정과 천안함이 무슨 관계인지 묻고 싶지만 자신이 발 딛고 있는 이념정치와 국가주의 정치를 잊지 않는 총명함을 보이는 일이다. 적어도 이념과 국가주의 정치의 틀로 주조된 나경원 후보의 생활정치가 환경미화정치에 머물러 있는 것은 오히려 당연해 보인다.

돌이켜 보면, 이번 서울시장 선거에서도 어김없이 재현되고 있는 보수와 진보의 대립구도를 일반적으로 동등한 이념적 대당관계로 보는 경향이 있었다. 그러나 2000년대 시민사회는 보수진영의 이념정치와 진보진영의 생활정치로 뚜렷이 분화되는 모습을 드러냈다. 시민운동의 역사적 맥락으로 보자면 생활정치는 이념을 넘어선 가치의 정치를 추구한다. 따라서 한국의 보수와 진보의 대립 관계는 이념적 대립이 아니라 이념정치와 생활정치의 비대칭적 구도에 있다는 사실이 강조되어야 한다. 역사 퇴행적 이념정치와 역사 주도적 생활정치가 동일한 기준으로 평가될 수는 없는 것이다.

이번 선거로 보자면 나경원식 생활정치의 속살은 이념정치일 수밖에 없지만, 이에 비해 박원순의 정치는 '아름다운 가게'와 같은 그의 이력에서 보듯이 정확히 생활정치에 기반을 둔다고 말할 수 있다.

박원순의 등장을 '바람의 정치'라고 표현하는 데 동의할 수 없는 이유가 여기에 있다. 박원순의 생활정치는 1990년대 정치경제개혁운동을 넘어 지난 10여 년간 시민사회에서 주류화된 생활정치운동에 기반을 둔 것이다. 따라서 그것은 턱에 차오른 시민적 갈망의 표현이자 시민사회에 형성된 새로운 삶의 질서라고도 할 수 있다. 박원순은 바람이 아니라 우리 사회가 가야 할 길이다. 또한 우리 사회의 새로운 선택과 새로운 질서를 향해 도도히 굽이치는 강이기도 하다.

— 〈시민사회신문〉, 2011. 10. 17.

양극화 사회를 넘어

다가올 4월 총선과 12월 대선은 정치권력의 구심을 바꾸는 선거절차 이상의 의미를 가질 것으로 보인다. 이미 서울시의 무상급식 관련 투표나 서울시장 선거에서 확인되었듯이 민의는 시민의 삶을 외면하는 기존의 정치 패러다임에 대해 분노에 이르는 거부감을 드러냈다. 특히 최근의 다양한 시민정치의 흐름에는 지금까지 우리가 추구했던 것과는 다른 삶의 방식에 대한 선택을 가능하게 하는 새로운 정치질서에 대한 열망이 짙게 배어 있다. 이러한 열망에 각 정당과 후보들이 어떤 식으로든 호응할 것을 예상한다면, 2012년의 양대 선거를 통해 우리 사회는 해묵은 사회구성의 질서가 전반적으로 새롭게 재구성될 수 있는 흔치 않은 기회를 맞은 셈이다.

우리는 산업화과정에서 강력한 국가주의에 몰입했던 경험을 갖지만 현 정부에서 다시 성장주의나 토건(土建)주의와 같은 맹목적 국가운영이 재현됨으로써 실존적 삶의 황폐화가 가중되는 현실에 직면해 있다. OECD 국가 중 자살률 1위, 최저 출산율, 세계 최장 노동시간, 최고의 사교육비 부담, 세계 최고의 고위험 음주군 등의 지표는 세계 10위권 경제규모에 걸맞지 않게 우리가 얼마나 고단하고 불안한 삶을 살고 있는가를 보여주고 있다. 또 2011년 통계청의 사회조사 결과는 일생 동안 노력해도 지위 상승이 어려울 뿐 아니라 자식들의 지위 상승 가능성도 높지 않다고 생각하는 팽배한 절망감을 잘 말해준다. 이러한 지표는 단순히 사회지표로만 그치는 것이 아니다. 현실의 불안과 미래의 불확실성이 정부와 정당, 의회의 정치로 해소될 전망을 갖지 못한다면 사회적 불안은 정치화된다. 최근 확대되는 시민사회의 정치화 현상은 다른 무엇보다도 이제 우리 사회가 국가와 이념에 몰입하는 외형적 성장의 사회를 넘어 사람과 삶의 가치를 지향하는 사회로 정치 패러다임의 전환을 요구하는 단계에 있다는 점을 말해준다.

정책 분야로 볼 때 정치, 경제, 외교 및 국방 등의 분야에 비해 사회분야는 시민들의 일상적 삶의 영역이라고 할 수 있다. 우리 사회가 구래의 삶의 양식에 대한 총체적인 성찰의 시기에 있다고 할 때 다가올 총선과 대선의 주요 쟁점 가운데 사회분야의 이슈야말로 가장 뜨거운 선거 쟁점이 아닐 수 없다. 사회분야의 가장 중요한 과제는 두말할 것 없이 양극화문제다. 양극화는 신자유주의 세계질서 속에서 피할 수 없는 현상으로 인식되고 있지만 양극화와 직접 관련된 소득 격차나 임금 격차의 증대, 빈곤층의 증대 등이 우리 사회에서 훨씬 더 빠른 속도로 진행되고 있다는 점이 심각성을 더한다. 특히, 월가 시위의 구호였던 1% 대 99%의 현실은 체감적 양극화를 더욱 확대시킴으로써 상대적 박탈과 사회해체를 가속화한다는 점에서 양극화는 더욱 핵심적 쟁점일 수밖에 없다.

무엇보다도 양대 선거에서 양극화와 관련된 주요 쟁점들은 청년실업, 비정규직, 교육, 복지 등의 이슈로 구체화될 것으로 보인다. 2010년 기준 단순실업률과 청년실업률은 각각 3.7%, 8.0%로 차이가 크다. 숨겨진 실업자를 포함한 실질실업률은 전체 13.8%로 늘어나는 한편 청년실업률은 32.8%까지 늘어난다는 분석을 볼 때도 대단히 심각한 양상이 아닐 수 없다. 비정규직 또한 2007년 55.6% 이래 여전히 약 50%의 규모가 유지되고 있으며 단기근속자 비율도 OECD 국가 중 가장 높은 수준에 있다. 취업문제뿐만 아니라 고용의 질도 우려할 수준에 있는 것이다.

교육문제는 그 자체가 중요한 이슈지만 양극화 현상을 확대 재생산하는 제도적 장치로 작동한다는 점에서 교육공공성에 주목해야 한다. 공교육의 황폐화와 사교육문제, 교육 현장의 경쟁화와 시장화, 대학의 등록금문제 등이 교육의 공공성 확보 차원에서 쟁점이 될 수밖에 없다. 이와 아울러 무상급식 문제와 함께 전면적으로 등장한 복지정치의 이슈는 양대 선거에서도 핵심 쟁점이 될 것으로 보인다. 이미 무상급식에 이어 무상의료, 무상보육이 제기된 터라 보편복지와 선별복지의 쟁점이 더욱 가열될 것이고 나아가 복지 쟁점이 보다 구체적으로 전개될 것을 전망할 수 있다.

이런 점에서 일자리, 복지, 교육은 양극화와 관련된 사회분야의 3

대 핵심 쟁점이라고 말할 수 있다. 일자리와 복지, 교육은 양극화뿐만 아니라 저출산 고령사회의 쟁점과도 직접 결부된다. 저출산이나 노인의 삶 등 고령사회의 문제는 양극화와 함께 사회분야의 또 다른 핵심 과제라고 할 수 있는데 이 역시 우리 사회의 삶의 질에 관한 문제들이다. 한편으로 점점 더 가중되는 위험사회의 문제도 양대 선거의 주요 쟁점이 될 수 있다.

특히, 생태, 환경, 생명, 심지어 생존을 위협하는 원자력 발전의 문제는 후쿠시마 사태 이후 상존하는 재앙으로 인식되어 새로운 국민적 합의를 필요로 하는 정치적 선택의 문제가 될 것으로 예견된다. 다른 한편 국회통과 이후 오히려 반대여론이 더 확산되는 조짐을 보이는 한미 FTA문제가 적어도 4월 총선국면에서도 쟁점화될 것으로 보인다. 한미 FTA의 ISD 조항은 우리 사회의 공적 질서를 심각하게 훼손시킬 수 있다는 우려로 확대되면서 여전히 뜨거운 선거 쟁점으로 남기 쉽다. 또 오늘날 시민 삶의 상설적 기반을 이루고 있는 SNS에 대한 규제문제도 중요한 선거 이슈로 제기될 수 있다.

사회분야의 이슈들은 가장 현실적이고 직접적인 삶의 기회와 삶의 양식에 관련된 문제이기 때문에 선거국면에서는 늘 거론되는 내용이다. 그러나 어쩌면 대전환의 사회변동기라고도 할 수 있는 현 시점에서 사회이슈들은 단순히 사회분야의 문제들이라는 수준을 넘어 새로운 방식, 즉 세대정치적 접근과 생활정치적 접근이 요구된다.

공동체가 역사적 구성물이자 세대적 연속체라고 할 때 우리 시대만큼 청년 세대가 불안과 절망을 경험한 시기는 없었던 것 같다. 젊은 세대가 정치에 무관심한 것이 일반적이라고 하지만 최근의 보궐 선거와 서울시장 선거에서는 이러한 불안과 절망이 반영된 젊은 세대의 정치화 경향이 뚜렷해지고 있다. IMF 위기 이래 반복되는 경제 위기는 등록금문제에서부터 불확실한 취업전망, 불안정한 일자리 등으로 특히 청년 세대에게 절망과 박탈감을 가져다주었지만 정치권은 이에 대해 어떤 전망도 보여주지 못한다. 나아가 20대의 불안은 30대의 절망으로 이어진다. 양대 선거에서 사회이슈들은 무엇보다도 청년 세대의 삶에 위안과 비전을 제시함으로써 세대정치의 요구에 적극 부응해야 한다.

다른 한편, 일자리, 복지, 교육, 저출산, 고령화, 생태, 원자력 발전, SNS 규제 등 사회분야의 주요 쟁점들은 생활정치 패러다임으로 재구성되어야 한다. 오늘날 거대 전환의 사회변동은 국가주의와 이념정치에 의해 구축되었던 경제성장과 분배, 군사안보, 사회통제의 질서가 이제 시민적 삶의 욕구에 바탕을 둔 새로운 정치질서로 재구성될 것을 압박하고 있다. 생활정치 패러다임은 사회분야 정책의 내용에 시민의 자아실현과 자기확장적 요소를 반영하는 데 핵심이 있다. 말하자면 양대 선거의 주요 쟁점이 될 복지 정책의 경우, 보편복지냐 선별복지냐 하는 수혜 범위의 문제나 혹은 단순히 정부의 복지 지출 규모를 늘리는 분배의 관점을 넘어 수혜자의 자아실현성과 자기확장성을 반영하는 성찰적 복지로 전환해야 하는 것이다. 예컨대 무상급식이 단순히 분배적 관점에서 제도화되는 것이 아니라 학교와 학생, 학부모와 지역사회의 참여를 확대함으로써 각 주체의 자아실현과 자기확장을 증대하는 방식으로 재구성되어야 한다. 친환경 무상급식은 그러한 실험이라고 할 수 있고, 무상의료 또한 분배적 복지의 관점을 넘어 생명가치와 생태공생적 가치에 기반을 둔 생명윤리적 무상의료체계로 재구성하는 방식이 추구되어야 한다.

사회분야의 쟁점에 관한 세대 정치와 생활정치적 접근은 지속가능한 성장을 위한 사회구성 방식과 정치질서의 재구성에 결부되어 있다. 미래에 대한 불확실성으로 극단적 불안을 경험하는 청년 세대의 아픔을 공감하고 비전을 주는 일, 나아가 사람과 삶의 가치를 중심에 두고 제도와 환경을 재구성하는 생활정치의 패러다임은 근대사회의 거시정치 패러다임과 거시정치 이슈들을 성찰적으로 재구성하는 과정이다.

이러한 과정은 사회적 쟁점들이 단순히 선거 이슈로 제기되거나 공약에 포함되는 수준이 아니라 참여와 소통, 공감의 민주주의를 지향하는 실행방식을 포괄해야 함을 의미한다. 참여와 소통, 공감의 민주주의를 지향하는 생활정치 패러다임은 협치정치, 현장정치, 문화정치, 네트워크정치와 같은 대면적 접촉의 미시적 정치형식이 기존의 정치지평을 확장하는 새로운 정치적 의미를 갖는다. 제도정치보다 훨씬 더 낮은 영역에서, 조직이 주도하는 운동정치보다 더 낮은 지점에서, 그러나 제도정치나 운동정치보다 훨씬 더 넓고 빠르고 깊게 시민의 생각과 행동이 움직이는 미시적 현장과 정당정치가 결합해 제도영역의 미시정치적 재구성이 획기적으로 확대되어야 한다. 당면한 양대 선거 과정 자체가 생활정치 패러다임으로 바뀜으로써 '미시정치의 시대'를 맞을 수 있기를 기대해 본다.

—〈국회보〉 542호, 2012. 1. 6.

김근태 이후의 민주주의

문상을 마치고 학교로 돌아가는 택시 안에서 동료 교수는 연신 눈가를 훔쳤다. 훌쩍이는 소리가 멎는가 싶더니 신음처럼 한마디가 새어 나왔다. "오래 잊혔던 민주주의를 다시 떠올리게 하고 가시네요." 그래, 아주 먼 기억으로 남은 것만 같은 그 민주주의를 비수처럼 우리 가슴에 꽂고 민주주의자 김근태 선생은 그렇게 떠났다. 선생은 이제 역사가 되었다. 민주화의 시간대로 보자면 민족주의와 민주주의를 추구한 격동의 시대는 오래 전에 종료되었지만 역사가 된 한 시대를 뒤이어 선생마저 이제 역사가 된 것이다.

"타는 가슴 속 목마름의 기억"에 그 "이름을 남몰래" 쓰던 그때의 민주주의는 사회과학자들이 이른바 공고화과정을 거친 것으로 보는 오늘의 현실에 이르렀다. 그러나 임종 직전까지 "2012년을 점령하라!"는 간곡한 메시지를 남긴 것을 보면 선생의 민주주의는 아직도 채워지지 않았다는 사실을 짐작케 한다. 오랫동안 민주주의가 잊혔던 만큼 어쩌면 한국의 민주주의는 김근태의 시간에서 진화를 멈추어버린 건지도 모른다. 그리하여 2012년을 점령하라는 숭고한 명령에는 민주주의의 진화에 대한 그의 갈망이 짙게 배어 있는 것은 아닐까? 한국의 민주주의는 더 많이 진화되어야 한다. 선생이 남긴 민주주의의 그릇에 우리 시대의 가치를 다듬어 우리 삶의 구석구석을 일으켜 세우는 새로운 정치를 담는 쪽으로 민주주의는 진화되어야 한다. 김근태 이후의 민주주의를 새롭게 진화시키는 것이야말로 민주주의자 김근태를 역사에 묻지 않고 현실에서 살아 숨 쉬게 하는 일일 수 있다.

김근태 이후의 민주주의는 형식과 제도의 낡은 껍질로 남은 대의민주주의의 한계를 넘어서는 데서 의미가 찾아진다. 이 점에서 강조되는 것은 거시적 제도와 절차보다는 시민적 삶의 구체적인 현장에서 자아실현과 자기확장을 체감할 수 있게 하는 미시(微視) 민주주의에 주목하는 일이다.

미시민주주의의 가장 보편적 덕목은 참여의 가치이다. 참여의 민주주의는 시민 스스로가 공동체의 규칙과 규제를 만드는 일에 관여하는 과정이며 대의민주주의의 제도적 개방으로 대표에 대한 접근성과 영향력을 넓히는 방식이다. 시민참여를 통해 정책과정을 협치(協治) 적으로 운영하는 것은 참여정치를 가장 잘 보여주는 대목이다. 미시민주주의의 또 다른 덕목은 소통이다. 소통의 민주주의는 시민이 참여하는 쟁점에 대한 지식, 다른 사람들의 견해에 대한 이해, 공론영역의 참여자에 대한 신뢰, 평등하고 포용적 관계에 기초한 토론 등의 요소를 갖춤으로써 참여의 덕목을 한 단계 진전시키는 미시민주주의의 핵심적 형태다.

미시민주주의의 가장 고양된 덕목은 공감이다. 미시민주주의는 참여와 소통의 덕목을 바탕으로 공감의 민주주의를 지향한다. 공감의 질서는 인간 본연의 감성에 기원을 두면서 동시에 인간의 사회적 삶이 추구하는 고도로 성숙한 민주주의 형태라고 할 수 있다. 환경, 인권, 평화, 평등의 가치는 비록 그 순수한 형태를 방해하고 왜곡하는 다양한 권력구조가 있음에도 불구하고 본원적 공감의 요소다. 공감의 질서는 국가적, 지역적, 현장적 수준에서 나타나는 다양한 정치쟁점에 대해서도 미시정치의 역동성을 활용해 확장될 수 있다.

참여의 민주주의가 우리 시대 미시민주주의의 출발이라면 소통의 민주주의는 그보다 상급이지만, 아무래도 최상은 마음을 함께하는 공감의 민주주의이다. 김근태 이후의 민주주의는 인간적 삶을 보듬는 데 남달랐던 선생의 따뜻한 미소와 진정 어린 손길에서 이미 미시민주주의로 진화를 시작했던 건지도 모른다.

—〈주간경향〉 959호, 2012. 1. 17.

문재인의
생활국가론

노무현 대통령의 3년 상이 끝났으나 그의 울림이 멎지 않는다. 지난 정권에 대한 말들이 많지만 사람을 정치의 중심에 두는 단순하고도 원대한 꿈을 향해 내달린 정치인 노무현의 진정성만은 쉽게 잊을 수 없다. 정치인에게 진정성을 기대하는 일이 부질없기에 그의 자취가 더욱 귀한 것이다. 그래서 그랬던가? 노 대통령과 함께 참여정부를 이끌던 문재인 민주통합당 상임고문이 한동안 정치하지 않겠다고 도망 다닌 것은 어쩌면 정치의 가면으로 진정한 자신을 가리기가 싫어서였는지도 모른다. 연말 대선이 그리 멀지 않은데 가리고 가려야만 생명력이 길어지는 가식의 정치판에는 아직 선명한 미래 비전이 눈에 띄지 않는다. 노무현의 꿈과 진정성을 떠올리는 3주기의 울림이 큰 까닭이 여기에 있다.

문재인 고문은 3주기를 맞은 대통령의 무덤 앞에서 "사람 사는 세상, 노무현이 꿈꾸던 그 나라를 만들어 그 앞에 놓아 드리겠다"고 약속했다. 그리고 "정치인 문재인이 정치인 노무현을 넘어서겠다"고도 했다. 문 고문은 '청년유니온'을 방문해 청년의 눈물을 나누고, 최저임금

법 개정 준비를 서둘렀다. 일자리가 최고의 복지라며 일자리혁명, 일자리정부를 강조했다. 국민의 삶이 초등학생에서 노인까지 힘겹고 고달프며 두려움과 불안에 싸여 있다면서 "지표상의 부자국가가 아니라 국민 개개인이 잘 사는 나라", "사회적 약자들이 기품 있는 삶을 영위할 수 있는" 나라를 강조하기도 한다. "민생이라는 말이 송곳같이 나의 가슴을 아프게 찌른다"던 노 대통령의 말을 떠올리기도 했다.

나는 노무현의 꿈과 문재인의 행보에서 '생활국가'의 비전을 본다. 생활국가 혹은 생활정부는 성장주의와 지표의 경제, 냉전이념을 바탕에 둔 국가주의 정치 패러다임을 넘어 시민 각자가 삶의 공간에서 자기가치의 실현을 극대화하는 사람중심 국가모델이라고 할 수 있다. 생활은 스스로의 가치를 구현해내는 자기실현의 장이며, 사회적 공간을 자기실현적으로 넓혀가는 자기확장의 장이기 때문에 개인에게는 하나의 세계이며 우주이다. 문제는 오늘날 대의민주주의의 질서 아래 거대 제도와 성장주의 정책, 지표지향적 경제가 제도와 생활의 간격을 점점 더 벌려 놓고 있다는 사실이다. 거대정부와 의회, 정당과 이익단체의 힘겨루기에서 도출되는 정책들은 개인의 삶에서 멀어져 있어 시민들을 점점 더 허기지게 한다.

무엇보다도 생활국가는 노동, 환경, 교육, 주택, 보건의료, 식품, 여성, 노인 등 직접적인 삶의 영역에 관련된 정책을 시민중심으로 배열하는 한편, 경제민주화와 보편복지, 질 좋은 일자리 창출과 공정윤리의 프레임을 축으로 공적 질서의 재편을 요구한다. 이러한 새로운 공적 질서는 시민의 미시적 삶을 참여와 소통, 공감의 윤리로 제도와 정책에 결합시킴으로써 대의민주주의를 생활민주주의로 진화시키는 과제를 동반적으로 추구해야만 한다. 참여, 소통, 공감의 가치를 지향하는 생활국가의 민주주의는 현장정치, 협치정치, 네트워크정치, 문화정치와 같은 새로운 미시적 제도를 통해 자아실현과 자기확장을 극대화해 보다 원천적으로 사회구성의 질서를 바꾸는 새로운 규범이 되어야 한다. 시민의 일상에서 비교적 먼 것으로 간주되는 과학, 국방, 외교, 안보, 통일 정책도 생활민주주의적 재편에서 예외가 될 수 없다.

노무현의 꿈 '사람 사는 세상'이 문재인의 실천, 즉 생활국가와 생활민주주의의 구현으로 현실화되었으면 하는 바람을 갖는다. 개발독재의 산업국가를 지나, 신자유주의로 얼룩진 파행적 국가를 넘어서는, 나아가 경직된 분배적 복지국가도 뛰어넘는 자아실현적 생활국가야말로 우리의 미래 전망이 되어야 하는 것이 이제 현실의 명백한 요청이다.

—〈주간경향〉 979호, 2012. 5. 31.

12월 대선과
시민사회의 역할

12월 대선이 이제 석 달도 채 남지 않았다. 일찌감치 여당의 후보로 결정된 박근혜 후보에 이어 야당에서는 문재인 후보를 선출하며 오픈 프라이머리를 마무리했고, 뒤이어 안철수 후보가 이른바 장외에서 출마를 선언했다. 일단 이번 대선은 세 후보의 경쟁으로 출발하게 되었다. 그간의 민주화 이후 선거국면에서 시민운동 부문의 치열했던 역할과 성과를 떠올리면 이번 선거에서 시민운동은 어떤 역할을 할 수 있을 것인지 고민이 생길 수 있다.

어쩌면 2008년 촛불집회 이후 가시화된 시민운동의 역할 한계와 이명박 정부의 시민사회 재갈 물리기 효과로 인한 시민운동의 위축과 상실감이 현장의 활동가들에게는 이번 선거에서 구경꾼으로 전락하지 않을까라는 불안을 가져다줄지도 모른다. 더구나 지난 총선에서 정권교체에 대한 강한 열망으로 다수의 잘 알려진 활동가들이 직접 선거에 출마해 의회에 진출함으로써 시민운동이 이제 야성의 탄력을 잃어버린 것이 아닌가라는 걱정도 앞설 수 있고, 또 그러한 효과가 이번 대선에서 시민사회 역할에 영향을 준 것은 아닌가라는 성찰이 있을 수도 있다.

그러나 현재 우리 시민운동 흐름과 이번 선거에서 시민운동의 역할을 생각해 보면 다른 어떤 사회현상보다 시민운동이라는 현상이 역사국면의 전환과 시대적 과제에 민감하게 변화하고 새로운 흐름을 만들어낸다는 점을 떠올릴 수 있다. 보다 긴 역사적 시간으로 보면 사회운동의 주기가 뚜렷이 변화하고 있다는 사실을 눈여겨 볼 필요가 있는 것이다. 비교적 짧게 보더라도 민주화 이후 한국의 시민운동은 1990년대에 민주화운동의 미완의 과제를 추구하는 '정치경제 개혁운동'이 주류를 이루었고 이 시기에 주요 시민단체들은 우리 사회의 민주적 변화에 획기적으로 기여했다. 가히 시민운동의 시대라고 할 만했던 것이다.

2000년대 들어 시민운동은 뉴라이트와 같은 보수적 '이념정치운동'이 새롭게 분화되는 한편 진보진영의 시민운동은 주민 삶의 영역으로 파고드는 '생활정치운동'이 확산되었다. 아울러 2000년 낙천・낙선운동 이후 주요 선거국면에서 제도정치에 직접적인 영향을 미치기 위한 '정치참여운동'이 진보적 시민운동의 한 흐름을 이루기도 했다. 적어도 2000년대 중반까지는 시민사회의 정치적 욕구가 시민운동단체를 통해 표출되는 것이 가장 광범한 현실이었다. 그러나 이 시기 이후는 온라인 매체의 발달과 이른바 소셜 네트워크의 광범한 확산이 시민단체나 시민운동을 매개로 한 욕구의 표출이 아니라 개별화된 시민들의 직접적인 공론장 참여구조를 만들었고 시민운동조직의 역할은 새로운 시대적 과제에 조응해야 할 시점이 되었다.

2000년대 이후 우리는 한국의 시민운동에서 기존의 주요 시민단체의 역할이 위축되는 경향에 초점을 두기보다, 언론에서 그 활동이 드라마틱하게 드러나지는 않으나 지역 주민들의 실질적 삶의 모습을 바꾸어가는 생활정치운동이 주류화되었다는 점에 주목해야 한다. 2010년대 이후 한국사회의 변화를 그려보면, 시민운동의 생활정치적 지향이 정부와 의회와 정당 등 제도영역의 시스템을 바꾸는 강력한 에너지로 작동해야 한다는 점을 강조할 수 있다.

나는 이러한 에너지가 관철된 새로운 국가 패러다임을 '생활국가모델'이라고 생각한다. 생활국가 패러다임은 냉전이념과 성장주의, 시장주의가 누적적으로 만든 양극적 증오와 절망의 시대를 넘어 시민적 삶의 영역에서 자기실현성과 자기확장성을 극대화할 수 있는 생활공공성이 중심을 이루는 사회통합의 새로운 질서라고 말할 수 있다. 그것은 환경, 노동, 교육, 주택, 보건 의료, 식품, 여성, 노인 등 직접적 삶의 영역에 관한 정책이 보다 강조되는 국가질서이며, 나아가 경제 성장과 분배, 국방, 안보, 외교 통상 정책들까지도 거시적 지표에 몰입되었던 국가주의를 벗어나 안전하고도 자기실현적 삶을 중심으로 재구성하는 것을 지향한다. 아울러 생활국가는 참여와 소통, 공감의 가치를 바탕으로 하는 생활민주주의를 지향함으로써 자기실현적 공공성을 확장한다는 점에서 진화된 민주주의의 새로운 사회구성방식이라 할 수 있다.

생활국가는 제도와 정책이 개인과 공동체의 사회경제적 삶과 실존적 삶을 중심으로 구축되며 자아실현과 자기확장성이 크게 강화된 생활정부를 한 축으로 한다. 한편으로 생활국가는 현장, 지역, 국가, 지구 수준에서의 생활정치운동을 주류화 하는 새로운 운동 구심으로서의 생활 연대체가 중심이 되는 생활시민사회가 다른 한 축을 이룬다. 무엇보다도 자아실현적이고 자기확장적인 제도와 정책을 실행하기 위해서는 생활정부와 생활시민사회의 파트너십이 필수적이다. 생활국가 패러다임에서 시민사회운동은 협동조합운동과 같은 지역토착적 생활연대운동이 주류화 되어야 한다.

무엇보다도 생활국가 패러다임은 역사 발전의 전향적 진보를 반영한다. 우리 사회는 군부독재의 강력한 국가주의정치와 발전국가 패러다임이 지배하던 이념의 시대를 넘어왔다. 또 경제권력이 팽창한 신자유주의 국가 패러다임이 지배했던 시장의 시대를 거쳤다. 이제 우리는 시민들의 실질적 삶의 전환을 요구하는 강력한 열망이 중심이 되는 생활의 시대에 이르렀다고 할 수 있다. 생활의 시대에 걸맞는 새로운 국가 패러다임을 구축함으로써 이념의 시대와 시장의 시대에 역사적으로 누적된 적대와 갈등의 구조를 넘어서 통합의 질서를 실현하는 것이야말로 우리 시대 진보의 새로운 과제다.

12월 대선에서 무엇보다도 정권교체가 요구되는 것은 이제 우리 삶의 패러다임을 바꿀 수 있는 새로운 국가모델을 실현할 수 있는가 그렇지 않은가의 문제가 결부되어 있기 때문이다. 생활국가 패러다임은 폭력과 전쟁, 약탈과 민중 억압으로 얼룩진 근대국가를 넘어 문명사적 전환을 반영하는 인문적이고 창조적인 국가모델이다. 또 생활국가가 추구하는 생활민주주의는 대의민주주의가 가진 제도와 시민 삶의 괴리 현상을 극복하는 민주주의의 커다란 진화를 내재한다. 이 같은 생활국가 패러다임은 현재 새누리당의 정치지향과 박근혜 후보의 구호적 통합, 그리고 형식적 국민행복의 논리로는 다다를 수 없는 지점이다. 그것은 보다 근원적인 사회구성의 질서를 바꾸는 문제에 결부되어 있다. 이 점에서 이번 선거에서 정권교체가 이뤄지면 군부독재정권에서 민간정부로 전환했던 것에 못지않은 정치사적이고 문명사적인 의의를 가질 수도 있다.

나는 이번 대선에서 시민운동이 두 가지 중요한 역할을 갖는다고 판단한다. 하나는 정권교체를 위한 선거국면적 역할이고, 다른 하나는 생활국가 패러다임으로의 전환을 위한 협치적 역할이라고 하겠다. 무엇보다도 시민사회는 선거국면에서 문재인 후보와 안철수 후보의 야권 단일화를 위한 강력한 압박을 주도해야 한다. 야권의 단일화를 후보 당사자의 양식에 맡겨 두어서는 자칫 돌이킬 수 없는 선택의 오류를 범할 수 있다는 것이 역사가 주는 교훈이다. 그간 다각적 방면에서 잘 훈련된 시민운동 고유의 영향력의 정치가 절대적으로 필요한 시점이 다가올 수 있기 때문에 이에 대한 시민운동 부문의 합의도출이 필요하리라 여겨진다.

다른 하나는 생활국가 패러다임의 구축을 위한 제도의 혁신에 생활정치운동이 적극적이고도 중요한 역할을 해야만 한다는 것이다. 특히, 현재의 대의민주주의와 정당정치는 뚜렷한 한계를 갖지만 대안의 정치조직이 가시화되지 않거나 아직 미약하고 더 많은 한계를 갖는다는 점에서 정당정치의 직접성과 참여성, 소통성을 획기적으로 증진해 개방적으로 뜯어 고쳐 쓸 수밖에 없는 현실을 외면할 수 없기 때문이다.

이번 선거에서 기존 정치질서에 대한 강력한 경고가 안철수 후보와 문재인 후보로 가시화된 것은 주지의 사실이다. 특히, 안철수 바람은 기존의 정당정치에 대한 위협적 도전이 아닐 수 없다. 그러나 냉정하게 현실을 본다면 현재의 정당정치를 혁신할 수 있는 길은 안철수의 생각이 아니라 그간에 누적된 시민운동의 에너지와 활동가들의 역량에 있다고 할 수 있다. 기존 정치질서의 변화에 대한 개별화된 열망은 SNS를 통한 공론장이 가시적으로 보여줄 수 있다.

그러나 실질적인 정치질서의 변화는 제도변화의 전략과 수단을 갖추고 있어야만 가능하다. 이 점에서 시민사회에 주류화된 생활연대의 구심들이 기존 제도의 생활정치적 개혁과 개방을 위해 적극적인 파트너십을 가져야만 한다. 생활정부와 생활민주주의를 추구하는 정당과 의회로의 진화를 위해 숙련된 생활연대 활동가들의 역할이 요구된다. 말하자면 생활연대운동이 정당정치를 비롯한 제도정치영역을 획기적으로 개방시켜 제도와 운동의 상생원리를 실현하는 데로 힘이 모아져야 하는 것이다.

특히, 현재 생활연대운동은 일상의 삶에서 시민의 자아실현성과 자기확장성을 높이는 다양한 미시민주주의에 익숙하다. 지방정부 차원에서의 협치정치, 네트워크정치, 현장정치, 문화정치 등 시민들이 직접 제도의 한계를 허무는 다양한 미시정치 실험이 이미 확산되고 있다. 이러한 미시 민주적 실천들이 새로운 정치양식으로 제도를 개방하고 개혁하는 데 강력한 축이 되어야 한다. 이제 더 이상 99%의 삶을 벼랑으로 내모는 대답 없는 거대 제도의 틀에 갇혀 있을 수 없다. 생활의 시대에 공적 질서는 획기적으로 재구성되어야 한다. 그리고 그 과제는 이번 선거에서의 정권교체와 생활민주주의로 전환하기 위한 시민사회의 생활연대에 무겁게 맡겨져 있다.

— 〈시민사회신문〉, 2012. 9. 28.

세종임금의 생활정치

세종임금의 한글 창제는 생각할수록 위대한 일이다. 문맹의 백성이 글을 알게 되면 기득권질서에 얼마나 큰 충격이 올지 모르지 않았고, 또 그 때문에 엄청난 반대에 부딪혔으면서도 한글을 만들었다. 세상의 중심에 백성이 있고 백성을 세상의 근본으로 삼으려면 백성들이 스스로의 고통과 욕구를 표현해낼 수 있게 해야 한다는 생각을 왕조시대에 해내다니 참으로 신기하고도 혁명적인 발상이 아닌가?

세종의 한글 창제야말로 신분과 왕조의 조건에서 '생활정치'의 가장 본원적인 토대를 마련한 일일 수 있다. 생활정치는 개인 삶의 문제를 정치적으로 공론화하는 것을 말한다. 일, 건강, 환경, 보건, 의료, 식품, 나아가 성, 평등, 안전의 이슈에 이르기까지 개인 삶의 문제를 공적으로 제기함으로써 자아를 실현해내고 자신을 더 넓은 사회적 영역으로 확장시켜가는 것이 생활정치의 핵심이다. 세종은 저숨 막히는 왕권적 폐쇄사회에서 백성들이 삶 속에서 자신의 뜻을 표현해내고 그러한 표현을 공론화해서 정치적으로 실현해낼 수 있는 씨앗을 뿌린 셈이다. 백성에 대한 동류적 애정, 인간에 대한 근원적 사랑이 없이 불가능한 일이다.

21세기 초의 현실에서 세종형 정치를 떠올려 본다. 우리에게 근대국가의 기억은 일제의 침략과 미군의 점령, 이승만의 독재와 군홧발로 짓밟은 박정희의 독재, 전두환으로 이어지는 신군부의 그림자 같은 것으로 가득 차 있다. 이 짙은 국가의 어둠이 전쟁과 폭력이라는 근대국가 본연의 모습이었는지도 모른다. 1990년대 들어 민주주의가 자리 잡는가 싶더니 곧이어 시장과 자본의 횡포가 시작되었고 그 결과는 가혹한 정글경제와 양극화의 현실로 나타났다. 세계질서의 패러다임이 변화하고 안으로는 새로운 정권을 선택해야 하는 현 시점에서, 이제는 정치권력 중심의 시대를 넘어 자본과 시장중심의 시대를 마감하고 마침내 사람과 시민의 삶이 중심이 되는 시대를 그려 볼 만도 하다. 백성을 보는 세종의 눈, 세종의 인본주의를 그리며 근대국가의 억압과 굴절을 마감하는 '인문정치' 혹은 '인문국가'의 모습을 떠올려 본다.

인문국가는 생활정치와 생활민주주의를 근간으로 한다. 시민의 삶을 모든 정치적인 것의 중심에 두고 고단하고 피폐한 대중의 삶을 훨씬 더 살 만하게 만들기 위해서 정부가 시민을 위해 무엇을 할 것인가를 국정의 핵심지향으로 삼아야 한다. 아울러 시민의 삶과 동떨어져 특권과 기득권으로 변질된 대의민주주의를 시민 삶의 소리가 직접 표현되고 실현되는 생활민주주의로 수정해야 한다.

인문국가는 역사에서 민주주의의 경험을 계승하는 '역사정치'를 내면화해야 한다. 정치권력과 시장권력이 중심이었던 시기의 정치는 정권이나 재벌의 입맛에 따라 역사는 무시되거나 왜곡되었다. 인문국가는 다른 무엇보다도 사람의 역사, 시민의 역사, 민주주의의 역사를 현재화하고 또 미래화해야 한다. 나아가 인문국가는 자율적 시민의 문화가 지배하는 '문화정치'를 확산시켜야 한다.

오늘날과 같이 지구적으로 네트워크화된 스마트 월드에서 권력이나 돈이 억압하는 정치질서는 더 이상 공공적 생명력을 갖기 어렵다. 인문국가가 다른 어떤 정치질서보다 창조적일 수 있는 것은 놀랄 만한 상상력을 자극하는 자율적 문화 생산을 기반으로 하기 때문이다. 소통과 참여, 공감의 질서가 인문정치의 다양한 문화양식으로 확산될 수 있어야 한다.

생활정치와 역사정치, 문화정치를 축으로 하는 인문국가의 새로운 정치질서야말로 사람의 가치는 언제나 가장 나중에 있었던, 아니 사람은 존재조차 확인할 수 없는 끝없는 이익 추구와 각축의 무한궤도를 벗어날 수 있는 통로가 아닐까? 이제는 이런 정치를 실현할 때도 되지 않았는가?

―〈주간경향〉 1003호, 2012. 12. 4.

무상급식,
어디로 가나?

경남지역에서 무상급식 중단의 파장이 거세다. 2011년에는 서울시에서 무상급식 주민투표로 정치적 광풍이 분 적이 있다. 이제 다시 무상급식 중단 논란이 한반도의 남쪽에서 거세게 일고 있다. 이번에는 그 진원지가 경상남도이고 주인공은 홍준표 경남지사다. 홍준표 경남지사는 작년 10월 무상급식 예산논란을 일으키며 경남도교육청에 대한 무상급식 예산지원을 중단했다. 이에 대한 지역의 반발로 올해 예산에는 무상급식 예산이 다시 반영되었다.

그러나 지난 3월 19일 홍 지사와 공조한 경남도의회는 '경남 서민자녀 교육지원에 관한 조례안'을 통과시킴으로써 무상급식 예산을 빈곤가정 교육비로 배정했다. 올해 경남지역 학교 무상급식에는 총 1,125억 원이 필요한데 교육청 배정 예산 487억 원만 확보되어 있으니 경남도가 지원해야 할 638억 원의 무상급식 예산을 없애버린 셈이다. 이를 말리기 위해 새정치민주연합 문재인 대표는 직접 창원으로 달려가 홍준표 지사를 만났다. 그러나 "학교는 밥 먹으러 가는 곳이 아니라 공부하러 가는 곳"이라는 서로 통할 수 없는 두꺼운 벽만 확인하고 돌아왔다.

무상급식 예산을 빈곤가정 교육비로 돌리는 조례가 시행되면 당장 4월부터 학부모들은 학생 1인당 4만~6만 원의 급식비를 내야 한다. 세 자녀를 둔 농촌가정의 경우 매달 20만 원에 가까운 급식비를 지불하게 된다. 여기에 해당하는 경남도 내 학생은 21만 8,638명이다. 현재 경남도 내에서 무상급식을 지원받는 학생의 약 77%에 해당한다.

경남지역 주민들은 홍 지사의 무상급식 중단에 대해 강하게 반발하고 있다. 등교거부와 1인 시위, 선전전, 인간 띠 잇기, 각 지역별 대책위의 결성 등 저항의 조짐이 심상치 않다. 여기에 농민들과 전국교직원노조, 시민단체 등이 가세한 것은 이 싸움이 확대될 것을 예고하고 있다. 전국농민회 부산경남연맹은 홍준표 지사를 강력하게 규탄하고 나섰다. 무상급식의 운영체계에는 지역농업의 생산과 공급구조가 결합되어 있다. 실제로 학교 무상급식 제도는 친환경 농산물의 공급을 지향함으로써, 부산경남 농민회가 주장하듯이 "안전하고 건강한 먹을거리를 학생들에게 제공하고, 생태환경을 보존하고, 안전한 농산물을 공급하여 지역을 살리는 농업"이 중요한 역할을 하고 있는 것이다. 농민들이 무상급식 중단에 저항하고 무상급식제도의 정상화를 위해 나선 것은 당연한 이치다.

전국교직원노조 경남지부 또한 기자회견을 열고 '무상급식 중단을 규탄하는 교사 선언'을 내놓았다. 이 선언문에서 "교사들은 국가가 책임져야 할 의무사항인 급식을 가지고 대권 도전 등 정치적 야욕을 앞세운 홍준표 경남도지사의 행태에 분노를 금할 수 없다. 홍 지사가 비교육적이고 무책임하게 무상급식 중단사태를 일으킨 것을 규탄한다"고 했다. 이 선언에는 경상남도 지역 1,146명의 교사가 서명했으며 도내 전체 980개 학교 가운데 160~70개교에서 교사들이 무상급식 중단에 항의하는 점심 한 끼 단식을 감행하기도 했다. 전교조는 무상급식 살리기 활동을 지원하기 위해 교사들이 성금도 내고 무상급식 토론수업도 진행할 예정이라고 한다.

경남지역 시민단체들도 무상급식 중단 규탄에 합류할 조짐을 보이고 있다. 마창진환경운동연합, 마창진참여자치시민연대, 경남지방자치센터, 한국 YMCA 경남협의회 등 4개 단체는 기자회견을 열고 '경상남도 서민자녀 교육지원사업'과 홍지사가 외국 출장 중에 골프 친 일에 대해 감사원에 국민감사를 청구하겠다고 밝히기도 했다.

이 싸움이 간단치 않을 것으로 우려되는 것은 한국에서 공공갈등이 오래 전개되는 경우 으레 그렇듯이 무상급식 중단을 거부하는 주민들을 이른바 '종북세력'으로 몰고 있기 때문이다. 경상남도는 "최근 도내 교육현장을 중심으로 반사회적 정치투쟁 행위가 일어나고 있다. 종북세력을 포함한 반사회적 정치집단이 경남도를 상대로 정치투쟁을 하려는 행위는 받아들이지 않겠다"고 말했다. 나아가 "밀양 송전탑, 제주 강정마을, 평택 대추리 등 국책사업 현장에서 우리 사회의 분열과 갈등을 야기했던 반사회적 정치세력이 또다시 불순한 정치적 목적으로 도정을 훼손하려는 행위를 결코 용납할 수 없다"고 주장했다. 경남지역의 200여 개 시민단체가 만든 '친환경 무상급식 지키기 경남운동본부'는 경남도의 이 같은 종북몰이를 두고 치졸한 행태라고 반발하고 있다. 이념적으로 재단할 수 있는 정치쟁점이 확산될 때 한국사회에서 종북몰이는 전가의 보도였다. 진보진영은 여전히 위력적인 분단체제에서 종북프레임에 갇혀 종북세력으로 낙인찍히면서 무력하게 주저앉기 마련이었다. 무상급식은 주민들의 실존적 삶과 결부된 끼니의 문제이다. 주민들이 자신의 실존적 삶을 제약하는 현실과 마주하면서 이를 거부하는 것을 두고 반사회적 정치세력이니 종북세력이니 하는 것은 경남지역 주민들과 지역 시민단체의 저항에 기름을 붓는 일이 아닐 수 없다. 2008년 미국산 소고기 수입반대 촛불집회의 거대한 쓰나미를 되새길 필요가 있다.

무상급식이 처음 선거쟁점으로 뜨겁게 달아오른 것은 2010년 지방선거의 일이다. 한국의 선거에서 정책을 쟁점으로 선거가 치러진 것은 처음이 아닐까 싶다. 지금의 새정치민주연합의 전신인 민주당이 야당으로 학교 무상급식을 선거공약으로 채택했다. 여당인 한나라당이 이를 복지포퓰리즘, 망국적 복지병으로 비난하면서 뜨거운 선거쟁점이 되었다. 특히, 복지공약이 선거쟁점이 된 것은 성장주의 경제 정책으로 일관해 온 한국사회에서는 획기적인 일이 아닐 수 없었다. 선거결과는 지역주의 투표가 뚜렷한 지역을 제외하고 서울과 인천광역시, 경기도의 경우 민주당이 압승을 했다. 서울 지역의 25개

구 가운데 민주당은 21개 구청장을 만들었고, 인천광역시의 10개 구 가운데 6개 구청장, 경기도 31개 선거구 가운데 19개 선거구에서 승리함으로써 학교 무상급식은 이후 한국사회의 대세가 되었다. 특히, 초등학교와 중학교의 의무교육기간에는 전국 대부분의 지역에서 다소간의 편차는 있으나 무상급식을 시행하게 되었다.

2010년 지방선거가 끝난 후 서울시에서 성북구가 발 빠르게 친환경 무상급식 추진위원회를 만들어 그해 10월 1일 서울시에서는 처음으로 무상급식을 실시했다. 초등학교 6학년을 대상으로 한 시범실시였다. 무상급식을 둘러싼 정치적 충돌은 이듬해 서울시에서 불거졌다. 서울시에서는 무상급식 조례안이 2010년 12월 1일 시의회를 통과했다. 당시 야당이 다수 의석을 차지했던 서울 시의회에서 시 예산 20조 6천억 원 중 무상급식 예산 695억을 신설한 대신 오세훈 서울시장이 야심차게 시작한 서해 뱃길사업과 한강 예술섬 사업 등의 예산을 전액 삭감했다.

이에 반발한 오세훈 서울시장은 무상급식 전면실시 여부를 주민투표로 결정하자고 제안했으나 의회에서 거부되었다. 오세훈 서울시장은 여기서 물러나지 않았다. 보수 성향의 160여 개 시민단체로 구성된 '복지포퓰리즘 추방 국민운동본부'를 움직여 주민투표 청구권자 약 80만 명을 모아 주민투표 청구서를 제출했다. 규정상 서울지역 주민투표 청구권자 총수의 5%인 41만 8천 명이 서명하면 주민투표 발의가 가능했다. 80만 명 가운데 67%가 유효한 것으로 발표되어 마침내 무상급식의 운명을 결정하는 주민투표가 2011년 8월 24일로 확정되었다.

당시 서울시 주민투표의 문구는 "소득하위 50%의 학생을 대상으로 2014년까지 단계적으로 무상급식 실시"와 "소득구분 없이 모든 학생을 대상으로 초등학교는 2011년부터, 중학교는 2012년부터 전면적으로 무상급식 실시"로 제시되었고 이 가운데 하나를 선택하는 것이었다. 여당인 한나라당은 전면적 무상급식에 반대하고, 민주당은 당연히 전면 무상급식에 찬성할 줄 알았다. 그런데 민주당은 투표율이 33.3%에 미달하면 투표 자체가 무효화되니 투표를 하지 말자고 제안했다. 투표 거부운동이 확산되는 한편, 오세훈 서울시장은 서울시민들 앞에 무릎을 꿇고 읍소하면서 투표율이 33.3%에 미달하면 시장직을 사퇴하겠다고 공식 발표했다. 일종의 배수진을 친 셈이다. 나라 전체가 주민투표 문제로 들끓었다. 투표결과는 25.7%의 투표율로 개표 자체를 할 수 없게 되었고, 오세훈 서울시장은 사퇴했다.

어떤 이들은 오세훈의 주민투표 결정을 두고 이른바 역사상 최초의 '셀프 탄핵'이라고 말하기도 했다. 많은 사람들은 당시 오세훈이 보수진영의 새로운 대안으로서의 위치를 굳히기 위해 무모한 결단을 내렸고, 설혹 주민투표에서 지더라도 보수의 가치를 지킨 정치적 상징이 됨으로써 다시 정치현장으로 복귀를 약속받을 수 있다는 욕심이 만든 사건으로 보기도 했다. 역사가 흥미로운 것은 당시 집권 한나라당의 대표가 바로 2015년 무상급식 중단의 주인공인 홍준표 경남지사였다는 사실이다. 당시 홍준표 한나라당 대표는 오세훈 시장이 당과 상의도 없이 뒤통수를 쳤다고 분개했고 집까지 찾아온 오 전 시장을 다시 볼 일 없다면서 문전박대하기도 했다.

지금의 홍준표 경남지사는 어떤가? 그는 페이스북에서 "욕먹는 것이 두려워 망설이는 것은 지도자의 모습이 아니다. 시류에 영합해 눈치나 보고 여론에 따라 춤추는 것도 지도자의 태도가 아니다. 욕을 먹더라도 할 일은 해야 한다. 지금 대한민국에는 욕먹는 리더십이 필요하다"고 했다. 홍 지사는 지난 도지사선거에서 "무상급식이 국민의 뜻이라면 그대로 하겠다"고 했다가 말을 뒤집었다. 그리고 가진 자의 것을 걷어 없는 사람에게 주는 것이 좌파인데 부잣집 아이에게도 공짜 밥 먹이는 무상급식 정책과 같은 보편복지는 진보좌파 정책과 어긋난다며 비웃기도 했다. 2010년 무상급식이 선거쟁점이 되었을 때 이미 등장했던 논리들이 되풀이되고 있는 것이다. 서로 다른 논리의 충돌 속에서 국민들은 무상급식을 선택했다.

왜 홍 지사는 지금 해묵은 논리를 되풀이하고 무상급식 중단을 강행했나? 아무래도 저 2011년의 오세훈과 2015년의 홍준표는 닮아 있다. 2011년 서울시 주민투표가 끝난 후 당시 홍준표 한나라당 대표는 "내년 총선에서 투표율이 50%정도 될 테고 투표하신 분들은 한나라당 지지가 유력하니까 투표율 25%만 되어도 패배한 것이 아니다"라고 했다. 바로 그가 바라보는 25%의 안정된 보수층의 지지를 노리며 대권주자로 도약하기 위한 정치적 욕심이 발동한 것으로 보는 눈들이 많다. 오세훈의 무리수와 많이 닮았다. 한국의 사회발전을 가로막고, 끊임없이 사회적 비용을 지불하게 하는 냉전적 이념의 균열과 갈등에 기대어 정치적 실리를 얻고자 하는 고약한 냉전적 정치행태가 아닐 수 없다. 보수진영에서 주문처럼 되풀이하던 망국적 포퓰리즘은 무상급식이 아니라 오히려 무상급식을 중단시키고자 하는 개인의 정치적 야심이다. 무모한 야심이 빚은 비정상적 정치행태야말로 망국적 포퓰리즘이 아닐 수 없다.

나는 무상급식이야말로 국격을 높이는 일이라고 생각한다. 나는 시민 삶의 안정성과 삶의 높은 만족도를 갖춘 사회, 그래서 우리 시대가 지향해야 할 새로운 시대정신으로서의 공존과 공생, 공감의 질서를 지향하는 사회변동의 이상적 모델로 '균형사회'를 떠올린다. 균형사회는 사회의 어떤 요소나 어떤 영역도 기울어짐이 없어서 박탈감의 수준이 낮은 사회라고 말할 수 있다.

균형사회는 세 가지 수준의 실천윤리를 지향하는데, 첫째가 사회경제적 수준에서 격차가 적은 사회이고, 둘째는 사회규범의 수준에서 공정한 사회, 공공성이 강화된 사회이며, 셋째는 가치의 수준에서 도덕적 사회를 지향함으로써 사회구성원 대다수가 국가와 공동체는 도덕적으로 옳은 것을 추구하는 좋은 사회라는 점을 합의하는 사회라고 할 수 있다. 오늘날 한국사회는 기울어진 이념과 굴절된 이익, 난폭한 경쟁의 법칙이 균형사회의 전망을 가로막고 있다. 우리 시대는 이러한 장애에 대해 다양한 도덕적 도전을 모색하는 시대이다. 이러한 도전과 모색은 우리 삶의 구석구석에서 어떤 것에 중요한 가치와 의미를 둘 것인가를 선택하는 문제와 결부되어 있다. 나는 친환경 무상급식제도가 무엇보다도 균형사회의 실천윤리에 어울리는 것으로 본다. 친환경 무상급식은 가정형편의 차이에 따른 박탈을 해소함으로써 격차 없는 사회의 윤리를 실천한다. 또한 교육공공성의 수준을 한 단계 높임으로써 공정한 사회의 규범을 실천하기도 한다. 아울러 친환경 무상급식은 공존하고 공생하는 좋은 사회의 도덕적 가치를 실현하는 과정이기도 하다.

그간에 무상급식을 둘러싼 논란 가운데 복지는 한 번 확대하면 절대 줄일 수 없는 것이라는 주장이 보편복지에 대한 강력한 반대논리의 하나였다. 묘하게도 홍준표 경남지사는 스스로 너무나 잘 알고 있는 복지수혜 시민의 이 같은 역린을 과감하게 건드렸다. 그 결과는 홍 지사 자신의 몫이다. 한국사회에서 생활영역의 공공적 보장은 훨씬 더 확대되어야 한다.

—〈성균중국관찰〉 10권, 2015. 4.

2

세월호

국가주의 진보와 국가주의 보수는
이제 그만 이념의 깃발을
역사의 무덤에 묻어야 한다.
국가와 정치와 민주주의가 추구하던
모든 껍질과 가식을 내려놓으면
남는 알맹이는
국민의 삶이요 생활이다.

이제 더 이상 부끄럽고 싶지 않습니다*

흐르는 시간이 원망스러운 것은 저 차가운 바다에 버려진 목숨들이 더 버틸 수 없으리라는 절박감 때문이었습니다. 흐르는 시간이 거듭 약속한 것은 살아서 돌아오기만을 바랐던 간절했던 염원이 이제는 주검만이라도 찾았으면 하는, 도무지 믿을 수 없는 바람으로 마음의 경로가 변했기 때문인지도 모릅니다. 게다가 도저히 받아들일 수 없는 현실에 거칠게 도리질 쳐 보지만 무심한 시간은 이 생소하고도 거대한 집합적 우울마저 어느덧 조금씩 길들여 가고 있습니다. 이 황당한 마음의 타협이 덧없기만 합니다.

우리 사회에 겹겹이 쌓인 온갖 부조리가 꽃다운 젊음들을 마침내 주검으로 만들어 버린 이 엄청난 충격 앞에 말문이 막혔습니다. 걷잡을 수 없는 눈물만이 휑한 가슴을 타고 흐른 진공의 시간이 지났습니다. 잔인한 시간이 흐르던 4월 29일 유가족 대책회의 측은 공식적인

---

* 이 글의 축약본은 2014년 5월 9일자 〈경향신문〉에 게재된 것으로, 여기서는 그 원문을 싣는다.

기자회견을 갖고 국민들에게 “더 이상 미안해하지 마시길 바란다”고 했습니다. “정부와 관계기관에 책임을 물어야 한다”고도 했습니다. 유족들이 오히려 국민을 위로하는 망극함에 힘입은 탓인지 이제 지식인들이 말문을 여는 듯합니다. 이번 사태가 워낙 광범하고 골 깊은 불합리를 안고 있어서 참 많은 문제들이 제기되고 있습니다. 그런데 이를 진단하는 지식인과 언론, 방송이 시민들의 관심을 잘못 이끄는 경우도 있는 것 같습니다.

지적되는 문제들이 나름의 의미를 갖지만 무엇보다 우려되는 일은 선장과 선원, 나아가서는 선박회사의 실소유주라고 하는 유병언 일가와 측근들, 그리고 구원파라는 종교인들의 비윤리적 행위에 지나치게 주목하는 것입니다. 물론 이들이 주목받을 만하고 직간접적으로 문제에 결부되어 있음을 부인할 수 없습니다. 그러나 이 사태와 결부된 ‘사람들’의 비윤리성과 이기심을 강조하고 여기에 주목하는 것은 결국 세월호 사태의 원인을 사회전반에 퍼진 비윤리성 때문인 것으로 해석하게 합니다. 이른바 ‘악의 평범성’이 문제의 핵심인 양 이해하게 합니다. 이 같은 보편적 원인론은 당연하게도 윤리와 책임의 개인화를 낳게 됩니다. 사회구성원 개개인이 훨씬 더 윤리적이어야 하고 책임의식을 갖추어야 한다는 결론입니다. 그러나 모두의 책임이라는 인식은 공동체 전체가 도덕적으로 성찰할 수 있는 계기는 될 수 있어도, 현실적으로는 누구도 책임지지 않는 결과를 가져올 수밖에 없습니다.

모든 공적 질서질서의 정점에는 정부가 있습니다. 정부는 국가권력의 중심입니다. 민주주의 국가에서 정부는 국민들로부터 국가운영의 권력을 위임받았기 때문에 한 사회에서 발생하는 모든 일에 대해 무한책임을 져야 합니다. 특히, 국가운영의 시스템을 관리하는 행정권력의 문제로 발생하는 사태에 대해서는 정부가 가장 직접적인 책임의 당사자입니다. 이번 세월호 사태에서 정부는 뗏목보다 못한 배의 운행에 아예 눈 감아 버린 경악스러운 관리체계를 드러냈습니다. 고장 난 시계처럼 멈추어 버린 정부운영체계의 속내는 이른바 '해피아'라는 커넥션이 얽히고설켜 부패의 사슬을 이루고 있었습니다. 정부의 상시 관리체계에 더해서 더욱 어이없는 일은, 생명을 대하는 대통령과 정부의 납득할 수 없는 태도가 충격으로 이미 쓰러진 유족과 국민의 등에 거듭 비수를 꽂은 일입니다.

침몰의 마지막 순간까지 진심도, 의지도, 능력도 없는 어른들의 지시를 믿고 자신들이 죽음의 문턱에 있다는 사실조차 알지 못한 채 죽어 간 아이들을 생각해서라도 살아남은 사람들이 이제 몸과 마음을 좀 가누었으면 합니다. 세월호 침몰 18일째인 지난 5월 3일부터 단원고 희생자 학부모 10명은 정부 공식합동분향소 앞에서 진상규명을 위한 특검을 요구하며 침묵시위를 계속하고 있습니다. 이제 박근혜 정부는 그간의 미몽에서 깨어나 분명하게 응답해야 합니다.

1980년 5월의 광주에 자신의 국민을 총칼로 무참히 도륙하는 미친 폭력의 국가가 있었다면, 2014년 4월의 진도 앞바다에는 천진하게 구조를 믿었던 어린 생명 앞에서도 심신이 마비되어 움직이지 않는 중증의 식물국가가 있었습니다. 거짓과 무능과 무책임을 대통령의 우아한 드레스 코드와 빛바랜 이념의 선동정치로 가렸던 정치권력은 이미 영혼과 육신에 병이 깊은 기만의 국가였습니다. 국정원과 국방부가 대선을 농락한 게 명백하게 드러나도 별 표정 없는 국민들이 우습게 보이기도 했을 겁니다. '대통령과 청와대와 여당의 행복시대'를 '국민행복시대'라고 속여서 불러도 말없는 국민들이 쉽게 보이기도 했을 겁니다. 그러나 아무리 그래도 이 정부가 이토록 병이 깊은 줄은 몰랐습니다. 미친 폭력의 국가든 병든 기만의 국가든, 자신의 국민을 가학하는 패륜의 정부이긴 마찬가지입니다.

이 패륜의 정부가 숨 쉬는 것조차 조심스러운 가혹한 현실 앞에 한 치의 망설임도 없이 마치 '국민개조'로도 들리는 '국가개조론'을 내뱉었습니다. 또 국가의 근본적 운영원리에 대한 잠깐의 성찰도 없이 '국가안전처'라는 컨트롤 타워의 신설을 마치 버튼을 누르듯 제시했습니다. 어쩌다 고양이에게 생선가게를 맡긴 꼴이 되고 말았습니다만 이 고양이가 생선가게를 지킬 수도 바꿀 수도 없다는 사실을 우리는 거듭거듭 확인하고 있습니다.

이제 우리는 오만과 독선, 거짓과 무능, 무책임으로 뒤범벅된 이 썩은 영혼의 정부를 지탱하는 근원적 구조가 무엇인지 들여다보아야 합니다. 나는 우리 시대 정치사회의 근본적 모순이 무엇보다도 '87년의 정치'와 '97년의 사회'가 기형적으로 결합된 데 있다고 봅니다. 87

년의 정치는 저 6월 대항쟁의 성과로 얻어낸 5년 단임의 대통령 직선제, 소선거구제의 권력구조인데, 당시에 시민들은 직접 대통령을 선출할 수 있다는 사실 하나만으로도 군부독재를 무너뜨린 민주화에 감격했습니다.

그런데 한국의 정치권력구조는 딱 거기서 멈추었고 민주주의는 27년의 세월이 지나도록 더 이상 진화하지 않았습니다. 거칠게 말해서, 박정희와 전두환을 잇는 오랜 군부독재에 대한 엄청난 저항과 희생을 치르고 얻어낸 1987년의 민주주의는 시민들로서는 대통령을 직접 선출하기 위해 손에 쥔 한 장의 투표용지로 남은 것일 수 있습니다. 한 장의 투표권을 더한 것 이외에 독재로 불리든 민주주의로 불리든, 한국정치는 강력한 대통령중심의 중앙집권적 국가주의라는 본질을 넘어서지 못하고 있는 것입니다. 한국의 국가주의 정치질서는 대통령 한 사람에게 집중된 거대 권력구조로 되어 있습니다. 여기에 중앙집권적 대의정치를 구성하는 정부, 국회, 정당, 거대 이익집단 등이 주요 행위자가 되어 민족주의, 냉전이념, 성장주의, 군사안보주의 가치를 추구함으로써 시민의 실질적 삶과 정치질서가 고도로 분리된 모습을 갖습니다.

더구나 1997년 한국사회는 전대미문의 국가부도사태를 겪으면서 이른바 '악마의 맷돌'이라고도 불리던 신자유주의 시장화의 거대 경향으로 빨려 들었고, 무자비한 경쟁과 효율의 가치에 목을 매면서 사회는 해체되고 개인화되었습니다. 민주주의는 참으로 늦게 찾아왔고 그 진화는 더딘 것이었는데 사회의 해체와 개인화는 급작스럽게 왔습니다. 이처럼 87년 정치와 97년 사회가 기형적으로 결합된 중앙집권적 국가주의 정치질서에서 시민의 실존적 삶들은 점점 더 해체됨으로써 정치에서 배제되었습니다. 시민들의 안전하고 행복한 실존적 삶을 보장하는 것이 국가의 본원적 기능이자 존재 이유라고 한다면 시민의 삶과 분리된 우리 시대의 국가나 정부는 어느덧 박제가 된 장식으로 변해 있습니다.

이번 세월호 사태는 이 거대한 지구적 전환의 시대에도 딱딱하게 굳은 채 변함없는 중앙집권적 국가주의 정치질서의 외피와, 그 속에 무규범적으로 해체된 사회의 기형적 몰골을 백일하에 드러냈습니다. 박근혜 정부는 이 뒤틀린 껍질 속에서 가식과 위선과 기만의 정치를 구가했습니다. 언제나 대통령은 민생을 강조했고, 먹고 사는 문제가 중요하다며 서민을 들먹였습니다. 사실 모든 정치인들이 전가의 보도로 쓰는 것이 민생이요 서민이기는 했습니다.

그러나 민생과 서민의 프레임은 국가주의보다 퇴행적인 신민주의(臣民主義) 프레임이라고 할 수 있습니다. 민생은 시민의 생활을 백성의 삶으로 치환함으로써 시민을 정당한 주권과 시민권의 주체로 보는 것이 아니라 늘 보살피고 베풀어줘야 할 '어리석은 백성'으로 대상화하는 것일 수 있습니다. 서민도 평등한 시민의 개념보다는 사회의 가장 낮은 곳에 있는 '무지렁이'라는 의미가 개입되어 있습니다. 대통령과 정치인에게 습관이 된 민생과 서민의 프레임이야말로 시민의 삶을 수동적이고 시혜적인 것으로 만들어 정치과정에서 배제시키는 원천일 수 있습니다. 국가주의를 지탱하는 힘이지요.

고색창연한 중앙집권적 국가주의 정치질서에서 정부와 정당은 소수권력의 이익을 위해 존재하기 마련이어서 시민의 실존적 삶과는 멀리 있습니다. 시민의 삶의 영역은 경쟁에서 살아남은 자는 독점적 승자가 되고 살아남지 못한 자는 파괴되고 마는 정글의 질서로 변해 점점 더 개인화의 경향을 드러내게 됩니다. 시민의 일상과 삶을 배제시킨 정치는 아무리 '대의'나 '자유'라는 수식어가 붙는 민주주의라 할지라도 중앙집권적으로 폐쇄된 구조 속에서 소수의 정치권력과 시장권력이 판치는 흉측한 무대로 썩어가기 마련입니다.

정치권력과 시민의 삶을 결합하는 의미 있는 민주주의는 시민들이 참여적이고 숙의적으로 개입하는 절차를 갖춘 민주주의라고 할 수 있습니다. 참여민주주의를 지향했던 참여정부 시절에 국민의 안전을 위한 정부시스템이 가장 잘 갖추어져 있었고, 이전에 없던 재난안전 매뉴얼을 대단히 체계적으로 구비했다는 사실은 우연이 아닙니다. 박근혜 정부에도 재난안전의 매뉴얼이 없지는 않았다고 합니다. 그런데 매뉴얼은 만드는 데 의의가 있는 것이 아니고 학습과 실행과 훈련을 위한 것이어야 합니다. 만들어만 두고 먼지더미 속에서 잠자는 매뉴얼은 상부에 보고하기 위한 형식일진대 이 만연한 '절대형식주의'야말로 '페이퍼 정부'로 남은 박제화된 국가주의라 하지 않을 수 없습니다.

시민의 생명, 그것도 아직 세상을 채 알지 못한 여린 생명들이 눈앞에서 스러지는 것을 보면서도 무엇 하나 제대로 움직이지 못하는 식물국가, 정부의 대선불법개입으로 탄생해서 '민생기만주의'로 버티는 정부, 87년 정치와 97년 사회가 중앙집권적 국가주의의 비정상적 외피 속에서 끊임없는 드러내는 불안정한 정치, 이 모든 것을 보다 근원적으로 바꾸는 길은 제도정치영역이 시민의 일상을 전폭적으로 끌어안는 새로운 정치 패러다임을 모색하는 데 있습니다. 정치와 일상의 삶이 서로 다른 차원의 질서라는 낡은 국가주의적 상상력은 이제 폐기되어야 합니다. 빛바랜 국가주의가 시대착오적인 점에서는 진보와 보수가 다르지 않습니다. 분단의 조건에서 우리 사회갈등의 두 축이었던 '국가주의 진보'와 '국가주의 보수'는 이제 그만 이념의 깃발을 역사의 무덤에 묻어야 합니다.

민족과 이념으로 장식된 국가주의의 베일이 걷힌 후 국가와 정치와 민주주의의 가장 뚜렷한 목적은 적나라하게 드러난 시민의 삶입니다. 왼쪽도 아니고 오른쪽도 아닌 모든 것의 중심에 시민의 고단한 삶을 두는 정치야말로 이 복잡한 중층적 위험사회에서 시민의 안전을 보장하는 토대가 될 것입니다.

김선우 시인의 말대로 "이 참담한 땅의 어른이라는 것이 욕되고 부끄럽습니다". 그러나 "만족을 모르는 자본과 가식에 찌든 권력, 가슴의 소리를 듣지 못하는 무능과 오만"을 응징해야 할 몫도 이 참담한 땅의 어른들에게 있습니다. 참담한 시간으로 얼룩진 땅이지만 이 땅에서 사는 남은 날들은 참으로, 참으로 아이들에게 욕되거나 부끄럽고 싶지 않습니다.

— 〈경향신문〉 29면, 2014. 5. 9.

두 국민 정치와
모든 이를 위한 정치

박근혜 대통령은 지금 참 나쁜 정치를 하고 있다. 김무성 대표도 마찬가지이다. 대통령과 여당은 국민으로부터 위임받은 정치권력이다. 그 위임에는 적어도 국민에 대한 책임이 전제되어 있다. 대통령과 여당이 나라 안의 모든 일에 대해 무한책임의 의식을 가져야 한다는 것은 상식이다. 정부와 관련된 사태의 경우 더욱이 직접적 책임을 피할 수 없다. 그 책임을 회피하는 정치야말로 나쁜 정치이다. 그보다 더 질 나쁜 정치는 책임을 회피하려고 국민을 두 편으로 가르는 정치이다. 말하자면 '두 국민 정치'이다.

세월호 정국이 길어지면서 정치가 국민들에게 증오와 적대를 심고 있다. 애초에 대통령은 세월호의 진상이 곧 유병언이라고 이해한 듯하다. 책임을 물어야 할 유병언이 죽었으니 이제 진상은 더 캘 것이 없고, 나머지는 국회가 알아서 하라는 식의 매정함이 섬뜩하다. 게다가 여야의 2차 합의안을 언급하며 이른바 가이드라인을 대통령이 제시하는 형국을 만들었다. 절규하는 유족과 시민들은 더 이상 대통령의 국민이 아니었다. 유가족이 전례 없는 보상을 요구한다는 유언비어가 돌고 보수언론은 앞다투어 유족과 시민을 향해 '이제 그만 좀 하라'고 푸념했다. 자신들이 뱉은 말과 자신들의 기분을 이름 지어 '세월호 피로증'이라고 불렀다. '대한민국이 당신들만의 것이냐'는 지탄과, 단식하는 유족과 시민 앞에서 막 먹어대는 막가파식 패악이 이어지기도 했다. 유가족과 대리운전 기사의 폭력사건은 이 애끓는 참사의 본말을 더욱 더 기형적으로 뒤틀었다. 사태를 책임져야 할 대통령과 여당에게 가야 할 화살이 오히려 유족을 향하는 기이한 반이성적 야만의 질서가 만들어졌다.

해방 이후 분단의 세월 속에 우리는 증오와 적대의 역사를 누적시켰다. 아무리 냉전의 시대라 해도 극단적인 분열과 갈등은 이념 그 자체로 만들어지는 것이 아니다. 역사의 고비마다 겪게 되는 가학적 국가폭력과 희생의 체험이 증오의 싹을 틔우고 적대의 전선을 만들어 낸다. 48년의 제주, 같은 해의 여수 순천, 80년의 광주는 증오와 적대를 생산하는 우리의 집합 체험이었다. 이제 세월호 참사가 증오와 한으로 적대를 쌓는 또 하나의 현대사가 될 것 같아 두렵다. 국민을 둘로 나눈 후 위기의 정국을 벗어나는 전가의 보도는 늘 그랬듯이 민생이었다.

누구의 민생이고 어떤 민생인가? 세월호의 국민에게 민생의 구호는 기만의 언어일 뿐이다. 대통령과 여당에게 세월호의 유족이나 유족 편에 선 시민은 더 이상 국민이 아니다. 촛불시민과 '안녕들 하십니까'를 외친 청년들, 앵그리 맘, 쌍용차의 노동자들, 강정마을을 지키려는 사람들, 송전탑을 반대하는 밀양의 주민도 그들의 국민일 수 없다. 국민을 둘로 나누고 적대와 증오를 심는 참으로 나쁜 정치가 아닐 수 없다.

며칠 전, 문재인 의원은 노무현 대통령 기념 학술심포지엄의 기조 연설에서 오늘날 정당정치의 위기를 정체성의 위기, 당 기반과 시민 참여의 위기, 소통의 위기라는 3중의 위기로 진단했다. 아울러 정치와 정당, 민주주의가 나아갈 방향을 생활민주주의, 생활정당, 그리고 '모든 이를 위한 정치'라는 새로운 정치 패러다임으로 제시했다. 문재인 의원으로서는 우리 정치가 나아갈 큰 그림을 그린 셈인데, 언론에서는 고약하게도 네트워크 정당 만들어서 당권을 잡아 보자는 속내로 해석하니 꽤 섭섭하고 답답했던 모양이다. 트위터에 글을 올려 전문을 봐달라며 생활정당, 생활민주주의, 모든 이를 위한 정치를 재차 강조했다.

문재인의 모든 이를 위한 정치는 두 국민 정치의 대척점이라는 점에서 주목할 만하다. 그는 모든 이를 위한 정치를 탈냉전시대 보수와 진보의 이념을 넘어선 모든 계층과 모든 지역, 모든 세대, 모든 성을 위한 정치로 규정하고, 모든 이의 생활이 중심이 되는 정치를 강조했다. 어떤 처지의 국민도 보듬어야 한다는 메시지가 담겨 있고 누구에게도 편향되지 않는 정치를 하겠다는 의지가 느껴져서 좋다. 화합과 화해의 정치가 그려져 더 의미가 있다.

두 국민의 나라는 미래가 없다. 적대와 갈등으로 버티는 정치에서 시민의 삶과 시민의 생명은 정치를 위한 수단이요 장식일 뿐이다. 그래서 정치와 국가와 민주주의의 중심에 시민의 삶이 있는 모든 이를 위한 생활민주주의야말로 우리 정치의 새로운 미래라고 할 법하다. 모든 이를 위한 정치는 문재인의 정치에 머무는 것이 아니라 우리 정치가 필연적으로 나아가야 할 길일 수 있다. 그것이 곧 정치가 살고 나라가 사는 길이다. 나쁜 정치를 버리고 참 좋은 정치로 가는 길이라는 점에서 여야를 막론한 정치권이 모두 눈과 귀를 크게 열어야 할 대목이다.

—〈경향신문〉 31면, 2014. 9. 30.

세월호 1년, 다시 국가를 묻는다

그날 진도 앞바다에서 304명의 생명이 차가운 물속으로 사라진 후 그 엄청난 충격에 대한민국이 무너져 내릴 때, 대통령을 포함한 이름 있는 정치인들은 한입처럼 말했다. 대한민국은 세월호 참사 이전과 이후로 나뉠 것이라고. 그리고 어느덧 1년이 지났다. 대한민국은 바뀌지 않았고, 대한민국의 시간은 세월호 이전과 이후로 나뉘지도 않았다. 아니, 대한민국의 시간은 2014년 4월 16일에서 멈추었고, 나라는 그곳에 정지되어 있다. 어쩌면 지난 1년은 국가가 국민을 어떻게 버리는가를 고통스럽게 확인하는 시간이었는지도 모른다. 냉혈한 국가, 배반의 정치, 기만의 정부를 국민의 가슴 속에 심는 시간이었다.

지난 1년간 세월호 프레임은 우리에게 세 가지 유형으로 다가왔다. 온갖 비정상의 총합과도 같았던 세월호의 운항과 꽃다운 아이들의 죽음의 근본에는 무능하고 고장 난 정부가 있었고 그 뿌리에는 탐욕적인 해운업자와 이른바 '해피아'가 얽혀 있었다. 고장 난 정부의 자성은 대통령의 국가개조론으로 이어졌다. 비록 군국주의의 냄새가 배어 있기는 하지만 정말로, 정말로 대한민국이 개조의 형식을 빌려서라도 바뀔 수만 있다면 저 어린 죽음들이 헛되지 않으리라 애써 위안했다. 국가개조론은 국민의 기대를 묶은 하나의 프레임이 되었다. 세월호 정국이 길어지면서 '국가개조의 프레임'은 국민들에게 증오와 적대를 심는 새로운 프레임으로 바뀌었다. 유병언의 죽음과 함께 진상과 책임의 규명은 더 이상 의미 없는 것처럼 보였다. 대통령은 여야의 특별법 합의를 재촉했고 보수언론은 '세월호 피로증'을 언급했다. 극우단체들의 목소리가 높아졌고, 인터넷 극우 사이트 이른바 일베 회원들은 유족과 시민의 단식농성장 앞에서 폭식투쟁을 하는 극단의 행동을 자행하기도 했다. 종북몰이가 동반된 것은 당연한 일이었다.

세월호의 유족이나 그들과 함께하는 시민들은 더 이상 대통령과 여당의 국민이 아니었다. 정부와 여당이 국민을 둘로 갈라 적대를 만드는 '두 국민 프레임'을 확산시켰던 것이다. 국가개조의 프레임과 두 국민 프레임은 이제 '망각의 프레임'으로 바뀌고 있다. 특별법의 제정과 특조위 활동이 참으로 더디게 진행되는 동안 정부는 최근 발빠르게 특별법 시행령을 발표했다. 세월호의 인양과 진상 규명보다 보상금 내용을 서둘러 강조했다. 정부의 입장은 이제 잊을 건 잊고 산 사람이 사는 쪽으로 생각할 때가 되었다는 강력한 메시지로 읽힌다. 망각의 프레임을 강요하는 것이다.

도저히 잊을 수 없는 일을 잊으라고 강요하면 잊을 수 없는 이들의 가슴은 내면으로 병들기 마련이다. 망각의 프레임은 증오의 프레임을 잉태할 수 있다. 우리 사회에는 자살, 노인 빈곤, 교통사고 사망과 같은 세계 제일의 불행지수들이 넘친다. 그러나 겉으로 드러난 어떤 지표들보다 세월호 프레임의 변화는 우리 사회의 내면이 갈라지고 깨어지는 균열의 과정을 고스란히 보여주었다. 우리 사회는 치유의 과정은 없고 안으로부터 깨어지고 갈라져 균열의 틈으로 인해 고통 받는 내파사회(內破社會)가 되고 말았다. 가학적 정부의 보이지 않는 고문이 국민들을 갈라 그 상처로 인한 증오와 적대가 어떻게 쌓이는지를 온전히 확인한 1년이었다.

세월호 1년, 다시 국가를 묻는다. 우리는 어떤 국가를 바라는가? 내파사회를 치유하는 길은 지금까지와는 다른 국가, 다른 민주주의, 다른 패러다임의 정치를 선택하는 데 있다. 국가와 정치와 민주주의가 국민의 생명과 삶과 아픔에 직접 닿아 있는 새로운 정치 패러다임을 실천해야 한다. 국가와 정치와 민주주의가 추구하던 모든 껍질과 가식을 내려놓으면 남는 알맹이는 국민의 삶이요 생활이다.

이제 우리는 우리 삶을 살리는 정치를 제공하고, 우리 삶을 살리는 정치를 선택해야 하는 시대에 와 있다. 아주 구체적인 개인생활의 현장, 주민생활의 현장, 지역적 삶 속에 새로운 시대의 국가적 과제와 지구적 과제가 공존하고 있다. 그 삶 속에 국가가 있고 정치가 있고 민주주의가 있어야 한다. 새로운 시대의 국가가 디자인하는 정책과 제도는 시민의 생활과 맞닿아 있어야 하고 시민의 고통과 아픔을 직접 끌어안을 수 있어야 한다. 정치와 생활을 결합하는 일이 무엇보다 긴요한 진화된 민주주의의 과제다. 해체되고 버려진 개인의 생활을 공공적이고 민주적 질서로 재구성하는 생활민주주의, 국가의 모든 정책과 제도를 국민의 삶을 향하도록 설계하는 생활국가, 냉전이념의 틀을 벗고 생활의 현장을 네트워크로 결합하는 생활정당의 패러다임이야말로 내파된 우리 사회를 근본적으로 치유하는 출발이다. 세월호 1년, 우리 삶을 바꾸는 새로운 선택은 국민의 몫이고 깨어있는 시민의 몫이다.

—〈경향신문〉 31면, 2015. 4. 14.

3

사회통합

한국사회는 앞으로
협력의 시대로 나아갈 것을
전망할 수 있다.
광복 70년의 성찰은
고도의 분열과 해체의 늪에 빠진
시대에 대한 성찰이고
그러한 성찰의 결과는 협력의 질서다.

노무현 시대와 시민사회

노무현 시대의 정치적 혁신은 기존 정치의 경계를 무너뜨리는 일종의 실험이었다. 근대성의 정치라고 말할 수 있는 기존의 정치는 공적영역으로서의 정치와 사적영역을 구분하는 질서이다. 따라서 국가영역 중심의 중앙집중화된 권력구조를 갖기 때문에 대의민주주의 혹은 의회민주주의를 민주주의의 최선으로 간주함으로써 정부와 의회중심의 정치질서를 구축하기 마련이다. 이러한 정치질서에서 대중정당은 이념의 대결에 기초한 정치적 동원의 중심에 있고 국민들의 정치참여는 투표를 통한 선거참여에 제한되는 경우가 대부분이다.

1987년 6월 항쟁에 이르기까지 우리 사회는 엄청난 희생을 치른 후 민주화의 성과를 얻었고 그러한 성과는 한국 민주주의의 새로운 지평을 연 것임에 분명하다. 그러나 돌이켜 보면 그것은 대통령 직선제라는 대의민주주의의 기본적 요건을 갖추는 과정이었으며 정치변동의 맥락에서 본다면 근대성의 정치질서를 넘어서지 못하는 수준에 머물러 있었다. 이후 IMF위기가 닥치기까지 10년여의 민주화과정 역시 근대성의 정치규범과 제도의 민주주의로부터 더 나아가지 못했다.

김대중 정부 또한 새로운 민주주의를 진전시키기보다는 IMF위기 극복의 과제와 경제의 논리가 압도하는 형국에서 벗어나지 못했다.

김대중 정부보다 훨씬 더 취약한 정치기반에서 출발한 노무현 정부는 4대 개혁입법으로 구체화된 사회권력의 민주화 과제와 함께 한미 FTA와 같은 IMF 이후의 신자유주의적 세계화에 적응해야 하는 동시적 과제에 직면했다. 김대중 정부에 이어 민주화세력, 나아가 진보세력의 연속적인 집권은 보수진영의 위기감을 증폭시켰고 그에 따라 보수적 사회권력의 거대한 반발에 봉착한 노무현 정부는 거대 보수언론과의 끊임없는 충돌로 정치적 탈출구를 찾기가 어려웠다. 마침내 노무현 정부는 개혁적 정치권력이 보수적 사회권력에 포위된 형국에서 설득적 권력운영의 한계를 드러내는 한편, 진보진영 전체로서도 새로운 정치적 전망의 어젠다를 설정하는 데 실패했다.

그러나 노무현 시대에 설정된 분권과 자율이라는 국정운영의 원칙과 그 실행의 내용에는 이미 새로운 정치의 좌표가 내재되어 있었을 뿐만 아니라 새로운 단계의 민주주의가 실천되고 있었다는 사실에 주목해야 한다. 말하자면 노무현 정부 내내 정책갈등에 매몰되고 보혁갈등의 구도에 몰입되어 새로운 민주주의의 전망을 주요 담론으로 가시화하지 못했을 뿐이지 실제로는 근대성의 정치를 뛰어 넘은 탈근대 민주주의의 기획이 의욕적으로 실천되고 있었던 것이다.

탈근대 민주주의의 기획은 시민사회와 대면한 대의민주주의의 자기성찰과정이라는 점에서 시민사회와 국가 혹은 정치영역과의 경계를 허무는 시도이다. 노무현 시대에 들어 시민사회의 주목할 만한 변화는 두 가지 분화경향으로 요약할 수 있다. 하나는 시민운동단체의 제도화 수준이 크게 높아졌다는 점이고, 다른 하나는 전자적 공론장이 확장되면서 제 4의 결사체라고 부를 수 있는 온라인 회원조직의 활동이 새로운 시민행동을 이끌었다는 점이다. 시민단체의 제도화는 노무현 정권이 주도하는 개방과 개혁의 분위기를 배경으로 시민단체와 정부, 기업 간의 파트너십과 협치(*governance*)의 시스템이 확대되었고 여기서 제공되는 안정적인 자원의 유입이 있었기 때문에 가능한 일이었다. 노무현 시대의 협치는 시민사회에 대해 권력 구심을 개방함으로써 시민참여정치를 확대시키는 개방적 권력운영의 방식이었다.

다른 한편, 시민사회의 새로운 공론장으로서 온라인 공간을 주도하는 전자적 대중들은 놀라울 정도로 활발한 회원조직들을 만들어냄으로써 시민행동의 새로운 주체로 등장했다. 이 같은 전자적 공론장과 제 4의 결사체 활동은 아래로부터의 소통의 질서를 확장하는 효과를 가져왔으며, 시민사회영역 안에서도 전자적 공간이 정치적 성찰의 핵심적 진원지가 되게 했다. 노무현 정부가 추구한 이 같은 협치와 소통의 방식은 대의민주주의의 한계를 넘어서는 참여민주주의의 실천이자 민주주의의 새로운 전망을 제시하는 것이기도 했다.

노무현 시대를 맞이하기 이전 우리 사회가 이룬 민주주의의 성과는 대통령 직선제를 비롯한 민주적 제도와 절차의 구축에 있었다. 제도를 갖추는 것과 제도를 운영하는 실행의 방식은 다른 문제일 수 있다. 따라서 이미 만들어진 거시적 제도 내에서 민주적 가치와 철학을 실제 운영에 어떻게 담아내는가의 문제는 또 다른 민주주의의 과제이다. 거시적 제도의 구축과 관련된 민주주의의 문제를 거시민주주의의 과제라고 할 수 있다면 제도를 운영하는 소통과 설득, 합의의 실행과정은 미시민주주의 내용이라고 말할 수 있다. 사회구성의 질서라는 측면에서 거시민주주의는 민주주의의 구조적 요소와 결부되어 있고 미시민주주의는 민주주의의 과정과 실행의 측면이 부각된다.

거시민주주의의 요소라고 할 수 있는 대의민주주의 제도와 절차는 오늘날 대표성뿐만 아니라 민주적운영의 원리에 있어서도 심각한 위기를 맞고 있다. 최근 들어 세계사회가 지구적 수준에서 동시성을 경험하고 있는데 정치질서의 수준에서 대의민주주의의 위기와 한계는 이러한 동시성의 과제 가운데 하나이다. 한국은 대의민주주의가 성숙하지 않았기 때문에 더 성숙시켜야 된다는 논리는 세계화의 현실에서 허구가 된 지 오래다. 유럽과 미국에서 대의민주주의가 봉착한 문제는 곧 이러한 제도를 수용한 한국의 동시적 과제가 된 것이다.

서구에서 이미 활발하게 논의되고 실행되었던 참여민주주의, 심의민주주의, 결사체민주주의, 주창민주주의 등의 요소들은 탈근대적 사회변동과 시민사회의 욕구를 반영함으로써 대의민주주의의 한계를 극복하려는 새로운 민주주의의 제안들이다. 이러한 모색들이야말로 소통과 설득, 합의의 정치과정을 적극적으로 수용한다는 측면에서 미시민주주의의 새로운 전망들이라고 할 수 있다.

참여와 소통, 심의와 주창의 요소들을 대의민주주의와 접목하는 미시민주주의 과정은, 사회변동과 시민적 욕구에 적응하지 못하는 박제화된 민주주의를 회생시키기 위한 시민사회로부터의 정치적 수혈과정이라고도 할 수 있다. 노무현 시대의 탈근대 민주주의 기획은 이 같은 미시민주주의를 실험하고 이를 통해 민주주의의 새로운 전망을 가졌다는 점에서 무엇보다도 획기적인 의의를 갖는다.

이명박 정부 들어 2008년 촛불집회로 가시화된 거대한 시민저항 행동 또한 노무현 정부에서 팽창된 전자적 공론장과 제 4의 결사체가 핵심적 동력이 되었다. 촛불집회에 참여한 시민들은 촛불집회 참여 경험 이후 개인적 변화에 대해서, 일상으로 돌아와 지역사회의 정치적 현안에 새로운 관심과 관여의 의식을 갖게 되었다고 말하는 경우가 많다. 이 점에서 적어도 노무현 정부가 추진한 협치과정이 거시적 제도의 미시민주적 운영을 의미한다면, 제 4의 결사체와 같이 온라인과 오프라인을 연계하는 시민행동은 공론장에서 미시민주주의의 프레임을 공유하고 학습하는 과정이다.

노무현 정부에서 전개된 탈근대정치의 기획과 탈조직적 시민행동의 확장, 이에 따른 시민운동의 자율 패러다임의 등장 등은 미시민주주의로의 전환이라는 정치사회적 변동의 주요 징표가 되었다. 노무현 정부에서 추진된 정책지향이나 시민사회의 변화에서 몇 가지 미시민주주의 전략적 과제들을 설정할 수 있다. 첫째는 우리 시대가 요구하는 민주주의의 결핍을 보완하는 과제로 정부운영에 참여와 심의 기회를 확대하는 개방화과정을 들 수 있다. 둘째는 경제민주주의의 내용을 담은 균형 발전과 사회적 약자를 보호하는 형평적 정책의 구체화가 미시민주주의의 전략적 과제로 설정될 수 있다. 셋째는 일상의 삶 혹은 주민적 삶에서 민주주의를 기획하는 작은 민주주의의 과제, 혹은 민주주의의 일상화 과제를 들 수 있다.

오늘날 이명박 정부에서 민주주의가 후퇴했다는 평판은 노무현 정부에서의 미시민주주의의 진전과 견줄 때 분명하다. 이명박 정부가 노골적으로 시도하는 기존 협치 방식의 해체와 시민단체에 대한 다각적 탄압, 나아가 온라인 공론장에 대한 규제는 노무현 정부가 실험한 미시민주주의의 폐절에 다름 아니다. 민주주의 후퇴론과 관련해서도 최근에 후퇴가 아니라고 강변하는 것은 형식과 껍질로 지탱하는 거시민주주의의 장식만으로 민주주의를 할 수 있다는 시대착오성과 함께, 사회변동에 너무도 무딘 감수성을 드러내는 일이다.

노무현 시대에 추진된 탈근대 정치와 미시민주주의의 실험은 진정성의 정치라는 맥락에서 해석할 수도 있다. 권력을 개방하고 공론장을 넓히는 것은 집권세력의 입장에서 본다면 획득한 권력에 대한 일종의 포기라고도 할 수 있는 것으로 궁극적으로는 권력을 국민에게 되돌리는 과정이다. 노무현 시대의 미시민주주의는 대의민주주의와 제도정치의 결함을 자인하고 이를 시민사회의 공론장에 던져놓은 정치적 진전을 의미한다. 정치권력의 중심이 민주주의에 대한 철학과 실천을 스스로 구현할 때 미시민주주의는 진전되며 사회갈등은 일상적 수준으로 완화되어 자율적 관리가 가능하게 된다. 그러나 집권세력이 철학과 실천의지가 없을 때, 민주주의는 아래로부터 요구되며 거시민주주의든 미시민주주의든 저항과 투쟁으로 얻어질 수밖에 없다. 이 점에서 현 정권의 정치 없는 통치방식과 소통 없는 권력운영은 노무현 정부에서 실행된 미시민주주의의 실험과 뚜렷이 대조된다. 따라서 이명박 정부에서 폐절된 미시민주주의는 우리 시대의 새로운 민주주의 과제로 설정되어야 하며 그것은 곧 노무현 시대가 시민사회에 남긴 유업일 수도 있다. 노무현 '정권'은 끝났으나 노무현 '시대'는 종료되지 않은 듯하다.

— 노무현 전 대통령 추모 심포지엄
'노무현의 시대정신과 그 과제', 2009. 7. 7.

나눔은 질서다

언제부터인가 TV뉴스 앵커의 양복 깃에 빨간 열매가 꽂힌 것이 눈에 띄었던 것 같다. 그것이 '사랑의 열매'이고 사회복지공동모금회의 상징이라는 것을 알기까지 노변의 이야깃거리로 삼았던 기억이 떠오른다. 그즈음에 오간 말들이 공동모금회의 존재가 알려지고 기부와 나눔의 의미가 번지는 과정이었을 것이다. 모금액이 해마다 늘어나 작년에는 3,318억 원에 이르렀다니 이제 그 규모가 만만치 않다.

올해 국정감사에서 공동모금회의 비리와 부정이 알려지면서 비난의 목소리가 높다. 여러 지역의 지회에서 공금 유용과 서류 조작 등 있어서는 안 될 일들이 빈번했다. 도덕성과 투명성이 한층 더 요구되는 단체에서 일어난 일이라 시민들의 공분은 당연하다. 이제 여론의 매를 맞을 만큼 맞았고 보건복지부의 운영개선안까지 나온 터이니 여기에서 다시 비난의 소리를 보태고 싶지는 않다. 오히려 공동모금회의 사고를 맞은 차제에 우리 시대 나눔의 문화와 제도에 관해 짚어봄으로써 넘어진 김에 잠시 숨 돌리는 의미라도 가졌으면 한다.

원론적으로 보면 기부와 나눔의 문화는 자율적이고 능동적인 시민사회의 성장과 함께한다. 전통사회에서는 주로 혈연을 중심으로 동정과 측은지심에서 도와주는 폐쇄적 나눔의 문화가 일반적이었다. 근대 산업화 시기에는 성장주의와 군부독재의 정치질서 속에서 시민사회의 자율적 나눔의 문화는 기대하기 어려웠다. 이 시기에 있었던 기업의 기부는 나눔이 아니라 국가권력에 의한 일종의 강탈이었다. 오늘날 우리 사회의 나눔 문화가 낮은 수준에 있는 것은 이 시기 길들여진 국가주의와 수동적 시민문화의 탓이 크다.

우리 사회에서 민주주의가 자리 잡는 시기는 사회주의 붕괴 이후 신자유주의 시장질서가 지구적으로 확산되는 과정과 겹쳐 있다. 1990년대 이후 민주화에 따른 시민사회의 성장은 나눔의 문화가 확산되는 기초가 되었다. 나는 이 시기에 중첩된 신자유주의 시장질서의 확장이야말로 나눔과 기부의 의미가 사회해체적 변동의 맥락에서 질적 전환을 이루는 근본 원인이었다고 본다. 말하자면 1990년대 탈냉전 이후 지구적으로 팽창된 신자유주의 시장질서는 경쟁과 효율만능에 따른 적자생존과 승자독식의 냉혹한 정글의 얼굴을 드러냈다. 그러나 사회(공동체) 없는 시장의 존립 불가능성에 대한 구조적 성찰이 벌거벗은 시장의 독주에 제동을 걸고 새로운 질서를 필요로 하게 된 것이다.

이 새로운 질서는 시장의 팽창 속에서 약화된 국가가 공적 기능을 전담하는 것이 아니라 시장과 시민사회의 영역이 공공의 기능을 나누어 가짐으로써 이른바 '공공성의 재구성 효과'를 갖게 됐다. 시장과 시민사회영역의 공적 기능은 여러 형태이지만 나눔 문화의 제도화에도 뚜렷이 드러난다. 2000년을 전후해서 대기업들은 앞다퉈 사회공헌활동을 체계화하고 기부와 자원봉사영역을 넓혔다. 사회적 기업이 생기고 개인기부도 크게 늘었다. 이 같은 구조변동의 눈으로 본다면 오늘날 나눔은 인류애나 박애주의, 개인적 선심이나 선택에 따른 것이 아니라 사회구조의 문제요 필수 요소가 되었다. 이제 나눔은 새로운 질서가 되었다는 말이다.

질서가 된 나눔은 문화와 제도가 동시에 성숙해야 한다. 돈뿐만이 아니라 재능과 교육 등 나눔의 종류와 유형도 다양화되는 만큼 지역을 거점으로 하는 '나눔의 거버넌스'가 구축됨으로써 복지의 전달체계가 전면적으로 재구성될 시점인 것이다. 모금단체의 조직 비리에만 흥분해서는 안 되는 이유가 여기에 있다. 나눔에는 언제나 감동이 있다. 사람들이 살 만한 세상이라고 느끼는 것은 이러한 감동의 힘 때문이다. 나눔이 감동의 에너지를 잃지 않기 위해서 나눔의 제도를 투명하고 도덕적으로 운영하는 것은 말할 것 없는 기본이다.

—〈주간경향〉 899호, 2010. 11. 9.

20세기 사회질서의 해체

세속의 버거움이 어깨를 짓눌러도 무심한 시간은 빠르기만 하다. 어김없이 흐른 시간은 어느덧 한 해의 막바지에 와 있다. 올 연말은 새천년과 21세기의 첫 10년이 지난 때이기도 하다. 돌이켜 보면 지난 10년은 20세기의 사회질서가 빠르게 해체되었던 시기이다. 지식정보사회, 네트워크사회, 해체사회, 탈근대사회 등 20세기적 근대성의 균열과 해체를 전망하는 사회학적 개념들이 등장한 지는 꽤 오래되었다. 그러나 실제로 지구적 수준에서 이러한 해체의 경향은 동구사회주의의 붕괴와 함께 1990년대에 가시화되었고, 특히 지난 10년간 이런 변화가 더욱 뚜렷해졌다. 기억에 남는 최근의 몇몇 사건들은 이 같은 해체적 경향을 응축하고 있다는 점에서 떠올려 볼 만하다.

2008년 6월, 서울광장에서는 '대한민국 특수임무수행자회'가 주관하는 집회가 열렸다. 특수임무수행자회는 전직 북파공작원(HID)과 특수첩보부대 출신의 모임으로, "국가가 은폐하고 가족들도 알지 못하는 이들의 희생을 국민들이 기억하기 바라는" 취지에서 행사를 열었다고 했다. 집회의 실제 의도는 논외로 하고, 당시 서울광장 한가운데는 붉은 카펫이 깔리고 순직자 7,726명의 위패와 태극기가 꽂혔다. 그리고 회원들은 군복을 입고 추모행사를 치렀다. 그러나 이들은 공개되지 말아야 하는 비밀공작원들이었다. 이들이 활동한 영역은 근대국가의 공적영역과 국가 간 질서에서 드러나서는 안 되는 일종의 숨겨진 영역이다. 이들이 서울광장이라는 공공의 장소에서 자신들의 활동을 공개적으로 대중 앞에 확인시킨 것은 이면과 표면이 엄격하게 구분되었던 국가질서의 균열을 의미할 수 있다.

아직도 우리에게 생생한 '미네르바 사건'도 비슷한 맥락에 있다. 2008년 세계금융위기의 불안 속에서 미네르바라는 필명의 네티즌이 포털 사이트 다음의 토론방 아고라에서 한국판 서브프라임 사태가 온다고 예측하면서 모든 미디어의 폭발적 관심을 끌었다. 이름 없는 네티즌의 경제상황에 대한 예측이 정부와 학계의 공인된 전문가의 권위를 넘어서 국민적 기대를 모은 것이다. 그는 허위사실 유포로 구속되었고 2009년 4월 법원은 무죄를 선고했다. 무엇보다 온라인 공론장의 확장과 정보 및 토론의 자유로운 개방구조에서 정부나 전문가의 일방적 권위는 심각하게 훼손되었다. 국가중심 권위구조의 해체적 징후라 할 만하다.

2007년 1월 웹상에 처음 등장한 위키리크스(WikiLeaks)는 정부와 민간단체의 비밀문서를 폭로하는 웹사이트이다. 위키리크스의 주목적은 아시아, 구소비에트 연방, 사하라 사막 이남의 아프리카, 중동지역 등의 억압적인 제도의 폭로다. 올해 들어 위키리크스는 미 국방부의 기밀자료를 공개했고, 언론인을 포함한 12명의 사상자를 낸 2007년 7월의 바그다드 공습 비디오도 공개했다. 위키리크스의 설립자 줄리안 어샌지는 다른 혐의로 영국경찰에 체포되었다. 위키리크스의 활동은 국가 간 공식 외교의 질서에서는 드러나서는 안 되는 이면을 폭로함으로써 무엇보다도 근대적 국제질서와 힘의 우위에 기초한 위장된 정당성을 해체하는 효과를 발휘했다. 지구화와 네트워크 사회의 핵심적 균열을 보여준 셈이다.

21세기의 첫 10년은 나라 안과 밖이 동시적으로 네트워크사회적 해체를 경험한 시기였다. 구래의 국가주의적 공공성의 질서가 해체되는 만큼 대안의 새로운 공적 질서가 필요한 것은 당연한 일이다. 네트워크사회의 해체적 경향은 정부와 국가권력, 기업과 시장권력이 은폐하고자 하는 음모를 파괴하는 데 위력적이다. 이러한 민주적 해체의 경향을 반영하면서도 새로운 통합의 구심을 갖는 공적 질서를 구축하는 것이야말로 21세기 두 번째 10년의 과제일 수 있다.

—〈주간경향〉 907호, 2011. 1. 4.

무상급식이
국격을 높인다

지난 지방선거에서 무상급식이 선거쟁점으로 떠올랐을 때 참 좋은 제안이라는 생각을 했다. 또 우리 정치사에서는 보기 드물게 정책적 쟁점이 선거를 이끈다는 점에서 바람직한 방향이라고도 여겼다. 선거가 끝나고 각급 자치단체장이 취임한 후, 내가 재직하고 있는 대학의 관할구청인 성북구청에서 서울시에서는 처음으로 무상급식을 시범 실시하기 위해 '친환경 무상급식 추진위원회'를 만들었다면서 위원장을 맡아달라는 부탁이 있었다. 구청장의 열의가 남달랐고 기회가 되면 지역의 일에 도움이 되었으면 하는 생각을 해온 터라 시간을 많이 할애하기는 어렵다는 토를 달면서 맡기로 했다. 이제 시범단계는 무사히 마쳤고 올해는 초등학교 전면실시를 앞두고 있다. 성북구뿐만 아니라 올해는 전국적으로 거의 대부분의 지역에서 초등학교 수준에서는 무상급식을 전면적으로 시행하는 단계에 들어서는 것으로 알고 있다.

성북구의 경우 시범실시를 위한 추진위원회의 역할이 마무리되면서 이제 친환경 무상급식 심의위원회의 발족을 준비하고 있다. 그간에 큰 문제없이 일이 진행되었기에 나는 편한 마음으로 추진위원장직을 마칠 수 있겠다는 생각을 갖는 요즘, 무상급식을 반대하는 오세훈 서울시장의 드센 공세가 때아닌 당혹감을 갖게 한다. 그는 무상급식을 망국적 복지 포퓰리즘이라고 하며, 부자들을 위한 무상급식에 끝까지 저항할 것이라고 하더니 급기야 이를 주민투표에 부치겠다고까지 한다. 여기에 대통령까지 합세하는 형국이다. 오세훈 시장의 말대로라면 나는 포퓰리즘으로 성북주민들을 선동하고 나라를 망하게 하는 데 앞장선 셈이다. 참으로 기가 막힌 일이 아닐 수 없다.

무상급식을 반대하는 논리 가운데 주목할 만한 점은 두 가지 정도인 것 같다. 하나는 돈 있는 집 아이들에게 왜 공짜 밥을 주느냐는 것이고, 다른 하나는 무상급식이라는 새로운 복지에 재원을 다 써버리면 그것이 곧 미래세대의 짐이 된다는 것이다. 우선 서울시 예산 약 20조 6천억 원 가운데 700억이 채 안 되는 약 0.3%의 예산이 미래세대에게 부담을 줄 정도인지 납득되지 않는다. 아울러 적어도 무상급식 문제만큼은 보편복지냐 선별복지냐는 식의 복지일원론적 인식을 넘어설 필요가 있다고 본다.

원론적 의미에서 자본주의사회의 복지는 계급 간 타협을 통한 사회통합을 목표로 하는 데 그 본질이 있다. 따라서 복지수혜는 사회구성원의 소득수준과 같은 사회경제적 지위에 따라 대상이 규정된다. 그러나 의무교육 기간의 무상급식은 무엇보다도 아이들이 대상이다. 부모의 경제적 조건이 아니라 특정한 교육기간 동안 균등하고 형평적인 교육조건 속에서 무한한 가능성을 개발할 수 있는 아이들의 특수한 여건에 주목해야하고 그러한 여건을 만들어주는 것이 공교육을 담당한 국가의 역할인 것이다. 이 점에서 복지수혜는 현재에 관한 관리의 측면이 강하다면 의무교육이나 무상급식의 문제는 오히려 미래에 대한 관리이다.

의무교육은 복지와는 다른 국가공공성의 실천 방식이다. 친환경 무상급식 또한 이러한 시각에서 단순한 복지가 아니라 한 사회를 발전적으로 재생산하기 위한 미래지향적인 사회투자로 이해될 필요가 있는 것이다. 의무교육과 병행되는 무상급식은 경제적 격차와 계층적 불평등을 넘어 아이들에게 공존의 공동체를 학습하는 장치가 되고 이것은 곧 건강한 사회를 재생산하는 일상적 기반이 될 것이다. 친환경 무상급식은 대를 이어 성장의 신화에만 몰입했던 우리 사회가 공동체적 삶의 내용을 관리하기 시작했다는 역사적 의미를 갖기도 한다. 이 점에서 무상급식은 단순한 사회투자가 아니라 한국사회라는 공동체의 과거와 현재, 미래를 잇는 역사적 투자인 셈이다. 그것은 망국의 길이 아니라 역사적으로 국가의 격을 한 차원 높게 만드는 일이다.

— 〈주간경향〉 911호, 2011. 2. 28.

프로크루스테스의 '정당'

프로크루스테스는 희랍신화에 나오는 고약한 도둑이다. 그에게 걸리면 키 큰 사람은 키가 잘려 죽고 키 작은 사람은 몸을 늘여 죽인다. 키를 재는 잣대가 침대였다. 눕혀서 침대보다 길어도 죽이고 짧아도 죽이니 그의 침대 길이야말로 생사의 척도요 판단의 교조이다. 서울시장 선거를 앞두고 퍼지는 정당위기론을 보며 프로크루스테스의 침대를 떠올린다.

정당정치의 위기적 징후는 이미 오랜 일이지만 이번 선거국면에서 그 위기는 훨씬 더 가시화되는 듯하다. 오늘날 우리 정당의 위기는 시민사회의 광범한 변화에 아랑곳없이 빗장을 걸어 잠근 독특한 폐쇄성에 기인하는 바 크다. 근대정치의 요체였던 대의민주주의의 일반적 위기에다 이념과 지역으로 버티고 있는 한국적 특성이 중첩된 효과라고 할 수 있다. 그야말로 위기가 아닐 수 없다. 그런데 여권과 보수언론에서 제기하는 정당위기론은 번지수가 좀 다른 것 같다. 말하자면 안철수 교수가 유력한 야권후보로 부상하고, 다시 박원순 변호사가 야권 단일후보로 결정되면서 정당정치 위기론이 기이하게 전개되고 있는 것이다. 정당 후보가 아닌 외부 인사가 정치적으로 주목되는 현상은 참을 수 없는 정당의 굴욕일뿐더러 시민운동진영의 제도정치권 진입은 정치질서 자체를 위태롭게 만드는 일로 보는 입장이 그러하다. 정당 교조주의라고도 할 수 있는 시각이 위기론의 한 축에 버티고 있는 것이다. 게다가 후보 단일화에 합류함으로써 이제 막 새로운 변화의 지평을 여는 듯한 민주당에 대해 직접 후보를 내지 못했다고 해서 위기론의 잣대를 들이대는 것도 동종의 위기론이다. 정략적 위기론이 아닐 수 없다.

돌이켜 보면 지난 4·27 국회의원 보궐선거에서 김해에 출마한 한나라당의 김태호 후보는 한나라당 지도부의 김해 방문을 한사코 반대했다. 노무현 전 대통령의 고향동네에서 한나라당 간판은 공천을 위해서는 필요했을지 모르지만 당선을 위해서는 숨겨야 할 모순이었다. 분당에 출마한 손학규 민주당 대표 또한 민주당 후보임을 가급적 부각시키지 않으려 했다. 한나라당 텃밭으로 알려진 분당에서 민주당 간판은 도움이 되지 않는 것으로 판단했을 성싶다. 정당의 존재 이유를 묻지 않을 수 없는 대목들이다.

정당은 원래 사회적 균열을 기반으로 한다. 계급이나 이념, 지역과 종교 등으로 나뉜 서로 다른 사회세력의 정치이익을 대변하는 것이 정당인 것이다. 오늘날 대부분의 사회에서 기존의 사회균열은 해체되고 훨씬 더 다양하고 복잡한 수많은 가치들이 나뉘어 공존하고 있다. 변화를 모르는 정당은 복잡하게 분출하는 시민적 가치와 욕구들을 담아낼 수 없다. 이미 선거정치에 참여를 표명한 새로운 시민운동의 구심들이 만들어지고 있고, 등록금당, 세금혁명당, 중소상인 네트워크 등 온라인 네트워크를 기반으로 정당이 아닌 시민정치의 조직들이 확산되는 것을 우리는 목격하고 있다. 시민사회와 정치권의 경계가 흐려지는 지점이라고 할 수 있다. 이제 정당만이 정치해야 한다는 인식은 낡고 깨진 바가지로 시민사회의 넘치는 강물을 담을 수 있다고 생각하는 것과 다르지 않다. 정당이라는 빛바랜 침대에 시민적 욕구를 재단해서 구겨 넣으려 한다는 점에서 신화 속 아테네 언덕의 프로크루스테스를 떠올리게 하는 것이다.

무엇보다도 지역에 빌붙은 토호정치의 유습을 과감히 버리고 이념의 꼬리를 부여잡은 냉전적 국가주의의 정치를 넘어 이제 정당은 가치의 정치를 추구해야 한다. 그러한 가치의 정치는 이미 시민사회에 펼쳐져 있다. 서울시장 선거에 이어 내년의 총선과 대선을 거치면서 어떤 정당이 먼저 그 경계를 유연하게 하고 시민사회를 향해 개방의 문을 열 것인가에 정당정치의 미래가 달려 있다. 정당의 존재 이유에 대한 근본적 질문에 직면하기 전에 정당은 과감한 변화를 보여야 한다.

— 〈주간경향〉 947호, 2011. 10. 25.

사회를 삼킨 정권

공공성의 위기라는 말은 우리에게 익숙하다. 아마 1990년대 들어 세계적으로 신자유주의가 확산되면서 공적영역이 크게 위축되는 현실을 반영한 표현으로 여겨진다. 신자유주의의 광풍은 무엇보다도 국가가 보장해 주던 국민적 삶의 기반이 가혹한 경쟁과 효율의 시장판에 내몰릴 것을 크게 우려하도록 만들었던 것이다. 우려의 지점은 공기업의 민영화나 복지의 축소에 있었다. 이 경우 공공성이란 정부의 영역을 의미했다. 그러나 공공성을 사적인 것을 넘어선 범주라는 넓은 의미에서 보면 정부의 영역뿐 아니라 사회적이라고 표현되는 모든 요소가 공공성의 질서라는 사실을 알 수 있다.

공적인 것은 개인을 넘어 혹은 개인과 개인 사이에 형성된다는 점에서 사회적인 것과 상통한다. 개인을 넘어서는 순간 사회가 성립되고 사회는 곧 수많은 공적인 것들로 채워지게 된다. 이같이 공적인 것들은 공동체의 구성원들이 다양한 방식으로 합의한 규범에 의해 지탱된다. 심심풀이로 벌이는 화투판이나 작은 계모임, 동창회, 기업, 공공기관과 정부, 국제기구에 이르기까지 모든 단위의 사회구성

요소를 공적이라고 할 수 있는 것은 어디든 규칙이나 법과 같은 규범으로서의 공공성이 작용하기 때문이다. 따라서 사회는 규범으로 이루어진 공적 질서 그 자체이고, 사회의 건강성은 공적 요소가 사람들이 기대하는 규범대로 얼마나 잘 작동하느냐에 달려 있다.

어디에서나 공공성이 실현되기 위해서는 세 가지 핵심적 윤리가 요구된다. 첫째는 그 구성원이 공적 역할의 주체로 인정되어야 한다. 이것은 조직성원이나 주민 혹은 시민 주체의 원칙을 말하는 것으로 민주적 '공민성의 윤리'라고 할 수 있다. 둘째는 그 활동이 사익이 아니라 공적 복리를 추구하는 '공익성의 윤리'를 갖추어야 한다. 셋째로 조직의 운영과 공익적 활동이 개방적으로 소통하는 '공개성의 윤리'가 요구된다. 총선과 대선의 블랙홀이 정치권과 시민의 관심을 빨아들이는 사이에 우리 사회에서 모든 공적인 것의 위태로움이 예사롭지 않다. 문화방송의 파업이 장기화되더니 KBS가 파업에 동참하고, YTN으로도 확대되는 방송사의 연쇄파업이 이어지고 있다. 그 원인이 방송을 장악하기 위해 이른바 대통령의 사람이라는 이들을 사장에 앉히고 이들이 방송을 강제한 데 있다는 점은 잘 알려진 사실이다. 공민성과 공익성, 공개성의 윤리가 결정적으로 훼손됨으로써 존재의 의의가 위협받고 있는 것이다.

공영방송이 이 지경에 이른 것은 우리 사회의 공적 질서에 심각한 경고등이 켜진 셈이다. 문제는 여기에 그치지 않는다. 판사가 검사에게 전화를 해서 기소청탁을 한 의혹이 불거지는가 하면, 외교부의 고위 공무원들이 주가조작에 함께한 혐의가 드러난 일은 정부와 사법부의 공공성이 원천적으로 무너지는 굉음이 아닐 수 없다. 공적 질서의 정점이 무너지는 마당에 다른 사회영역이 온전할 리 없다. 주요 사립대학들이 법인 적립금을 위험성 높은 금융상품에 투자하다 거액의 손실을 보거나, 기부금을 재단의 학교 전입금으로 위장 전용하는 일들을 예사로 생각하는 것은 상아탑도 공공의 윤리를 묻은 지 오래라는 사실을 알리고 있다. 낙망할 일이 아닐 수 없다.

공공의 질서가 유린되는 이 참담한 현실 앞에서 도덕적으로 완벽한 정권이라는 최고 권력자의 도무지 이해하기 힘든 인식구조는 공공성의 유린구조 정점에 정부가 있음을 알게 한다. 정부가 공공의 질서를 유린하고 그 유린구조는 방송, 언론, 학교, 종교 등 사회권력의 영역으로 번져 있다. 5년짜리 정권이 빠른 속도로 사회를 삼키고 있다. 우리 사회가 죽어 가고 있다.

—〈주간경향〉 967호, 2012. 3. 20.

'바뀐 것'과 '바뀌지 않은 것'의 충돌

정부의 민간인 불법사찰 문제는 이번 총선기간을 가장 뜨겁게 달군 이슈이다. 총리실 공직윤리지원관실의 불법사찰 문건 2,619건이 공개되었을 때 쉼 없이 이어지는 이 정부의 비정상성에 새삼 놀라지 않을 수 없었다. 즉각적인 사과에 대한 기대와는 달리 불법사찰 문건의 80%가 참여정부의 작품이라는 청와대의 답변은 참으로 어이없는 것이었다. 수박 서리하다 잡힌 놈이 제 잘못은 어디가고 어제 옆집 개똥이도 했는데 왜 나만 가지고 그러냐고 어깃장부리는 꼴이다. 치졸하고도 뻔뻔스러움이 철판 깐 얼굴에 비할 바 아니다. 사찰문건을 공개했던 KBS 새 노조 측은 지난 1일 저녁에 문건 전체를 분석한 내용을 발표했다. 노무현 정부가 작성한 이른바 80%의 문건은 총리실이 만든 것이 아니라 경찰이 작성한 통상적 보고 자료라 했다.

특검을 하든지 청문회를 하든지 분명한 자료가 있으니 불순한 범죄 사실은 밝혀질 것으로 보인다. 그래서 나는 이 유치한 공방에 훈수를 보탤 마음이 없다. 다만 이번 불법사찰에서 내가 보고자 하는 것은 우리 사회가 맞닥뜨리고 있는 '바뀐 것'과 '바뀌지 않은 것' 간의 충돌이 보여주는 사회변동 현상이다.

민간인에 대한 불법사찰이 만연했지만 입도 벙긋하지 못했던 엄혹한 시절이 있었다. 군부가 지배하던 정치적 암흑기에는 임의동행, 불법구금, 고문치사가 횡행했으므로 불법사찰은 차라리 경미한 감시였다. 그 모든 것이 국가의 이름으로 덮여졌던 엄숙한 비행들이었다. 이처럼 깜깜한 규율의 시대는 이제 역사가 된 줄 알았다. 그러나 전자 네트워크로 개방된 이 놀라운 노출의 시대에 민간인사찰이라는 음습한 국가의 망령이 세상의 변화와 엇박자를 드러낸 것이다. 불법사찰의 내용은 방송 3사가 파업 중인 상태에서 KBS의 새 노조가 만든 '리셋 KBS 뉴스 9'에 공개되었고 이 프로그램은 정규방송이 국가권력에 의해 장악된 상태에서 유튜브로 전파된 인터넷 팟캐스트 방송이었다.

우리는 미디어 사회의 놀랍게 바뀐 현실과 바뀌지 않은 국가권력의 고약한 놀음이 드러내는 거대한 균열을 보고 있다. 세상이 바뀌었다. 국가주의의 일체성으로 막히고 굴절되고 폐쇄되었던 사회가 예측 불가능한 온갖 방향에서 세상을 비추는 다종다양한 미디어를 통해, 가려지고 숨겨졌던 것들이 점점 더 투명하게 들여다보이는 세상으로 변한 것이다. 막힌 사회가 뚫려 투명사회가 된 것이다. 기존 노조를 막으면 새 노조가 생기고, 공중파 정규방송을 막으면 팟캐스트로 뚫는다. 개인이든 조직이든 네트워크로 이어지고 네트워크로 뚫려 있다. 〈나꼼수〉가 걷어버린 장막에 환호하던 시민들은 어느덧 합창하듯 '쫄지마!'를 외친다. 우간다 반군의 수괴 코니를 잡자는 취지로 '사라진 아이들'이라는 구호단체가 만든 동영상 '코니 2012'는 순식간에 1억에 가까운 조회 수를 기록했다. 저 아프리카 시골국가의 가려진 밀림 속조차 뚫어 추악한 실상을 세계의 시선 앞에 내놓은 것이다. 보이지 않는 개인의 신상털기조차 국가가 아니라 개인이 마음먹은 대로 되는 그런 투명사회가 된 것이다.

정작 국가의 행태는 바뀌지 않았다. 1961년 쿠데타의 날, 공포의 시대를 예고했던 한 장의 사진에서 박정희의 차가운 표정을 가리던 그 섬뜩한 검은 안경을 이 정부는 다시 끼고 있는 것이다. 그러나 보이지 않아야 할 검은 안경 속 눈동자의 움직임이 이제 투명하게 드러나 더 이상 가려지지 않는 시대가 되었다. 아무래도 총선에서 대선까지 이어지는 올 한 해 우리 사회는 바뀌지 않은 국가주의와 바뀌어 버린 우리의 생활세계가 더욱 강렬한 충돌의 파열음을 내게 될 듯하다. 거기에서 우리는 또 한 번의 선택을 해야만 한다.

—〈주간경향〉 971호, 2012. 4. 17.

시민의 정부

어느덧 2012년이 저문다. 연말이면 으레 한 해를 정리하는 시간을 갖기 마련이지만 올 연말은 지난 한 해를 차분히 되돌아보기에는 대통령선거의 열기가 너무 뜨거웠다. 그리고 마침내 새 대통령이 선출되어 이제 새 정부의 출범을 앞두고 있다. 올해의 마지막 지면을 박근혜 당선인이 이끌 새 정부에 대한 바람으로 채울까 한다.

이번 대선과정에서 문재인 후보는 자신이 대통령이 되면 이끌 정부를 '시민의 정부'라고 표현했다. 선거기간 내내 각 방송사가 진행한 다양한 전문가 토론 프로그램에서도 시민의 정부에 대한 언급이 있었던 것으로 기억한다. 한 난폭한(?) 패널은 그냥 문재인 정부면 되지 왜 시민의 정부냐고 드세게 따지기도 했다. 맞는 말일 수 있다. 현대 민주주의체제에서 정부는 시민이 선택하는 것인데 어떤 정부가 시민의 정부가 아니었던 적이 있는가라는 의미로도 들려 그럴 듯하기도 하다. 그러나 정확히 말하면, 대의제에 기반을 둔 현대 민주주의사회에서 정부는 시민으로부터 권력을 위임받아 운용하기 때문에 시민이 정부의 실질적 주인이었던 적은 없다. 군부독재나 권위주의 정부, 나아가 시민의 직접선거에 의해 선출된 정부 또한 시민 위에 군림했다는 점에서는 다를 바 없었다. 이런 의미에서 시민의 정부는 위임권력과 대의적 정치질서를 넘어 시민이 정부의 실소유주이자 정치의 중심이 된다는 점에서 새로운 시대정신에 걸맞는 개념이라고 할 수 있다.

이번 대선에서는 새 정치와 시대교체가 유난히 강조되었다. 문재인 후보는 애초에 이번 대선의 과제를 정권교체, 정치교체, 시대교체라는 3대 교체론을 들고 나왔고, 선거가 종반으로 치달으며 박근혜 당선인 또한 시대교체를 강조했다. 나는 새로운 시대의 시대정신을 담은 새 정치가 바로 시민의 정부로 구체화되어야 한다고 생각한다. 말하자면 시민의 정부는 특정 후보의 전유물이라기보다는 오히려 피할 수 없는 시대적 요청일 수 있는 것이다. 따라서 박근혜 당선인이 이른바 국민행복을 무엇보다 우선으로 생각한다면 문재인 표 시민의 정부는 박근혜 정부가 나아갈 방향이기도 한 것이다.

시민의 정부는 무엇보다도 새로운 민본정치를 실현해야 한다. 진정한 의미의 민본정치는 새로운 정치를 바라는 시민사회의 모든 구성원과 모든 세력이 실질적으로 정치의 중심에 서게 하는 것이다. 이를 위해서는 기존 정치권력이 기득권과 특권, 계파정치의 이익을 완전히 내려놓고 시민정치와 정당정치가 새롭게 결합된 기반 위에 정부를 세워야 한다.

둘째, 시민의 정부는 새로운 민주정치를 실천해야 한다. 새로운 민주주의는 점점 더 권력의 잔치로 흐르고 있는 대의민주주의를 적극적으로 수정함으로써 시민이 직접 정치와 정책과정에 참여하고 토론하고 결정하는 시스템을 갖추어야 한다. 말하자면 직접민주주의와 숙의민주주의의 폭을 획기적으로 넓혀야 하는 것이다.

셋째, 시민의 정부는 새로운 민생정치를 실현해야 한다. 정부가 대립과 적대, 갈등을 생산하고 문제를 만들어내는 주체가 아니라 시민 삶의 모든 문제에 일상적으로 맞닿아 있어서 문제를 해결하는 구심이 되어야 하는 것이다. 민생문제를 직접 해결해주는 정부는 네트워크정부와 생활정부의 시스템을 구축하는 것이 중요하다.

박근혜 당선인이 선거기간 내내 강조했던 '100% 대한민국'은 구호나 위원회 몇 개 만드는 것으로 가능한 일이 아니다. 실질적인 국민통합은 양극화를 극복할 실천적 신념을 가진 시민의 정부로만 가능하다는 점을 유념했으면 한다. 박근혜 당선인의 새 정권이 부디 서민과 민생을 보듬는 따뜻한 정부, 시민의 정부가 되었으면 하는 바람을 갖는다.

—〈주간경향〉 1007호, 2013. 1. 1.

협력의 시대,
협력의 패러다임

올해는 2차 세계대전 종전 70주년이 되는 해다. 중국에서는 지난 9월 3일 천안문광장에서 열린 전승절 행사가 세계의 이목을 끌었지만 한국에서도 광복 70주년을 기념하는 다양한 행사가 열렸다. 경술국치로 불리는 1910년 8월 29일의 한일합방조약에서부터 1945년 8월 15일의 해방까지를 흔히 일제 36년의 강점기라고 한다. 광복 70년의 시간은 일제가 강점한 기간의 두 배에 해당하는 시간이다. 일제 강점기간의 두 배에 이르는 시간 동안 한국사회는 어떤 변화를 겪었고 어떤 현실에 있는가? 시대에 대한 성찰이 필요한 시점이다.

해방 이후 현대 한국의 사회변동을 설명하는 가장 보편적 논리는 산업화시대에서 민주화시대로, 그리고 세계화 혹은 정보화시대로의 변화를 강조하는 3단계 변동론이라고 할 수 있다. 1945년 해방과 함께 3년의 미군정기를 거친 후, 1948년 남한 단독정부의 수립과 그로부터 2년 뒤의 한국전쟁, 그리고 1953년의 휴전과 1960년의 4월 혁명, 1961년의 박정희 군부쿠데타에 이르는 시기는 민족국가 건설을 둘러싼 정치적 혼돈의 시기였다. 해방 후 이 같은 정치적 혼란기를 겪은 후 한국에서 본격적인 산업화는 군사쿠데타로 집권한 박정희 정권과 함께 시작되었기 때문에 1960년대와 1970년대 박정희 집권의 시기를 산업화시대라고 말한다. 1960년대는 경공업중심의 산업화가 진행되었고, 1970년대는 중화학공업화가 추진되었다.

산업화시대와 함께 한국사회는 농업기반의 사회에서 공업기반의 사회로 빠르게 변화되었다. 모든 국민이 조국 근대화와 경제성장을 위해 전력투구하는 시대였으며 수출주도 산업화가 한국 경제성장의 기조로 자리 잡았다. 1960년대 초 인구의 약 70%를 차지했던 농·어민 층이 이 시기에 빠르게 줄어든 반면 노동자계급이 급속하게 성장했다. 산업화와 함께 이농인구의 증가로 도시화 또한 급속히 진행되었다. 오늘날 한국사회의 경제적 성과는 산업화의 성공에 힘입은 바 크다.

한국에서 민주화시대는 대체로 민주화운동이 광범하게 확산되었던 1980년대를 가리킨다. 1960~70년대 박정희 정권의 성공적인 산업화 이면에는 가공할 만한 군부독재의 병영적 통치가 있었다. 1972년 10월, 유신헌법과 함께 출발한 유신체제는 박정희 대통령을 종신대통령으로 만들려는 총통체제의 출범을 의미했다. 유신체제의 막바지인 1979년에는 한반도의 남쪽 부산과 마산지역에서 이른바 부마항쟁으로 알려진 거센 저항의 물결이 서울을 향해 북진할 조짐을 보였다. 그 해 10월, 측근에 의한 박정희의 피살은 한국의 민주화를 앞당길 것만 같았다. 그러나 박정희 피살사건을 조사하고 정치적 혼란을 수습하는 과정에서 정치권력은 다시 박정희의 후예들이라고 할 수 있는 신군부 세력에게 돌아가고 말았다. 이 과정에서 군대를 투입해 무고한 시민을 집단학살한 1980년 5월의 광주사태가 있었고, 광주사태 이후 민주화운동은 전국적 수준에서 조직적으로 확산되었다. 1987년 6월 대항쟁은 대통령 직선제를 얻어내고 제 5공화국을 종료시킴으로써 한국 민주화의 분수령이 되었다.

1990년대는 산업화와 민주화 이후 한국사회가 세계질서로 빠르게 편입된 시기였다. 특히, 1980년대부터 채택된 서구 선진국의 신자유주의 정책은 1990년대에 들어 지구적으로 확산되었다. 한국은 1997년의 외환위기로 IMF 구제금융시대를 맞았고 이 시기부터 본격적으로 신자유주의적 시장질서에 편입되었다. 이 같은 신자유주의 세계화 현상은 뉴미디어와 인터넷, 모바일 등의 정보기술 혁신에 따른 정보화 현상과 동반적으로 확산되었다. 1990년대 이후 신자유주의 세계화와 정보화 현상을 관통하는 핵심적 질서는 지구적 시장화 경향이었다. 공공부문의 민영화가 가속화되었고 금융자본이 팽창했으며 가혹한 경쟁과 효율의 가치가 미덕이 된 가운데 승자독식의 문화와 양극화, 개별화의 경향이 사회적으로 만연했다. 공공성의 위기와 공동체 해체에 대한 우려가 심각한 수준에 이르렀다.

현대 한국의 사회변동을 이처럼 산업화, 민주화, 세계화로 규정하는 3단계 변동론은 발전주의의 오랜 전통에 뿌리를 두고 있다. 일정한 수준의 경제성장이 있은 후 정치민주화가 가능하다는 발전주의 시각에서 볼 때 한국은 교과서나 다름이 없다. 이 같은 3단계 변동론은 시대적 과제와 사회발전의 과정을 명확하고 단순하게 보여준다는 점에서 보편적으로 받아들여졌지만 문제가 없지 않다.

첫째, 3단계 변동론은 단선적 발전관이다. 산업화, 민주화, 세계화의 시대과제가 오직 해당 시기의 유일한 특징으로 단순화되어 사회구성과 역사발전의 복합성을 반영하지 못한다. 산업화나 민주화, 세계화가 특정 시기의 전유물은 아니다. 둘째, 산업화와 민주화는 오늘날 누적된 세대를 구성하고 있는데, 특히 한국의 경우 산업화세대와 민주화세대는 산업화세력과 민주화세력으로 표현될 정도로 정치적 균열의 진원이 되고 있다. 적어도 현재적 시점에서 이 같은 3단계 변동론은 정치적 균열과 갈등의 변동론일 수 있다. 셋째, 3단계 변동론에서 산업화와 민주화는 당대의 시대정신이자 국민적 가치가 반영되어 있다. 그러나 정보화 혹은 세계화는 지향할 가치와 시대정신이라기보다는 오히려 객관적인 현상이라고 할 수 있다. 세계화는 산업화나 민주화와는 다른 차원의 개념이다. 따라서 3단계 변동론이 일관된 논리를 가지려면 세계화시대의 새로운 발전가치가 필요한데 실제로 민주화 이후의 발전가치는 더 이상 찾기가 어렵다. 단선적 발전관의 한계를 뚜렷이 보여주는 대목이다.

3단계 변동론의 문제점을 염두에 둔다면 현대 한국의 사회변동은 단선적 발전론과는 다른 새로운 접근도 가능하다. 나는 해방 후 현대 한국의 사회변동을 5개의 주목할 만한 시대상으로 구분하곤 한다. 해방 후 1960년대까지를 나는 '열망의 시대'로 부른다. 일제강점으로부터의 해방은 우리 민족에게 환희와 희망을 가져왔다. 무엇이든 할 수 있고 무엇이든 하고자 하는 민족적 열망 가운데 가장 큰 것은 민족국가 건설과 민주적 정치질서의 실현이었다. 해방공간의 혼란도, 한국전쟁도 그리고 1960년의 4월 혁명도 그러한 열망의 결과였다. 이러한 국민적 열망을 성공적으로 이어간 것이 1960년대 박정희 체제가 선도한 조국 근대화였다. 가난에서 벗어나 우리도 한번 잘 살아보자는 열망이 팽배했다. 적어도 1960년대까지 한국사회는 정치적 열망과 경제적 열망이 팽창된 시대였다.

유신독재의 시기인 1970년대는 삼엄한 병영적 질서 아래 감시와 통제가 엄혹한 긴장의 시대였다. 유신체제는 입헌적 질서를 일시적으로 정지시키는 이른바 긴급조치권을 대통령에게 부여했고, 1972년 유신체제의 출발에서 1979년 유신의 종말까지 9차례의 긴급조치가 발동되었다. 1970년대는 긴급조치의 시대였다. 긴급조치는 모든 시민적 권리를 박탈할 수 있는 병영국가체제를 구축했으며 이러한 체제에서 시민들은 삼엄한 통제가 일상화된 '긴장의 시대'를 살았다. 1980년대는 이 같은 유신체제의 긴장을 해소할 기회를 박탈당한 시민들이 신군부에 대한 저항을 광범하게 분출시킨 시대였다. 말하자면 1980년대는 누적된 긴장과 민주적 욕구가 터져 나온 '분출의 시대'였다.

1990년대 이래 현재에 이르는 한국사회의 시대상은 분열이라고 요약할 수 있다. 1997년 외환위기 이후 신자유주의 시장질서에 본격적으로 편입된 한국사회는 '분열의 시대'를 맞았다. 무엇보다도 경제적으로 불평등과 양극화가 심화되고 노동시장이 쉬운 해고의 경향과 함께 빠르게 유연화되었다. 여기에다 친기업 정책은 노동자들을 점점 더 주변적 존재로 만들었다. 노동자들이 위태로운 사회는 사회의 존립 자체가 위태로워진다. 공동체와 공공성의 해체는 사회의 해체에 다름 아니다. 극단적 개인화의 경향이 팽배해진 것이다.

게다가 한국사회는 이념의 대결이 오랜 분열의 골을 만들고 있다. 분단과 냉전의 유산인 좌우의 이념적 균열은 한반도에서 여전히 살아 꿈틀거리고 있다. 해방 이후 분단체제가 굳어지는 과정에서 누적된 역사적이고 집합적인 적대의 체험은 오늘날 주요한 사회이슈마다 이념대결로 치닫고 있다. 정치적 분열 또한 심각한 수준이다. 산업화시대나 민주화시대와 같이 거대 서사를 선도하는 정치적 리더십은 이제 찾아보기 어렵다. 1997년의 외환위기 이후 시민들에게는 경제적 삶과 생활의 문제가 가장 절실한 과제가 되었다. 생활의 문제가 가장 긴요한 정치적 과제로 등장한 것이다. 이념과 지역의 정치를 넘어선 새로운 가치의 정치가 요구되는 시대가 되었다. 그러나 변화하지 않는 지역정당의 질서 속에서 새로운 가치와 새로운 정치지향은 정치적 분열을 확대하는 효과만을 가질 뿐이었다. 분열의 시대이다.

열망의 시대, 긴장의 시대, 분출의 시대를 지나 이제 한국사회는 분열의 시대를 맞았다. 광복 70년의 귀결이 분열의 시대인 셈이다. 연대의 정신과 공동의 가치, 공공의 삶이 빠르게 소진되는 이 분열의 시대에 한국사회는 어떤 새로운 시대상을 전망할 수 있는가? 광복 70년을 맞으며 우리가 설정할 시대정신은 과연 무엇인가? 우리 시대가 당면하고 있는 분열과 해체의 경향은 어쩌면 세계사회가 겪는 거대 전환의 사회변동일 수 있다. 따라서 한국사회의 새로운 시대상은 새로운 세계질서에 대한 전망과 무관하지 않다. 나는 무엇보다도 한국사회의 새로운 시대상이 협력의 질서라고 본다. 분열과 해체, 갈등과 대결의 시대를 넘어서 '협력의 시대'로 나아갈 것을 전망할 수 있다. 광복 70년의 성찰은 고도의 분열과 해체의 늪에 빠진 시대에 대한 성찰이고 그러한 성찰의 결과는 협력의 질서다.

협력의 질서는 새로운 시대에 대한 전망이지만 동시에 우리의 현재적 삶에서 이미 실천되고 있는 현실이기도 하다. 한국사회에서 분열의 시대는 냉전의 유산과 신자유주의의 난폭한 시장화가 중첩적으로 뒤엉켜 나타났다. 분열의 시대는 독식, 적대, 배제, 위축, 각축의 질서가 보편화된 위태로운 시대이다. 반면에 협력의 시대는 나눔, 배려, 존중, 포용, 공생, 협치(協治)의 질서가 주류화된다. 협력의 질서는 분열시대의 성찰적 효과다. 이 같은 성찰의 질서는 우리 사회의 저변에서 이미 현실로 등장한 지 오래다. 나눔과 포용, 공생의 문화가 개인적이거나 일회적, 부분적인 수준에서 나타나는 것은 어느 시대에나 있었기 때문에 특별한 일이 아니다. 그러나 오늘날 이 같은 협력의 문화는 집합적이고 제도적인 질서로 구체화되고 있다는 점에 주목해야 한다.

무엇보다도 시장경제영역 내에서 기업의 사회적 책임활동이 늘어나고 사회적 기업이 만들어지는 경향에 주목할 수 있다. 아울러 지역시민사회와 지방정부가 협동조합을 비롯한 다양한 사회적 기업을 창업함으로써 전체 경제영역에서 사회적 경제영역이 조금씩 늘어나고 있다. 일자리를 목적으로 하거나 취약계층의 지원, 공동소비를 목적으로 하는 협동조합 등이 협력의 가치를 확산하는 역할을 하고 있다. 공동체의 복원을 위한 지방정부의 민주주의 실험 또한 새로운 협력적 질서를 구축하고 있다. 일방적 행정이 아니라 주민이 참여하고 결정하는 협치의 행정질서를 구축하고자 하는 지방정부의 노력은 진보적 단체장이 주도하는 지방정부에서 특별히 주목할 만하다. 서울시 정부와 성북구청에서 실시하는 생활임금제도는 실질적 생활이 가능할 수 있는 임금을 보장하는 제도로 협력적 노동시장 정책이라고 할 만하다. 주민참여예산제도를 비롯한 다양한 참여 정책의 실험은 협력행정의 표본이 될 만하다.

오늘날 한국사회에서 나타나는 다양한 협력의 질서들은 지역의 풀뿌리 수준과 지방정부의 차원에서 적극적으로 실험되는 수준에 있지만, 이러한 새로운 질서는 점차 중앙집중화된 정치권력과 경제권력을 포위하는 구조를 만들 것이 분명해 보인다. 협력의 질서는 보다 광범하게는 지구적 수준의 문명사적 전환과 결부되어 있다. 인류문명이 추구한 오랜 질서는 '집중문명'의 질서였다. 지구적으로는 자원과 부와 지배 권력이 중심부 국가로 집중되었고, 일국적 수준에서도 소수의 지배계급에게 부가 집중되고 정치권력 또한 중앙집중적으로 강화되는 경향이 문명사적 과정이었다. 이 집중문명의 거대 경향에서 전쟁과 약탈, 억압과 배제의 질서가 구축되었다. 현대 자본주의의 국가주의 정치권력과 자본의 세계화 경향은 이러한 집중문명의 극단이다. 무엇보다도 협력의 질서는 이 같은 집중문명의 거대 경향이 새로운 '분산문명'으로 전환하는 지표일 수 있다. 정치권력과 경제권력의 분산화 현상은 협력의 시대를 전망할 수 있는 구조적 전환의 조짐이라고 말할 수 있다.

협력의 패러다임은 일국적 사회변동에 그치지 않고 지구적 질서를 전환시킬 수 있는 문명사적 과정으로 확산될 수도 있다. 협력의 패러다임은 남북한 간에 구축되는 한반도 협력의 패러다임으로 확장되고, 나아가 동아시아 공동의 과제를 함께 모색하는 동아시아 협력 패러다임으로 확장될 수도 있다. 여기에서 지구적 협력의 패러다임이 실현되는 것은 어렵지 않다. 광복 70주년을 맞으면서 5개의 시대상과 함께 분열의 시대를 넘어서는 새로운 협력의 패러다임을 떠올려 본다.

— 〈성균중국관찰〉 12권, 2015. 10.

면피형 협치와
혁신형 협치

뭔가 이상하고 잘 와닿지 않는다. 요즘 정치권에서 유행하는 협치 이야기다. 지난 4월 총선결과 국회가 3당 체제가 되고 야당이 제 1당이 되면서 정당 간 협조를 강조하는 의미에서 협치라는 말을 쓴 것으로 짐작된다. 괜찮은 표현이라 여긴 건지 야당도 덩달아 쓴다. 협치라는 말은 사회과학에서는 새로운 공공관리의 시스템을 뜻하는 거버넌스(*governance*)의 번역어로 이미 오래 전부터 사용된 개념이다.

그런데 정치권의 유행어가 된 협치는 이 같은 거버넌스를 의미하는 것 같지는 않고 단순히 여야 간의 협조쯤으로 이해된다. 이미 특정한 의미로 학계에서 사용하고 있는 협치라는 개념을 왜 굳이 정당 간 협조나 정치적 타협의 의미로 갖다 붙이는지 납득하기 어렵다. 특히, 사회과학을 공부하면서 이미 이 개념을 학습한 사람들에게는 정치인들이 쓰는 이 말이 와닿지 않고 뭔가 강요되는 느낌을 지울 수 없다. 협치라는 말을 사용하는 정치인 누구도 그 말이 무엇을 의미하는지 말하지 않으며, 또 누구도 그 말이 무슨 말인지 알고나 쓰냐고 묻지 않는다.

이런 가운데 지난 5월 17일자 '정동칼럼'에서 성공회대 이남주 교수가 협치에 대해 이의를 제기했다. 이 교수의 요점은, 우선 협치라는 개념이 뭘 말하는지 모르겠다는 것이고, 둘째는 여야의 협치를 강조함으로써 국정실패의 책임을 야당과 나누려는 불순한 의도가 의심된다는 점이며, 셋째는 여당의 국정실패 책임을 묻는 총선의 민의를 오히려 여야가 타협정치 하라는 것으로 왜곡시키고 있다는 점을 지적했다. 합리적 의심이고 타당한 비판이 아닐 수 없다. 말하자면 정치권, 특히 여당과 대통령이 자주 쓰는 협치라는 말은 총선 패배로 드러난 국정심판의 책임을 피해가기 위한 면피형 협치인 셈이다. 20대 국회 원구성이 법정기한을 넘기자 언론은 "실종된 협치", "협치는 없고 대치만", "협치를 걷어차다", "공염불이 된 협치"라고 앞 다투어 머리글을 달았다. 도무지 정체를 알 수 없는 면피형 협치 프레임에 어느새 언론도 한 무리가 된 듯했다. 아니면 애초에 특정 언론이 이 면피형 협치의 프레임을 주도한 것인지도 모른다. 나중에라도 따져볼 대목이다.

지난 20년 이상 사회과학자들이 사용했던 거버넌스로서의 협치의 개념을 잠시 떠올려 보자. 거버넌스 개념은 다양하게 사용되었지만 새로운 공공관리 방식으로 주목된 것은 1990년대 이후다. 지구화, 시장화, 분권화, 네트워크화 등의 지구적 거대 경향에 따라 정부의 행정체계가 민간기업, 시민사회의 행위자와 함께 협력적으로 재구성되는 현상을 지칭한 데 따른 것이다. 거버넌스는 신자유주의 시장화

경향을 반영하는 것으로 보기에 따라서는 부정적 이미지를 가질 수 도 있다. 그러나 이른바 뉴거버넌스, 굿거버넌스라고 부르는 협치는 신뢰와 협력을 바탕으로 공적 제도를 개방적이고 참여적으로 재구성 한다는 점에서 미래정치의 새로운 비전으로 주목될 수 있다. 여기서 협치는 공적 질서의 민주적이고 개방적인 재구성이라는 제도의 혁신을 함의한다. 말하자면 굿거버넌스로서의 협치는 기존의 질서를 바꾼다는 점에서 혁신성을 내재한 혁신형 협치라고 할 수 있다. 우리 정치권에 느닷없이 번진 면피형 협치와는 한참 다르다.

한국에서 혁신형 협치의 실험은 노무현 정부에서 시작되었다. 당시 학계에서도 통용된 지 오래되지 않은 거버넌스라는 개념을 다양한 위원회에 적용하여 과감하게 협치를 실험한 것이다. 비록 실험적 수준에 머물렀지만 공적 제도의 참여 민주적 재구성을 시도했다는 점에서 혁신적이었다. 이후 혁신형 협치의 씨앗은 지역에 뿌려졌고 오늘날 혁신적 지자체에서 협치의 실험은 실제로 확산되고 있다. 박원순 서울시장, 안희정 충남지사, 이재명 성남시장, 권영진 대구시장, 남경필 경기지사, 원희룡 제주지사는 이 혁신적 협치의 선두에 있다.

혁신형 협치의 핵심은 협력의 질서다. 협치하는 것은 협력적 사회시스템을 만드는 일이다. 이익과 욕망으로 갈라지고 해체된 우리 시대에 협력적 사회시스템을 만드는 일은 더 미룰 수 없는 시대의 요청이다. 혁신적 지자체가 묵묵히 시대에 응답하고 있다. 이제 정치권이 응답하라. 의미가 와닿지 않는 면피용 정치언어를 들이댈 일이 아니다. 실질적 협치를 해야 한다. 혁신형 협치는 여의도를 에워싼 정치의 벽을 의원들 스스로가 허무는 데서 시작해야 한다. 민형배 광주 광산구청장은 《내일의 권력》이라는 저서에서 "여의도의 정치독점은 여의도 바깥 정치 배제의 다른 말이다. 여의도보다 여의도 바깥이 훨씬 넓은 세계다. 그 세계가 사회다. 여의도 정치는 사회를 배제했고 배제당한 사회는 여의도정치를 배척하기 시작했다"고 썼다. 귀 기울일 말이다.

—〈경향신문〉 30면, 2016. 6. 17.

4

책임의 정치

무엇보다도 선출된 권력이
법과 제도를 구성하는
모든 절차를 제대로 지키는 것이
민주주의의 핵심이다.
동시에 이러한 절차를 지키지 않는
위임권력의 운영자에게
책임을 묻는 것이 민주주의다.

헝클어진 사회의 자화상

질서는 사람들이 일상에서 주고받는 아주 작은 몸짓과 언어에도 반영되어 있다. 엘리베이터 안에 함께 탄 사람들은 의식적으로 눈길을 피한다. 애써 천장을 쳐다보거나 층수를 알리는 번호버튼을 뚫어져라 보고, 어떤 이는 아예 바닥에 고개를 내리꽂기도 한다. 아주 좁은 공간에서 서로에게 무관심을 표현함으로써 서로의 존재를 인정하는 것이다. 예의로서의 무관심, 질서로서의 무관심에 동조하지 않고 어느 한쪽이 빤히 쳐다본다거나, 느닷없이 "아침은 뭐로 드셨나요?"라고 말을 건네게 되면 엘리베이터 안의 질서는 파괴되고 상황은 혼란스러워질 것이다.

캠퍼스에서 만난 친구가 지나가면서 "오랜만이야! 나중에 커피 한 잔 하자"라고 인사할 때 "그래, 반가워!"라고 응답하지 않고 정색을 하고 다가가서 "커피가 아니고 율무차로 하면 안 되겠니?"라고 응수해 보라. "안녕!" 하면서 지나치는 친구에게 굳은 표정으로 다가가 "너는 정말로 내가 안녕하기를 바라는 거니?"라고 응답해 보라. 이런 상황에서 발생하는 당혹감은 그러한 상황 이전의 몸짓과 말 혹은 무심한 표정이나 말없이 유지되는 공간조차도 질서를 구성하고 있었다는 점을 알 수 있게 해준다.

사람들은 특정한 상황에 대한 각자의 해석틀을 가진다. 일상에서 사람들이 혼란을 갖지 않는 것은 각자의 해석틀 가운데 기본적으로 공유하고 있는 부분이 있기 때문이다. 병원의 진료상황에서 사람들은 의사에게 신체의 일부를 드러내는 것을 부끄러워하지 않는다. 의사와 간호사, 환자는 진료상황에 대한 해석틀을 공유하고 있기 때문이다.

이렇게 공유된 해석틀을 사회를 운영하기 위한 기본윤리로 문서화한 것은 법이 되고, 문서화하지 않더라도 사람들이 따르게 되는 것이 관습이요 관례이다. 가족윤리는 가족이 만드는 상황에 대한 해석의 틀이 모인 것이다. 학교의 학칙과 사제 간의 예절이 그러하고 직장 내의 윤리와 규범이 그러하다. 국가의 질서를 유지하는 헌법과 법률은 국가구성원으로서의 국민 개인들이 공유하는 해석틀의 모둠일 수 있다. 개인들이 공유하는 해석틀은 이렇듯 아침에 출근하며 이용하는 엘리베이터 공간에서부터 국가운영의 원칙에 이르기까지 사회질서를 구성하는 미시적 단초이다. 이러한 연유에서 국가운영의 원칙을 반복적으로 거스르는 것은 개인들에게 당혹감을 누적시킴으로써 해석틀을 바꾸라는 위협이 될 수 있다.

국무총리를 비롯한 고위공직 내정자에 대한 인사청문회에서 이번에도 예외 없이 불법의 파노라마가 이어졌다. 위장전입과 부동산 투기, 탈세와 선거개입, 위장취업에 부적절한 망언 등 청문회마다 새로운 비리항목이 추가된다. 사람들은 최고의 공공선이라는 국가를 운영하는 고위공직자에 대한 나름의 해석틀을 갖고 있다. 고위공직자가 한두 번 위법하는 일이 있다면 사람들이 공유한 일반적 해석틀을 크게 손상시키지 않는다. 그러나 이번 정부 들어 고위공직자 가운데 병역의무를 치른 이를 찾기 어렵고, 예외 없이 불법비리의 전력이 있으며, 그것이 인사 때마다 반복되는 것은 국민들에게 최고 공직사회와 국가공공성에 관한 해석의 틀을 바꾸라고 요구하는 것이나 다름없어 보인다.

불법행위 없는 무능력자는 공직진출이 어려운 세상이라는 우스개가 현실이 되면 개인은 혼란스럽고 질서는 헝클어지고 만다. 청문회 얼마 전에 대통령은 뜬금없이 공정한 사회를 강조했다. 대통령의 주관주의는 야권과 시민사회에 국가공공성에 대한 대안의 해석틀을 만들 수 있는 기회를 제공할 수도 있다. 그러나 많은 경우 극단적 주관주의는 상호적 허무주의를 낳아 사회통합의 에너지를 고갈시키게 된다. 우리 사회가 얼마나 더 헝클어진 사회가 되어야 하나?

—〈주간경향〉 891호, 2010. 9. 7.

정당정치의 공공성에 관하여

비례대표 부정경선 문제가 발생한 이후 통합진보당이 우여곡절을 겪고 있다. 상황은 당 체제를 유지하려는 측과 변화시키려는 측의 갈등으로 확대되어 이제 당대표 경선까지 와 있다. 진보정당의 진로와 방향이 이처럼 오래도록 공론의 중심을 차지한 적이 없다.

새누리당을 비롯한 보수진영에서는 진보당의 종북주의를 문제 삼았고 국가관 검증을 들먹이기도 했다. 대선의 호재라 여겼던지 또다시 냉전의 무덤에서 이념의 좀비를 불러내려는 기색이 완연했다. 여기에 더해서 한미동맹이나 북한 인권과 3대 세습, 애국가 인정 문제와 국민의례 문제 등에 대해 명확한 입장을 밝힐 것을 요구하기도 했다. 진보진영에서는 이를 신매카시즘이라고 비난하며 이념의 문제와 절차의 적법성을 구분할 것을 주장했다. 말하자면 이념적 종북의 문제는 국민의 판단에 맡기면 되는 것이고 핵심적인 문제는 정당운영 절차의 적법성과 정당민주주의 문제로 분리해서 봐야 한다는 데에 방점을 찍은 것이다.

진보진영의 입장은 논리적으로는 틀리지 않다. 그러나 정당의 이념이나 가치와 정당의 절차적 민주주의는 실제에 있어서 분리되기 어려운 요소들이다. 단적으로 말하면 개방적이지 않고 공개적일 수 없는 이념과 가치는 정당정치의 민주적 운영을 담아내기 어렵다. 대중정당, 나아가 국민정당을 추구한다면 합리적이고 민주적인 절차만큼이나 정당이 지향하는 이념이나 가치 또한 시민의 눈높이에 맞게 열려 있어야 하는 것이다. 진보당의 문제를 공공성의 차원에서 접근해야 하는 이유가 여기에 있다. 대중정치조직으로서의 정당은 공공성의 수준에서 정부에 버금가는 공적 기구라고 할 수 있다. 따라서 정당의 이념과 정당의 운영절차는 동일하게 시대착오적이어서는 안 된다. 안타깝게도 통합진보당의 현실은 전혀 달랐다.

그런데 문제는 오늘날 한국 정당정치의 저급한 공공성 수준이 통합진보당에 국한된 것이 아니라는 데 있다. 다소 거칠게 말하자면 이념의 측면에서 오늘날 한국의 보수정당이 드러내 놓고 추구하는 이른바 종미주의는 냉전이념의 테두리에 요지부동으로 갇혀 있다는 점에서 종북주의의 내용과 우열을 가리기 어렵다. 정당운영 절차의 적법성과 정당 민주주의의 문제 또한 다르지 않다. 새누리당으로 이름을 바꾸기 전 한나라당의 당대표 경선에서 300만 원짜리 돈 봉투를 돌리고 이런 것이 60년 정당의 관행이었다고 태연하게 말하는 정당에서 무슨 정당민주주의를 확인할 수 있을 것인가?

우리 정당들은 진보와 보수를 막론하고 공공성의 수준을 높여야 하는 한편, 1990년대 이래의 탈냉전과 시민사회의 팽창하는 생활정치적 욕구에 조응하도록 정당정치의 공적 질서를 재구성해야 하는 과제에 직면해 있다. 특히, 진보적 지향의 정당은 공공성의 구조를 혁신적으로 재구성함으로써 정치사회의 변화를 선도해야 한다.

공공성은 공민성, 공익성, 공개성의 세 가지 차원으로 요약될 수 있다. 공민성은 정치의 중심이 정당이나 정부가 아니라 시민이라는 점을 가리키는 것으로 진보 정당은 대의민주주의의 위임구조를 넘어선 시민의 삶 중심의 생활민주주의로 재구성되어야 한다. 진보정당은 공익성 차원에서 계급의 진보를 넘어 삶의 모든 영역에서 자아실현성을 확장함으로써 혁신적 가치를 지향하는 보다 보편적인 '생활진보'로 재구성되어야 한다. 또 공개성의 차원에서 정당구조는 보다 개방적으로 재구성되어야 하는데 요즘 논란이 되고 있는 완전국민경선제와 같은 제도는 거대 전환의 사회변동과 시민적 욕구의 팽창에 부응하는 우리 시대 정당 개방의 가장 가시적 방식이라고 할 수 있다. 진보와 보수는 방향은 다르지만 공공성의 수준을 높이는 문제에서 한국 정당의 동일한 과제를 안고 있다.

—〈주간경향〉 983호, 2012. 7. 10.

대통령의 자질

12월 대선을 향한 후보들의 레이스가 시작되었다. 박근혜 후보에 이어 문재인 후보, 그리고 안철수 후보의 3자 경쟁의 구도가 만들어진 것이다. 그런데 문재인 후보와 안철수 교수에 대해 언론은 유독 권력의지를 확인하고 싶어한다. 정치인이라면 권력의지가 충만해야 할 텐데 대통령이 되겠다면서 권력의지가 없는 것이 말이 되느냐는 식이다.

문재인 후보는 스스로 정치를 외면했으나 피할 수 없는 운명적 조건이 정치를 하지 않을 수 없게 만든 셈이다. 안철수 교수는 기회 있을 때마다 정치는 자신이 선택하는 것이 아니라 주어지는 것이라며 잘 할 수 있을까라는 고민을 깊고 길게 했다. 우리에게 익숙한 정치인과는 다르다. 두 분 다 본인의지가 아니라 일종의 떠밀려 나오는 식이 아니냐는 단순 논리로 보면 권력의지가 약하다는 지적이 그럴듯할 수 있다. 그런데 과연 권력의지가 대통령의 필수 덕목인가라는 생각에 이르면 "권력의지는 권력욕이기 때문에 자신은 권력의지가 아니라 소명의식으로 정치적 과업을 맡는다"는 문재인 후보의 답변이 떠오른다. 그러나 언론은 여전히 다시 묻는다. "소명의식만으로 대통령이 될 수 있을까?"라고. 따져볼 일이다.

소명의식은 의미 그대로 신의 부름에 따르는 것이다. 사람의 질서로 말하자면 역사의 요청에 응하는 것이다. 역사의 신에 대한 소명의식을 갖는 일은 대의를 향한 열정이 없다면 불가능한 일이므로 이미 그것은 역사에 대한 능동적 반응이라고 할 수 있다. 권력의지가 욕망의 윤리요 개인의 속성이라면, 대의를 향한 열정은 그보다 훨씬 더 공공적 헌신이다. 이 점에서 역사와 국민을 끌어안는 대통령의 자질로는 권력의지보다는 대의를 향한 열정에 기초한 소명의식이 윗자리에 있다.

문제는 소명의식이 온전한 모습을 갖추려면 다른 무언가가 필요하다는 점이다. 막스 베버(Max Weber)는 인간행위를 규정하는 두 가지 윤리로 신념윤리와 책임윤리를 드는데 이것이야말로 정치인이 동시에 갖추어야 할 덕목이라고 했다. 신념윤리는 자기신념의 실현 자체에만 집착함으로써 신념 실현의 결과에 대해서는 무관심한 행위의 원리를 말하고, 책임윤리는 자기 행동의 결과에 대해 책임을 져야 한다는 원칙에 따라 행동하는 것이다. 베버의 논리에 따르자면, 신념윤리는 권력의지나 욕망의 윤리와 결부되는데 대의를 추구하는 뜨거운 열정 또한 신념윤리와 무관하지 않을 것이다. 베버는 무릇 정치인은 신념윤리의 차원을 넘어 책임윤리의 자질을 갖추어야 하고 두 가지 윤리의 원칙을 함께 갖춘 사람만이 정치에 대한 소명을 가진 것으로 판단한다.

우리 언론들이 대선국면에서 유달리 강조하는 권력의지는 개인의 욕망추구 원리가 아니라 대의를 향한 열망이라는 공적 가치추구로 평가되어야 하며 이러한 공적 열망이 소명의식을 만드는 기초가 되어야 한다. 이에 더하여 소명의식에 내재된 책임윤리는 정치인이 현대국가의 핵심 수단인 합법적 폭력을 손에 넣는다는 점에서 강조되는 윤리이다. 어떤 폭력이든 악마적 속성을 갖는다. 대통령이 된다는 것은 이 악마적 힘과 관계를 맺는 것이고 그 악마와 손잡는 것이다.

우리는 권력의지로만 뭉쳐진 정치군인들이 휘두르는 악마적 국가폭력의 역사를 겪었다. 책임윤리 없는 대통령을 뽑는 것은 국가의 비극이요 공동체의 눈물을 준비하는 일이란 걸 잘 알고 있다. 그러기에 대통령의 자질로는 권력의지보다는 공동체의 대의를 향한 열정이 중요하고, 그러한 열정이 책임의 윤리에 뿌리를 둘 때 바로 소명의식이 성립된다. 권력의지로 뭉친 대통령이 아니라 소명의식에 충만한 대통령을 가진 나라의 국민이 되고 싶다.

—〈주간경향〉 995호, 2012. 10. 9.

국민이 없는 나라

2월 25일로 박근혜 대통령이 취임 3주년을 맞았다. 청와대가 지난 3년간 박 대통령의 공개발언 1,342건을 빅데이터로 분석해 본 모양이다. 대통령이 가장 많이 사용한 용어가 '국민', '대한민국', '경제' 순이라고 한다. 또 청와대는 취임 3주년을 맞아서 대통령의 비유 모음집이란 것을 냈다고 한다. "정책을 만드는 대통령의 비유"라는 부제가 달렸다. 박대통령이 평소에 정책을 설명하면서 비유적 표현을 많이 쓴 데 착안해서 11개 분야 40개의 세부 정책과 관련된 비유적 표현을 묶었다고 한다. 예컨대 융통성 있는 법 적용을 강조하며 언급했던, 그래서 이 책의 제목으로도 채택된 "사람 나고 법 났지, 법 나고 사람 났나요?", 경제 활성화 법안처리와 관련해서 언급한 "불어터진 국수, 누가 먹겠어요?" 같은 내용들을 모은 책이다.

청와대는 비유집의 발간취지를 국민들과 보다 가깝게 소통하기 위해 추진한 것이라고 했다. 특히, 청와대는 "박 대통령이 비유나 신조어를 사용하는 이유는 대중적인 언어로 정책의 본질을 쉽게 전달하기 위한 것도 있지만, 듣는 사람의 마음을 헤아리는 배려와 하고픈

말을 정확히 전달하는 진심의 결과이기도 하다"고 덧붙였다고 한다. 청와대의 이런 설명이나 빅데이터 분석결과를 보면 박 대통령의 국민 생각하는 마음이 마치 세종 임금의 백성들 어여삐 여기는 수준이다. 그런데 나에게 박근혜 정부 3년의 기억은 차가운 정부, 싸늘한 대통령이라는 것 외에 잘 떠오르는 것이 없다. 나만 그런 것이 아닌 듯하다. 새누리당의 전신이었던 한나라당 윤리위원장을 지낸 인명진 목사도 방송인터뷰에서 나와 비슷한 생각을 털어놓았다. "제가 대통령들을 많이 겪어봤지만 이렇게 유난히 박근혜 정부만큼 찬바람이 쌩쌩 나는 한겨울 같은 그런 느낌을 가져본 적이 없어요"라고 했다.

유난히 싸늘한 찬바람 쌩쌩 나는 3년이었다. 세월호 사태를 겪으며 희생자에 대한 대통령의 태도는 차가웠다. 이른바 '유체이탈식' 화법으로 말하는 대통령은 이 땅에서 함께 어울려 사는 존재가 아니었다. 메르스 사태의 초기에도 대통령은 보이지 않았다. 국회법 개정안을 거부하고, 공개적으로 배신의 정치를 거론하며 여당의 원내총무를 사퇴시키는 대통령, 쟁점 법안처리의 지연에 대해 국회를 호통으로 나무라는 대통령, 진실한 사람만 선택받게 해달라고 선거법 무시하고 거침없이 말하는 대통령, 역사교과서 국정화를 밀어붙인 대통령의 무모함은 서슬 퍼런 무법의 권력자였다.

차가운 권력의 무소불위는 국내에 머물지 않았다. 일본군 위안부 문제 협상을 졸속으로 그리고 불가역적으로 타결해버리는 것도, 개성공단을 전광석화처럼 폐쇄해버리고 남북 간 전쟁위기의 빌미를 준

것도 대통령의 차가운 무모함이었다. 북한의 미사일공격을 방어하기 위한 것이라는 납득하기 어려운 논리로 역시 순식간에 진행했던 미국과의 사드협의도 국민들에게 차갑기는 마찬가지였다. 그리고 한미 간에 사드배치 문제가 결론 난 것 같았는데 다시 중국과 미국 간에 비핵화와 평화협정, 사드비배치 문제가 동시에 진전되는 듯한 복잡한 분위기 속에서 우리 정부의 무모함만 노출된 것도 차가운 대통령이 보여준 과격한 정치였다.

대통령과 집권여당의 이 같은 정치행태에는 대의정치의 근본이라고 할 수 있는 책임의 윤리가 없다. 대의민주주의는 국민으로부터 위임받은 권력을 운영하는 제도다. 그래서 대통령과 집권여당은 국민들을 책임져야 한다. 책임을 모르는 정치는 국민 없는 정치나 마찬가지다. 세월호의 희생자와 그 가족들이 대통령의 국민이고, 메르스로 불안에 빠진 국민이 대통령의 국민이다. 개성공단의 입주업체와 그 하청업체의 사람들이 대통령의 국민이고, 평생을 가슴 속에 피멍을 안고 살아온 일본군 위안부 할머니들이 대통령의 국민이다. 그리고 개성공단 폐쇄와 사드배치로 북한의 위협에 더해 중국과의 새로운 긴장 속에서 전쟁의 공포에 떨어야 하는 이 땅의 사람들이 바로 대통령이 책임져야 할 대통령의 국민이다. 대통령의 국민인 이 사람들 말고 누구를 위해 대통령은 존재하는가?

지난 3년간 대한민국은 국민이 없는 나라였다. 대통령이 책임지는 국민이 없는 나라였고, 대통령에게 책임을 요구하는 국민도 없는 나라였다. 대한민국은 오직 대통령만 있는 이상한 나라였다. 옛 어른들은 혹독한 시집살이하는 며느리의 삶을 벙어리 3년, 귀머거리 3년, 장님 3년이라고 했다. 남보다 못한, 사랑 없는 시어머니 밑에서 국민들은 혹독한 시집살이 3년 한 기분이다. 총선을 앞두고 남북의 긴장을 몰아가는 것을 보면 국민들의 시집살이가 길어야 5년이라는 체념이 오히려 순진한 게 아닌가라는 불길한 생각도 든다.

—〈경향신문〉 31면, 2016. 2. 26.

독재의 추억

7월 초, 러시아 연방 블라디보스토크의 한 대학 구내 호텔에서 아침잠을 깼다. 동해로 탁 트인 해변을 에워싼 캠퍼스가 눈부시게 펼쳐졌다. 그런데 경이로운 대학의 풍광을 거스르는 존재들이 있었다. 정장 차림의 건장한 보안인력들이었다. 전날 회의장 로비에도 있었고 캠퍼스 곳곳에서 그들이 눈에 띄었다. 페레스트로이카 이후 30년이 지났는데도 아직 스탈린주의의 잔영이 남은 것인지, 아니면 불안한 테러리즘의 시대에 대학 구내까지 치밀하게 대비하는 안전요원들인지 알 수 없다. 그들이 있어야 하는 이유가 무엇이든 보기 드물게 아름다운 캠퍼스 해변에서 일광욕을 즐기는 사람들과는 마치 잘못 끼운 퍼즐조각처럼 어울리지 않아 보인다. 연해주의 눈부신 아침 캠퍼스의 감상을 깨뜨리는 이 고도의 인지부조화는 그리 오래지 않은 한 시대의 추억으로 이어졌다. 유신의 추억, 신군부의 추억, 엄혹했던 독재의 추억이 거기 있었다.

7월은 민주공화국을 천명한 제헌의 달이다. 이 7월의 대한민국에 유신의 추억, 독재의 추억이 그 어느 때보다 생생하게 되살아나고 있다. 그 추억을 일깨운 장면 세 가지만 보자. 세월호 참사 때 청와대 홍보수석의 KBS 뉴스개입이 언론통폐합과 보도지침의 추억을 떠오르게 한다. 또 하나, 집시법 위반으로 한상균 민주노총위원장에게 징역 5년과 벌금 50만 원을 선고한 것도 노동탄압을 일삼던 독재의 추억을 일깨운다. 세 번째 추억의 소재는 이른바 청와대 서별관 회의다. 경제 관련 핵심관료들이 모여 분식회계로 분탕을 친 기업의 정상화를 위해 기록도 근거도 없이 4조 2,000억 원을 지원하기로 결정했다는 그 회의다. 한 언론은 이 회의를 "철저한 비밀주의로 임명직 관료 몇 명이 국가경제를 일방적으로 결정한 뒤 어떤 책임도 없이 밀실로 숨어버리는 구조"라고 했다.

청와대의 위헌적 뉴스개입, 노조지도자 탄압, 청와대 서별관의 밀실회의 보다 더욱 생생하게 독재의 추억을 떠올리게 하는 것은 이런 사태가 난 후에도 법적·정치적 책임과는 동떨어진 당사자들의 오만한 행태다. 헌법 위반을 자행한 전 청와대 홍보수석 이정현 의원은 뭐가 문제냐는 듯 당대표에 출마한다고 하고, 이원종 대통령 비서실장은 천연덕스럽게 이 같은 위헌적 행동이 홍보수석 본연의 임무라고 말한다. 그리고 그들은 모두 청와대에 모여 "화기애애한" 오찬을 즐겼다. 대통령이 불러주길 목 빠지게 기다리던 여당 의원들을 몽땅 불러들여 "의원들과 함께 기쁨과 즐거움을 선사하는 자리"를 만들었다고 한다. 온 언론이 온통 박 대통령과 유승민의 '35초간 대화'나 이른바 "완벽한 회동"에만 관심이 있었다. 참으로 완벽하게 국민 없는 파티였다.

민주공화국에서 가능한 일들인가? 우리는 1987년 직선 대통령제를 되찾았다. 이것을 학자들은 절차적 민주주의를 확보한 일이라고 평가했다. 경제민주화와 같은 실질적 민주주의는 그 다음의 과제로 여겼다. 그러나 형식과 내용이 분리된 것이 아니듯 절차적인 것과 실질적인 것도 분리되어 있지 않다. 이것은 선후의 문제도 아니다. 게다가 선거제도, 말하자면 직접선거만 있으면 절차적 민주주의를 갖춘 것으로 보는 것도 일종의 환상이다. 언론의 편집과정도 절차고, 법원의 판결도 절차다. 서별관이든 동별관이든 관료들이 모인 회의도 절차다. 이 절차들 속에 시민의 삶이 있다. 이 절차의 민주성 속에 표현과 집회의 자유를 누리는 시민이 있고, 이 절차의 일관성 속에 노동자의 삶이 보장되고, 이 절차의 정당성 속에 어려운 살림을 쪼개어 세금을 내는 시민의 삶이 있다. 세분되고 미시적인 모든 법적 제도적 절차는 그것이 곧 민주주의의 실질적 내용이다.

제도적 절차가 비정상적이고 왜곡되게 운영되는 곳에 시민의 삶은 뒤틀리고 배제된다. 그곳에 절차적 민주주의가 있을 수 없고 실질적 민주주의 또한 당연히 없다. 그래서 절차가 갖춰지지 않고 절차를 범하는 정치는 민주주의가 아니다. 직접 선출한 대통령과 직접 선출한 국회의원이 하는 정치라서 민주주의가 되었다는 생각은 거대한 착각이고 위험한 방임이다. 무엇보다도 선출된 권력이 법과 제도를 구성하는 모든 절차를 제대로 지키는 것이 민주주의의 핵심이다. 동시에 이러한 절차를 지키지 않는 위임권력의 운영자에게 책임을 묻는 것이 민주주의다. 책임은 권력에게만 부여된 것이 아니다. 시민들도 권력자들이 수행한 절차에 대한 책임을 물어야 할 책임이 있다. 책임을 묻는 시민의 존재야말로 절차적 민주주의를 완성시킨다. 그래서 책임을 묻는 시민이 없는 현실도 또 다른 독재의 추억을 떠올리게 한다. 7월의 대한민국에 독재가 추억이 아니라 점점 더 뚜렷한 현실이 되고 있다.

—〈경향신문〉 31면, 2016. 7. 15.

치유의 언어,
'국민'

국민이라는 말이 부쩍 많이 쓰이고 있다. 대통령의 국정연설에서나 쓰일 법한 이 용어가 도처에서 되살아나고 있다. 안철수 의원이 새로 당을 만들어 '국민의당'이라고 하더니, 최근 개헌에 관심을 갖는 정치인들이 만든 단체도 '국민주권'이라 부른다. 박원순 시장도 국민권력을 강조하고, 출범을 앞두고 있는 문재인 더불어민주당 전 대표의 싱크탱크도 '국민성장'이라 했다. 대중문화 쪽에서 이 표현은 더 자연스럽다. 국민가수, 국민배우, 국민여동생, 심지어 국민한우에 이르기까지 다양하다. 모든 사람들이 좋아하고 특정 영역을 대표하는 상징성을 국민이라는 수식어로 공유하는 듯하다.

언어는 시대를 반영한다. 근대민족국가의 구성원을 국민이라 부르지만, 우리에게 국민은 산업화시대의 국가동원체제를 떠오르게 하고 박정희 독재를 떠올리며 국민교육헌장과 국기하강식을 연상시킨다. 그래서 국민이라는 개념은 근대성과 보수성, 강제성이 응축된 국가주의를 반영한다. 진보적이거나 젊은 세대일수록 이 개념에 거리를 두기 마련이다. 게다가 오늘날과 같이 탈영토주의를 지향하는 지구화 현상과 지방화 현상이 동시적으로 확장되는 시대에는 어울리지 않는 한물간 개념으로 간주될 수 있다. 그런데 대중의 지지와 선택을 추구하는 집단의 명칭이나 대중의 문화적 욕구가 가장 민감하게 흐르는 쪽에서 국민이라는 용어가 되살아나고 있다. 언어에 내재된 의미는 사회적으로 구성되는 경향이 있다. 같은 개념이라도 서로 다른 시대의 사회적 의미가 반영되면 시대적 변용이나 세대적 변용이 있을 수 있다. 국민이라는 개념의 부활에서 나는 언어의 시대적 변용을 실감한다.

구한말에 이어 일제강점기에 우리 민족은 근대민족국가 건설에 대한 강렬한 바람을 가졌다. 이 시기에 국민은 무엇보다 열망의 언어였다. 해방 후 분단과 반공이데올로기로 강제된 이승만 독재와 박정희 개발독재의 시대에 국민은 국가동원의 수동적 대상이었다. 이 시기에 국민은 복종의 언어였다. 열망의 언어가 복종의 언어로 변용된 이후 다시 시대가 바뀌면서 국민은 과거의 언어가 된 듯했다.

우리에게 민주화가 진전되던 시기 세계질서는 신자유주의적 시장의 시대로 전환했다. 우리 사회는 국가부도 사태를 겪으며 무자비한 시장의 질서로 빠져들었다. 거칠 것 없는 금융자본의 흐름을 타고 문화 또한 국경을 넘어 빠르게 교류하는 이른바 지구화시대가 되었다. 국민은 일국적 단위의 국가구성원을 의미하는데 이 국민의 기반이 되는 일국적 사회질서가 해체되기 시작한 것이다. 민주화시대와 중복된 이 시기에 시민이 강조되고 지구시민이란 표현도 등장했다. 어느덧 국민이란 용어는 변화된 질서에 어울리지 않는 낡은 언어가 되고 말았다.

거북한 구시대의 언어가 되었던 '국민'이 다시 귀환한 시점을 정확히 알 수는 없다. 대체로 2002년 월드컵에서 거대한 응원군중이 대한민국을 외치며 눈물 흘리고 태극기를 몸에 휘감아 의상으로 입던 즈음이 아니었나 싶다. 하나의 국민이 되는 뜨거운 공동성을 스포츠 응원으로나마 확인하는 감동의 순간을 맛본 것이다. 이렇게 국민의 관념은 다시 귀환했으나 현실은 가혹했다. 두 번의 보수정권에서 국민을 돌보는 국가의 존재는 없었다. 국민이 버림받는 현실이 반복되었다. 2008년 미국산 소고기 수입결정에 주권적 국민은 없었다. 세월호의 대한민국, 메르스의 대한민국, 경주지진의 대한민국, 사드배치의 대한민국, 백남기 농민을 죽인 대한민국에서 국민은 버려졌고 국가는 없었다. 강한 자와 가진 자만이 살아남는 정글과도 같은 헬조선에서 정부는 국민을 살리는 데 관심이 없다. 미래 없는 불안이 가득 찬 우리 시대에 정부는 전쟁의 공포마저 가중시키고 있다. 국민의 삶 따윈 안중에 없다. 마침내 국민은 제도와 권력의 장식이 되고 말았다. 시대의 거리에 버려진 국민의 신세가 참담하다.

버림받은 삶의 현실이 국민을 다시 부른 셈이다. 모든 세대가 예외 없이 삶에 지친 분열과 불안의 시대에 따뜻한 국가공동체의 존재를 떠올리며 '국민'은 일종의 치유의 언어가 되어 돌아왔다. 보살펴줄 국가 없는 국민에게, 그리고 국민 없는 국가의 싸늘한 권력의 시대에 공동체의 온기를 담아 우리가 국민임을 일깨우고 있는 것이다. 국민의 자격과 권리와 존재를 인정받지 못한 우리에게 국가공동체의 주인임을 떠올리게 하고 진짜 국민이 되는 길을 제안하고 있는 것이다. 그래서 국민은 시대의 상처를 끌어안는 치유의 언어가 된 셈이다. 삶에 지쳐 앞날이 보이지 않는 사람들을 치유하는 진짜 국민의 시대가 열렸으면 하는 마음 간절하다.

—〈경향신문〉 31면, 2016. 10. 14.

5

소통과 공감

무엇보다도
온기가 있는 정치와 공감의 리더십은
유권자가 구태의 정치를 넘어
선택해야 할 새로운 정치의 과제이자,
새로운 정치를 지향하는 정치인이
갖추어야 할 자질이기도 하다.

침묵의 민주주의

레이첼 카슨의 명저 《침묵의 봄》은 살충제로 인한 생태파괴를 섬뜩하게 그리고 있다. 낯선 정적이 감돌며 새들이 사라지고 죽은 듯 고요한 봄이 왔다고 했다. 울새, 검정지빠귀, 산비둘기, 어치, 굴뚝새의 합창이 이젠 들리지 않고 들판과 숲과 습지에 오직 침묵만이 남았다고 말한다.

유난히 조용한 추석이었다. 새벽잠을 깨워 서두른 귀경길, 어둠이 짙은 고속도로를 질주하며 떠오르는 상념에는 고요한 추석과 침묵의 봄이 오버랩되고 있었다. 추석은 차례와 성묘의 의의도 있지만 가족과 친지가 둘러 앉아 세평을 쏟아내는 공론장의 효과를 갖기도 한다. 그런데 올 추석은 참으로 조용했다. 사람도 줄었지만 만난 사람들도 별말이 없다. 구직난과 청년실업, 4대강 사업, 인사청문회가 보여준 불법의 파노라마까지 할 말이 왜 없을까마는 간간이 흐르는 푸념에는 진한 무력감이 배어 있다.

추석날 총리는 용산참사 현장을 재빨리 방문했다. 총리의 행보를 보며 폭력과 법치라는 일도양단의 이분법에 가위눌린 현실에서 해법의 기대보다는 서민의 목소리가 봉쇄된 현실에 대한 비애가 앞선다. 추석연휴를 앞두고 열린 대통령 특별기자회견은 G20 정상회의 유치라는 쾌거를 대통령이 나서서 알리는 자리였다. 추석의 공론장에서 대통령의 치적이 회자될 것을 기대했을 수 있다. 그러나 추석의 침묵은 우리가 변방에 있든 세계의 중심에 있든 무심해 보인다.

조용한 추석의 진원 가운데 적어도 하나는 특별기자회견의 뒷이야기로 가늠할 수 있다. 기자회견에 앞서 청와대는 최근 정국의 가장 뜨거운 쟁점이라고 할 수 있는 세종시 문제는 질문하지 말 것을 기자들에게 요구했다는 후문이 있다. 대통령이 국민이 알고 싶은 것을 말해주지 않고 자신이 하고 싶은 말만 하는 것은 침묵을 강요하는 것과 다를 바 없다. 더 놀라운 일은 대부분의 언론이 청와대의 요청을 수용했고 회견결과에 대통령은 크게 만족했다는 것이다. 언론은 사회적 소통의 궁극적 진지이다. 대통령의 만족이 기자들의 질문에 대한 원천봉쇄와 닿아 있다는 점을 떠올리면 우리 사회가 강요된 침묵의 사회로 내몰리고 있다는 우려를 떨칠 수 없게 한다.

촛불집회 이후 정부는 행정과 법률의 네트워크를 활용해 자원을 차단하는 방식으로 시민단체의 목소리를 제약해 왔다. 나아가 최근 기무사의 민간사찰 의혹과 국정원의 박원순 변호사에 대한 초유의 국가소송사건, 인사청문회에서 드러난 고위공직 후보의 명백한 불법 행위에도 불구하고 공직수행에 지장 없다면서 임명을 강행하는 용맹성을 보인 점 등은 모두가 시민사회의 침묵을 강요하는 징후들이 아닐 수 없다. 그리고 결국 기자들조차 이 침묵의 행렬에 동참하고 만 것이다.

청명한 가을 하늘 아래 민주적 절차와 법치의 이면을 흐르는 보이지 않는 권위주의가 살아 움직이고 있다. 대의민주주의와 법질서라는 거시적 제도의 견고하고 화려한 껍질 속에서 권력을 운용하는 실질적 행위와 관행이 대화와 소통이 배제된 권위주의를 지향하고 있다면 이러한 국정운영의 방식을 미시(微示) 권위주의라고 말할 수 있을지 모른다. 미시권위주의가 응고된 곳에는 침묵의 민주주의가 남는다. 이러한 권력 운용을 넘어서는 미시민주주의의 확장은 우리 사회의 새로운 과제일 수 있다. 대화와 소통, 관용과 신뢰를 기반으로 하는 미시민주주의는 여와 야, 진보와 보수를 넘어선 사회통합의 과제이기도 하다. 카슨이 우려한 침묵의 봄이 완전한 현실로 나타나지 않았듯이 침묵의 민주주의도 우리에게 현실이 되어서는 안 될 일이다.

—〈경향신문〉 31면, 2009. 10. 9.

광주 30주년
그리고 노무현 1주기

5·18 광주항쟁이 30주년을 맞았다. 광주항쟁은 전두환을 비롯한 신군부의 뒤틀린 집권 야욕이 빚은 현대사 절정의 비극이었다. 163명의 사망자와 65명의 실종자, 87명의 항쟁 후 사망자, 3,076명의 부상자, 429명의 구속자와 662명의 연행 및 구금자를 낳은 이 엄청난 비극이 벌써 30년 전의 역사가 된 것이다.

1980년대를 돌이켜 보면 당시의 대학생들에게 80년 5월 약 열흘간 발생한 이 비극은 과거가 아니라 언제나 현재였다. 해마다 5월이면 캠퍼스의 구릉을 타고 비장하게 흐르는 5월의 노래 속에 학생들은 습관처럼 신발 끈을 조여 맸다. 사과탄에 지랄탄에, 뷔페처럼 차려진 최루탄의 거리를 뚫고 광주는 마침내 1987년 6월 항쟁으로 분출했다. 신군부의 집권기가 끝난 후 광주의 진상이 국회 차원에서 규명되고, 피해자에 대한 보상이 있었고, 기념일이 제정되어 제도적으로 그날을 기리기까지 힘겹고 긴 시간이 지났다. 그리고 이제 광주는 역사가 되었다.

광주의 원죄를 지은 신군부의 집권 시기였던 1980년대에 5·18 광주항쟁은 민주화운동의 뿌리이자 저항문화의 원천이었다. 이제 광주는 역사로 기념된다. 역사적 사건으로서의 광주는 현재적 가치로 재현될 때 기념의 의의가 그만큼 커진다. 이제 곧 노무현 전 대통령의 서거 1주기가 다가온다. 내 기억으로는 역사로서의 광주에 대해 혹은 광주의 현재적 정신에 대해 노무현 전 대통령만큼 의미 있는 평가를 내린 분도 없지 않나 싶다.

광주 민주화운동 26주년 기념식에서 노무현 전 대통령은 광주의 가치를 화해와 통합에서 찾았다. "5·18 광주가 주는 또 하나의 교훈은 화해와 통합의 역사를 이루라는 것입니다. 5·18은 민주주의에 대한 열망의 분출이기도 했지만, 오랜 소외와 차별, 그리고 권력의 유지를 위해 국민을 분열시킨 데 대한 저항이기도 했습니다"라고 했다. 또 노 전 대통령은 화해와 통합의 역사를 이루기 위한 상생과 공존의 균형사회론을 강조했다. "지역 간, 계층 간, 산업 간, 근로자 간의 격차를 줄여서 균형 잡힌 사회를 만들어야 한다"는 것이다.

이와 아울러 노 전 대통령은 5·18 광주가 도덕적 시민상과 진정한 공동체의 모범을 보였다고 하면서 "생명이 위협받는 절박한 상황에서도 너나없이 주먹밥을 나누고 부상자를 치료했으며, 시민들의 자치로 완벽한 치안을 유지했습니다"라고도 했다. 말하자면 광주로부터 자치와 자율의 가치를 확인한 것이다. 광주의 당사자로서의 김대중 전 대통령을 제외한다면 아마 노무현 전 대통령 만큼 진정성을 갖고 광주를 대면한 분도 없을 듯하다. 광주에 대한 그의 진정성은 사회통합과 시민적 자율정치에 대한 진정성에 다름 아닐 것이다.

노 전 대통령이 광주로부터 찾아낸 사회통합과 균형사회의 전망은 우리 사회에서 중단되었다. 오히려 소통과 정치 없는 기이한 정치질서와 균열과 해체가 난무하는 시장주의는 사회통합과 균형사회에의 꿈조차 빼앗았고 시민사회에서 자율과 자치의 에너지마저 고갈시키고 있다. 며칠 전 개최된 광주항쟁을 기념하는 한 학술회의에서 서강대의 손호철 교수는 광주의 적자는 '촛불'이라고 말했다. 그 하루 전날 이명박 대통령은 스스로 반성했던 것을 잊은 탓인지 촛불집회에 대해 납득할 수 없는 말씀을 쏟아냈다.

나는 우리 사회에서 촛불은 시민적 진정성을 의미하는 것으로 본다. 그리고 가끔 노무현 전 대통령이 촛불과 많이 닮았다는 생각을 한다. 촛불 없는 어둠이 너무 짙어진 것일까? 광주항쟁 30주년, 그리고 노무현 대통령 서거 1주년을 맞으며 온갖 번뇌가 무성한 가운데 무엇보다 진정성의 정치가 그립다.

—〈주간경향〉 876호, 2010. 5. 25.

우울한 조국, 자폐적 국가의 자화상

의학에서 자폐증은 의사소통과 사회적 상호작용 능력이 저하된 신경발달 장애를 말한다. 과학일반에서는 외부정보에 의해 수정되지 않는 주관적이고 자기중심적인 사고나 행동이 우세한 상태라고 규정하기도 한다. 프랑스의 저명한 우파 지식인 기 소르망은 2005년 수천대의 자동차가 불탔던 파리에서의 외국인 이민자 폭동의 원인을 '국가자폐증'이라고 진단한 바 있다. 말하자면 정치권과 일반국민의 총체적 소통장애현상을 이렇게 부름으로써 정신병리적 용어로 사회병리적 현상을 은유한 것이다.

2010년 우리 사회의 자화상을 보며 이 용어를 다시 떠올린다. 미국산 쇠고기 수입 문제, 한반도 대운하, 세종시 수정안, 4대강 사업, 용산참사, 납득하기 어려운 검찰수사 행태, 전교조 명단공개, 방송사에 대한 무리수 등 이 정부 들어 누구의 말도 듣지 않은 채 막무가내로 밀어붙인 정책과 사건들이 일일이 열거하기도 어렵다. 과도하기 짝이 없는 자기 몰입이고 타자와의 단절이다. 최근 참여연대의 유엔 서한파동은 여기서 한 걸음 더 나아가 자폐적 사회의 절정을 보는 듯하다. 정부와 보수거대언론, 극단적 보수단체들이 참여연대를 이적과 친북으로 모는 데 몰입하는 가학이 지나치다.

시민단체는 정부의 일을 돕는 관변단체가 아니다. 시민들이 자율적으로 만든 시민단체는 시민사회의 공익을 추구하기 때문에 국가의 경계를 넘어 지구적 가치를 공유하는 것이 일반적이다. 평화, 인권, 생태환경, 생명, 여성, 아동 등의 가치가 그러한 것이다. 이 점에서 선진국일수록 시민단체가 추구하는 공익적 가치는 개별 국가의 국익과 빈번하게 충돌하기 마련이다. 그러나 개별 시민단체도 한 나라의 구성원이고 국민이기 때문에 시민단체의 공익적 가치와 국익의 가치가 지나치게 충돌하지 않도록 하기 위해 고민한다. 이 경우 무엇보다도 정부가 국민과 시민단체에 대해 끊임없는 대화와 설득으로 일정 수준에서 국익에 대한 공동체 차원의 합의구조를 만드는 것이 중요하다. 이것이 민주적 정부의 최소요건이다.

참여연대가 유엔 안보리의 이사국들에게 천안함 침몰과 관련한 서한을 보낸 것은 시민단체로서는 마땅히 해야 할 일을 한 것이다. 참여연대가 유엔에 보낸 문건의 실제내용을 보면 그 핵심은 천안함 침몰사건으로 인해 “남북관계가 일촉즉발의 군사적 긴장국면으로 접어들고 있는” 것에 대한 진정어린 우려이다. 그래서 문건에는 “남한정부와 북한 정부에 한반도 주민들의 안전을 담보로 한 일련의 공격적, 군사적 언행들을 중단할 것을 강력히 촉구”하고 있다. 궁극적으로 참여연대의 행동은 한반도에서 평화유지를 위한 시민단체의 고유한 활동이라고 할 수 있는 것이다. 아울러 정부의 진상조사 결과 발표에 대해 의혹을 제기한 것은 바로 이러한 진상조사의 문제점이 한반도의 군사적 긴장을 확대하고 있고 국민들은 그로 인해 전쟁의 공포를 느끼고 있기 때문이다. 정부는 그간에 인터넷에서 확산된 이러한 의혹들을 불순한 의도가 개입된 선동으로 규정함으로써 국가자폐의 증세를 더했다.

참여연대는 국내에서는 물론이고 국제적으로도 널리 알려진 흔한 말로 국가대표 시민단체이다. 참여연대가 성장한 것은 1990년대 이후 탈냉전의 거대 흐름 속에서 전쟁과 억압의 국가주의, 좌우의 이념, 민족과 조국 등 20세기의 가치들이 빠르게 쇠퇴한 효과라고도 할 수 있다. 그러나 2010년 우리의 모습은 여전히 시대착오적인 냉전의 계곡에 스스로를 가두고 있다. 정부가 노래하다시피 하는 국격을 신장하고 국가브랜드 가치를 높이는 길은 민의와 소통함으로써 이 우울한 조국의 자폐적 상태로부터 벗어나는 일이다.

—〈경향신문〉 35면, 2010. 6. 23.

역치, 복치, 혁치

7·28 국회의원 재보선은 규모나 출마인사들의 면면에서 관심이 커 정치권에서는 미니총선이라고도 했다. 한나라당이 5 대 3으로 압승함으로써 여당과 야당에게 모두 예상 밖의 결과를 가져다 준 셈이다. 한나라당으로서는 6·2 지방선거의 상처가 아물지 않은 상태에서 민심의 향배를 불안하게 지켜보았고 선거 당일 투표율이 점차 높아지면서 지방선거의 악몽이 재현될 것만 같은 절망 끝에 얻은 일종의 횡재였다. 민주당으로서는 불과 두 달이 채 되지 않은 기간에 벌어진 민심의 이반에 망연자실하지 않을 수 없었다.

선거의 결과를 두고 거의 모든 언론이 이구동성으로 민심의 이동을 강조했다. 집권세력의 "국정 동력 회복", "국정 주도권 장악", "이번엔 야당 견제", "역동적 민심" 등의 머리글은 6·2 지방선거의 민심이 이번엔 집권여당에게 힘을 모아 준 것으로 풀이했다. 그러나 최근 두 차례의 선거를 통해 확인할 수 있는 민의의 본심은 각 정당이나 언론이 보는 것과 같은 민심의 이동이나 역동성이 아니라 민심의 표류와 방황하는 민심이라는 점에 주목해야 한다. 6·2 지방선거에서 민주당의 압승은 민주당이 잘해서가 아니었듯이 7·28 재보선에서 한나라당의 승리 또한 한나라당이 잘해서 이긴 것이 아니라는 데에 대부분의 국민이 공감하고 있다. 선거는 차선의 선택이라고 하지만 최근 우리의 선거는 차선은 고사하고 회피적 선택을 강요하고 있다는 점에서 정당정치의 무력함이 위험수위를 넘어서고 있다.

나는 6·2 지방선거와 7·28 재보선을 보면서 두 개의 정치를 떠올린다. 하나는 시대적 요구와 지구적 사회변동의 거대한 흐름을 거꾸로 거슬러 가는 역치(逆治)의 정치과정이다. MB정부 들어 집권세력이 막대한 예산으로 밀어붙이는 4대강 사업은 지식정보화와 생태환경주의의 거대 경향을 거스르며, 천안함 이후 동북아의 신냉전 조류를 주도하는 대북 및 외교 정책은 탈냉전의 지구적 경향을 거슬러 간다. 이른바 '고소영', '강부자' 내각으로 비난받는 고위공직자 인사와 파벌정치, 전교조 명단 파문, 최근 민간인 사찰로 물의를 빚고 있는 국가기구의 사유화 현상 등은 민주화, 반부패 투명화, 개방화 등의 시대적 요구를 거꾸로 가는 역치의 행태들이라고 할 수 있다. 6·2 지방선거 결과는 이 같은 집권세력의 역치에 대한 민심의 이반을 반영하고 있는 것이다.

한편, 7·28 보궐선거에 임하는 민주당의 모습은 자기 혁신에는 애초에 관심이 없고 여당의 실수만을 기다리는 극단적인 수동적 정치행태에 다름 아니었다. 맥 빠진 후보선정, 기계적인 단일화, 선거마다 앵무새처럼 되풀이하는 정권 심판론의 메뉴로 표 얻기를 기대하는 두둑한 배짱이 놀랍기만 하다. 자신들이 만든 정책을 국민들에게 제시하고 평가받는 능동적 정치가 아니라 변화의 진정성도 혁신의 에너지도 찾아볼 수 없이 납작 엎드려 있기만 하는 이같이 나태한 정치를 복치(伏治)의 정치과정이라 부를 수 있을지도 모른다.

정치권은 최근의 두 선거에서 변화하는 민심의 무서움을 읽을 것이 아니라, 투표율이 낮아지기만을 기대했던 역치의 정당과 투표율이 높아지기만을 기대했던 복치의 정당 사이에서 방황하는 유권자의 공허한 마음을 보아야 한다. 그리하여 마음 둘 곳 없이 표류하는 민심에서 정당정치의 존재 이유에 대한 과감하고도 근본적인 성찰의 계기가 찾아져야 한다. 국민은 생산적 정치를 바라고 정치의 생산성은 낡은 정치의 내용을 혁신하는 혁치(革治)의 수준에 달려 있다. 역치와 복치를 넘어 표류하는 민심이 정박할 수 있는 과감한 혁신의 정치가 이제 어느 정당, 어떤 정치세력에게서든 도모되어야 할 때가 되지 않았는가?

—〈주간경향〉 888호, 2010. 8. 17.

정부가 갈등의 원천이다

사회갈등에 관한 대부분의 조사 결과들에 의하면 우리 사회에서 갈등의 수준이 심각하다고 생각하는 응답자는 약 90%에 이른다. 반면에 실제로 개인이 갈등을 경험한 빈도는 상대적으로 낮은 수준이다. 갈등의 심각성에 대한 의식과 개인의 갈등경험 간의 이러한 격차를 설명하는 데에는 다양한 해석이 있을 수 있다. 그 가운데 하나는 사람들이 간접적으로 갈등의 심각성을 체험하는 방식, 즉 미디어가 날마다 쏟아내는 수많은 갈등현실로부터 판단하기가 쉽다는 점이다.

오늘날 뉴스보도를 통해 전해지는 갈등 가운데 가장 일반적인 형태는 정부와 시민단체의 충돌이다. 시민을 대신하는 시민단체가 정부와 정치권력을 감시하고 항의하는 것은 이미 일상화되어 있다. 비록 이러한 갈등을 시민 개인들이 직접 체험하지는 않는다고 하더라도 정부와 정치권력이야말로 우리 시대의 가장 핵심적인 갈등의 진원지인 것이다. 어쩌면 우리는 사회통합의 구심이어야 될 정부가 오히려 사회통합을 저해하는 갈등의 원천이 되는 모순 속에 살고 있는지도 모른다.

최근 우리 사회는 정부를 진원으로 하는 갈등이 일상적 수준을 넘어서 있다. 특히, 이번 정부 들어 국가인권위원회를 둘러싼 갈등은 이제 막장으로 치닫고 있는 듯하다. 국가인권위원회는 인권침해의 가능성을 가장 많이 갖는 국가권력을 감시하는 것이 주요 기능이기 때문에 정부로부터 독립적인 지위를 갖는 것이 맞다. 그러나 이명박 정부 들어 이 기구를 대통령 직속기구화하려는 시도가 있었고, 조직 규모의 대폭축소에다 안경환 인권위원장의 사퇴가 뒤따랐다.

급기야 기구에 어울리지 않는 인사로 평가된 현병철 인권위원장의 취임과 파행적 인권위 운영이 문제가 되어 상임위원과 비상임위원이 연속적으로 사퇴하더니 인권위가 위촉한 61명의 위원들이 집단사퇴하기에 이르렀다. 사퇴한 위원들은 성명서에서 현병철 위원장의 독단과 정부 눈치 보기로 인해 인권위는 이제 좀비기구가 되었고, 식물위원회가 되었다고 했다. 이들은 한목소리로 현 위원장의 사퇴를 요구했고 전국의 621개 인권 및 시민단체 또한 인권위원장의 사퇴를 요구했다.

일이 이쯤 되면 인권위원장 사퇴 건은 막무가내로 뭉개고 있는 현병철 씨의 개인적 판단의 문제가 아니라 임명권자인 대통령의 정치적 판단이 문제가 된다. 대통령은 공석이 된 상임위원직에 또다시 기대 밖의 인물들을 내정함으로써 사퇴한 위원들과 시민사회의 요구에 싸늘하게 응답했다. 시민사회와 대통령 사이의 벽이 너무 높고 두텁다. 진보적 인사로 잘 알려진 서울대 조국 교수가 위원직을 사퇴하면서 "인권의식 있고 지도력 있는 보수인사에게 인권위원장을 맡겨 달라"고 한 성명은 이 차가운 벽을 두드리는 처절한 호소로 들린다.

시민단체나 해당분야와 가장 활발한 소통이 필요한 정부부처에는 전문성을 가진 장관이 임명되어야 조직이 활기를 띠고 생산성이 높아진다. 이명박 정부에서 수장이 문제가 되어 조직을 식물상태로 전락시키는 경우가 비단 인권위만이 아니라는 점에서 심각성은 더하다. 통일부가 그러하고, 여성부가 그러하며 심지어는 한국연구재단 또한 그러한 경우라고 할 수 있다. 국가인권위원회를 포함한 이러한 정부기구들은 가장 많은 소통이 필요한 영역이며 미래의 권력가치라고도 할 수 있는 이른바 소프트 파워를 생산하는 거점이기도 하다.

정부를 진원으로 하는 사회갈등의 핵심은 시민의 요구를 거슬러 가는 거역의 정치로서의 역치에 있다. 가장 절실하게 소통이 필요한 곳에 갈등을 양산하고, 장기 전략적 육성이 필요한 곳에 그러한 에너지의 원천을 고갈시키는 역치의 정치과정은 미래 없는 한국의 모습을 보는 듯하다. 역치와 거역의 밤이 깊고도 길다.

—〈주간경향〉 903호, 2010. 12. 7.

5무 정부의 정치실종

온 나라가 다시 들끓고 있다. 신공항과 LH본사 이전 문제에 이어 다시 과학벨트 결정으로 지역민심이 요동친다. 언론에 따르면 지역갈등의 소지가 큰 정책이슈들을 5월 중에 털고 간다고 해서 '5중털'이라고 했다는데 털고 싶다고 털릴 민심이 아닐 성싶다.

선정결과에 불만인 측은 과학자들의 객관적 결정이 아니라 정치적 결정이라고 입을 모았다. 과학벨트가 정치벨트가 되었다고도 하고 불공정한 정략적 결정이라고도 비난했다. 그런데 곰곰이 보면 정략적이라면 정파적 이익과 관련되어 있을 텐데 정략의 실체가 그리 뚜렷하지 않다. 지역안배가 작용했을 법한데 그것을 정략이라고 하기에는 죄질이 그리 나쁘지도 않다. 또 정부와 같은 공공영역에서 국익이나 사회적 이익과 관련된 사안은 경쟁이나 효율의 논리, 이윤의 논리가 아니라 정치적으로 결정되는 일이 흔하기에 정치적 결정이라는 비난도 그리 자극적이지 않다. 그러나 정치적 결정을 비난할 경우 이때의 정치란 공정성이나 객관성, 합리성을 잃어버린 당리당략적 이해에 따른 거래라는 통념에 근거해 있기 때문에 정치는 곧 정략이라는 의미와 다르지 않다.

정치를 정략으로 보지 않고 사회의 유지를 위해 반드시 필요한 긍정적 측면을 본다면, 갈등과 분열의 정국으로 몰아가는 정부를 비난할 지점은 정치적으로 결정했기 때문이 아니라 오히려 이 정부에서는 정치라는 것을 도대체 찾아볼 수 없다는 점이다. 정치는 사회를 합의와 통합으로 이끄는 가장 높은 수준의 사회적 행위이다. 그래서 국가운영 자체가 정치와 동일시되기도 하는 것이다. 특히, 오늘날과 같이 서로 다른 수많은 정체성이 공존하는 사회에서 민주적 정치과정은 무엇보다도 설득의 정치가 긴요하다. 그런데 이번 정부에는 이런 정치를 아예 찾아 볼 수 없다.

설득의 정치에는 갖추어야 할 내용이 여러 가지 있다. 우선, 정치적 지향이 있어야 한다. 설득을 위해서는 국정의 큰 방향이 뚜렷해야 한다. 그래야 국민이 따르든 말든 한다. 이번 정부에는 그게 없다. 그래서 무지향의 정부이다. 부자와 대기업 위주 정책을 내놓더니 어느새 동반성장을 강조하고, 중도실용과 서민경제는 다시 충돌한다. 둘째는 정책실행의 원칙이 있어야 한다. 신공항이든 LH공사든 과학벨트든 배정원칙을 찾기 힘들고 그간의 고위직 인사에서 드러나듯이 인사 정책의 원칙도 찾기 어렵다. 그래서 무원칙의 정부이다.

셋째는 소통의 능력을 갖추어야 한다. 소통은 설득의 조건이다. 출범 몇 달 만에 촛불시민의 거대한 저항을 학습하고도 이 정부에는 소통이 없다. 국민에게 말하고 요구할 뿐 국민의 말을 듣는 통로는 없다. 소통의 능력이 없는 무능력의 정부이다. 넷째는 대중과의 공감이 있어야 한다. 설득은 상대를 내면으로 느끼고 이해하는 공감에서 출발한다. 이번 정부는 서민적 공감은 차치하고 시민이나 국민적 공감도 없다. 그래서 무감각한 정부이다. 다섯째로 설득을 위해서는 책임 있는 태도를 보여야만 한다. 그런데 이 역시 이번 정부에서는 찾기 어렵다. 엄청난 안보사건이 터져도 누구 하나 책임이 없다. 외교문건에 거듭되는 문제가 불거져도 문책하지 않는다. 뭉개는 게 상책이라고 여기는 무책임한 정부가 아닐 수 없다.

무지향, 무원칙, 무능력, 무감각, 무책임의 5무(五無) 정부에서 정치는 실종된 지 오래이다. 실용주의의 맹목성이 진군의 깃발을 올린 정부에서 정치가 멈추고 규범이 실종되는 것은 이미 예견된 일이었다. 이제 정치 없는 정부는 우리 사회의 모든 부문에서 아노미적 갈등을 부르고 있다. 국민들은 5무의 정치에 심하게 지쳐있다. 이제 좀 정치 같은 정치를 보고 싶다. 5무가 아니라 설득의 정치를 위한 조건을 갖춘 5비(五備)의 정치를 보고 싶다. 이제 우리도 준비된 정치, 준비된 정권을 갖고 싶다.

—〈주간경향〉 927호, 2011. 5. 31.

안철수와
공감의 리더십

1차 세계대전이 다섯 달째 접어든 1914년 12월 24일, 독일군과 영국군이 대치한 프랑스 플랑드르 지방의 병영은 참혹했다. 뼛속까지 파고드는 한파와, 쥐떼가 우글대는 막사, 오물로 범벅이 된 참호에서 썩어가는 시체와 함께 선 채로 잠든 병사들. 이 극한의 상황 속에서 땅거미가 질 무렵 놀라운 일이 벌어졌다. 독일군 병사들이 위문품으로 받은 작은 트리에 연이어 불을 밝히며 캐럴을 부르기 시작했다. 바로 건너편의 영국군은 넋을 잃고 이를 바라보다 마침내 박수를 치며 캐럴로 화답했다. 양편에서 병사들이 지척에 놓인 접경을 가로질러 걷기 시작했고, 곧이어 수천의 병사들이 참호를 뛰쳐나와 악수를 나누고 담배와 비스킷을 건넸으며 고향과 가족을 이야기하며 크리스마스의 추억을 떠올렸다. 그리고 이 황당한 전쟁에 대해 낄낄대며 비웃었다.

제레미 리프킨은 《공감의 문명》 첫머리에서 이 꿈같은 '크리스마스의 휴전'을 언급하며 인간 본성에 내재한 공감의 질서를 찾는다. "그들은 서로의 고통에 손을 뻗어 위안을 찾았다. 상대에게서 자신의 모습을 발견한 것이다. 개인적인 나약함에 대한 말로 표현할 수 없는 깊은 공감과 아무런 보상도 바라지 않고 오로지 동료인간과의 유대감에 대한 갈망에서 서로를 위로할 수 있는 힘이 흘러 나왔다."

정치판에 돌풍을 일으킨 안철수 현상이 추석이 지난 후에도 여전히 식을 줄 모른다. 뚜렷한 정치적 리더십을 보인 적이 없는데도 왜 사람들은 안 교수에게 이토록 열광하는가? 안철수 교수는 많은 미덕을 가진 사람이다. 그 가운데 '청춘 콘서트'와 같은 대중 소통의 장에서 사람들이 얻은 것은 무엇보다도 위안으로 보인다. 사람들이 그에게서 느끼는 위안은 그가 다른 누구도 흉내 내지 못하는 공감의 정치를 실천하고 있다는 점을 말해 준다.

어쩌면 안철수 현상은 오늘날 20대와 30대의 비참한 현실을 가리키는 것인지도 모른다. 대학입시라는 목표 이외에는 어떤 것도 볼 수 없도록 인공양식된 10대들은 대학에서 다시 무한경쟁의 궤도에 오르도록 강요된다. 대학은 더 이상 아카데미아의 이상이 숨 쉬는 곳이 아니라 취업의 전쟁 속에 청년의 꿈을 묻어버리는 묘지가 된 지 오래다. 장기간의 청년실업과 일상을 불안하게 하는 물가와 전세가, 어느덧 현실로 닥친 육아비용과 감당하기 어려운 사교육비, 생존을 우려케 하는 비정규직의 현실, 무엇보다도 미래의 불확실성을 알기에 앞당겨서 좌절할 수밖에 없는 청년의 절망이 오늘 우리 사회의 현실이다. '희망버스'와 '반값 등록금투쟁'은 우리 사회에 차오른 불안과 절망의 시그널에 다름 아니다.

오늘날 누구도 품어주지 않는 냉혹한 경쟁의 전장에 내몰린 젊은 이들은 리프킨의 예시에 등장하는 병사들의 참혹한 신세와 다를 바 없다. 이번 정부 들어 특히 화려해진 정치구호들은 20대와 30대의 박탈감을 오히려 가중시키는 효과를 더할 뿐이다. 중도실용, 서민경제, 녹색성장, 공정사회, 공생발전 등은 공허한 말의 성찬일 뿐이었다. 어떤 정치인도 우리 젊은이들에게, 아니 오직 살아남는 자만이 인정되는 이 가혹한 전장의 병사들에게 진정성을 가지고 손 내밀지 않았다.

안철수가 내민 손은 따뜻했고, 그것은 저 플랑드르의 전선에서 병사들의 가슴에 울려 퍼진 크리스마스 캐럴과 같은 것이었다. 안철수에게는 보수와 진보의 편 가름도 없다. 보수의 시민도 진보의 시민도 오늘의 현실에서 아픈 것은 매한가지다. 이제 여야의 정치권은 안철수의 높은 지지율을 풀어야 할 숙제로 보는 듯하다. 무엇보다도 정치권은 우리 시대의 황폐함이 사회의 곳곳에서 공감의 정치를 갈망하는 수준에 이르렀다는 점을 절감해야 한다. 그리하여 그에게서 공감의 리더십을 배우기를 권한다.

—〈주간경향〉 943호, 2011. 9. 27.

미시정치의 시대

달력의 남은 날짜를 무심코 힐끔거리게 하는 것은 12월이 갖는 나름의 미덕이다. 새 달을 알리는 숫자는 변함없이 되풀이되지만 한해살이를 꾸리는 일들이 그 숫자로 구분되니 이즈음이면 습관처럼 한 해를 돌이켜 보는 시간을 갖게 된다. 연구관심 탓이기도 하지만 시민사회의 새로운 현상에 대해 유독 솔깃했기 때문인지 한 해를 돌아보며 떠오르는 일도 대략 그런 범주에 있다.

미국의 월가 시위는 올해 가장 주목되는 지구적 사건이었다. 국내에서는 한진중공업 사태의 희망버스, 안철수 현상을 가시화시킨 '청춘 콘서트'와 인터넷 팟캐스트 방송 〈나는 꼼수다〉 등이 시민사회의 아주 새로운 방식의 정치현상으로 떠오른다. 이러한 현상들은 시민사회의 정치적 욕구가 빚어낸 경이로운 발명품이라는 생각마저 들게 했다.

일반적으로 저항행동은 노조나 시민단체, 주민단체 등 큰 조직들이 주도해 왔다. 그러나 월가 시위는 조직운동이 아니라 트위터나 페이스북 등 네트워크로 연결된 시민들이 세계를 들썩이게 한 것이다.

이미 우리는 촛불집회로 학습효과를 가졌지만, 정당이나 거대 노조, 거대 시민단체가 아니라 개인의 손에서 손으로 이어진 온라인 네트워크를 통해 정치적 소통이 이루어지는 새로운 정치공간을 여기에서 확인할 수 있다. 수차례에 걸쳐 전국에서 부산으로 모여든 희망버스 또한 정부와 기업의 횡포에 대응해서 시민의 마음은 이런 새로운 방식으로 흐른다는 사실을 알려주었다.

'청춘 콘서트' 이후 다양하게 확산된 이른바 토크 콘서트는 정부나 의회, 정당이 해소해 주지 못하는 청년과 시민의 불안과 불만을 녹이는 공감의 정치를 실천하는 새로운 장이 되고 있다. 〈나꼼수〉도 이 점에서 다르지 않다. 기존의 제도정치와 거대 언론이 외면하는 시민들의 감정과 욕망을 인터넷 라디오방송의 형식으로 토해냄으로써 억압된 정치적 욕구가 표출되는 완전히 새로운 장을 보여주고 있는 것이다.

올 한 해 우리 시민사회의 이같이 독특하고도 의미 있는 현상들은 현재의 대의민주주의와 정당정치의 구조로는 접근하기 어려운 다른 정치의 장이 열리고 있다는 사실을 말해준다. 국회와 정당이라는 당신들의 천국에서 정치가 구름 위를 걷는 동안 시민의 마음은 온라인 네트워크와 콘서트의 공연장, 인터넷 라디오 방송과 같은 다른 정치의 장에서 활발하게 움직인 것이다. 제도정치보다 훨씬 더 낮고, 조직이 주도하는 운동정치보다 더 낮은 곳에서, 그러나 제도정치나 운동정치보다 훨씬 더 넓고 빠르고 깊게 생각과 행동이 움직이는 곳,

바로 개인들의 미시적 욕구가 소통하는 미시정치의 영역이 형성되고 있었던 것이다.

미시정치의 역동성은 20대의 불안을 공론화하고, 30대의 박탈을 정치화하며 40대를 재정치화하고 있다. 안철수의 지지율과 박원순의 당선은 이 같은 미시정치의 효과에 다름 아니다. 미시정치의 시대가 아닐 수 없다. 내년 양대 선거를 앞두고 정당의 통합과 해체가 어지럽다. 그러나 어떤 정치세력과 결합하느냐의 문제도 중요하지만 정당이 새로운 생명력을 얻기 위한 본질적 과제는 오히려 정당구조의 미시정치적 전환에 달려 있다.

정당정치는 참여와 소통, 공감의 민주주의를 실현하는 미시정치의 다양한 형태를 끌어안아야 한다. 시민참여의 폭을 넓히는 협치정치, '청콘'이나 〈나꼼수〉와 같이 새로운 문화양식을 펼치는 문화정치, 경청정치와 같이 삶의 현장을 찾아가 직접 듣고 어루만지는 현장정치, SNS의 공간에서 소통하는 네트워크정치가 그것이다. 미시정치의 장은 개별시민의 마음이 1차적으로 공론화되는 지점이다. 새로운 정부와 새로운 의회, 새로운 정당의 모습이 여기에 다 담겨 있다.

—〈주간경향〉 955호, 2011. 12. 20.

문성근의
미시정치

요즘 대학에는 교수들이 강의법 개발에 몰두하는 새로운 풍경이 눈에 띈다. 대학에 따라서는 이를 지원하는 교수학습 개발기구를 둔 데도 있다. 시청각 자료를 활용하는 방식부터 인터넷을 통한 즉석 화상 교신으로 수업의 효과를 높이는 방식까지 다양하게 개발되는 모양이다. 나는 이런 강의방식이 학생들에게 문화적으로 익숙하기 때문에 효율적이라는 데 일견 동의할 수 있지만 이것이 좋거나 높은 수준의 교수법이라고는 생각하지 않는다. 미디어는 교수와 학생을 잇는 장치일 수 있지만 오히려 마음을 담은 직접 소통에는 장애가 될 수 있기 때문이다.

어쩌면 오늘날에도 가장 수준 높은 강의는 가장 고전적 교수법인 대화의 방식일 수 있다. 소크라테스, 공자, 예수의 말씀은 우주와 자연, 인간과 치세의 이치를 담았기에 인류의 바이블이 되었지만 이들의 사상이 전달되는 방식은 제자들과의 대화이다. 나는 이 같은 대화가 오늘날과 같은 미디어의 시대에 더 높이 평가되어야 한다는 입장이다. 만나지 않고도 소통할 수 있는 장치가 범람하는 오늘날, 미디어를 매개로 하지 않는 직접 대화야말로 가장 높은 수준의 귀한 소통 방식이 되었다. 대화가 귀한 것은 사람에 대한 느낌을 가질 수 있는 현장성 때문이다. 이 현장성 속에서 교수와 학생은 눈빛과 태도의 교환으로 느낌을 소통한다. 지식전달과 아울러 교감과 공감을 나누며 서로의 존재와 삶에 대한 이해를 깊게 할 수 있는 현장성을 갖는 것이다. 가르치는 이와 배우는 이가 모두 스크린만 바라보거나 다른 매체가 끼어들어서는 정서와 느낌을 공유하는 장으로서의 현장성을 경험하기 어렵다.

총선 이후 야권의 패인에 대해 의견이 분분한 가운데 문성근 민주통합당 대표대행의 행보가 신선하다. 문 대행은 벌써 몇 차례에 걸쳐 여의도공원에 나가 직장인들과 대화하는가 하면 방송파업 현장을 찾기도 했다. 정치인들이 시장통에서 떡볶이나 순대를 먹어보는 것이 이른바 민생탐방이었고 그것은 늘 일회성의 과시형 정치에 그친 데 비해 문 대행이 시도하는 시민과의 대화는 이와 구별되는 현장정치를 보여주고 있다. 총선이 끝난 후 시민들을 직접 찾아 참여를 호소하고 민주당의 미래를 제안해달라고 외치는 현장에는 절박함이 있고, 그 절박함에는 진정(眞情)이 담겨 있다. 또 시민들에게 직접 마이크를 건네는 것은 시민의 소리를 듣겠다는 것이고 여기에는 이름 없는 시민에 대한 인정(認定)의 의미가 배어 있다.

제도정치권은 인정받고 싶은 시민의 욕구를 언제나 배반했다. 대의민주주의의 구조가 그렇고 개별 정치인들의 처신 또한 그러했다.

문 대행의 현장정치는 진정과 인정의 정서가 교류하는 현장성이 있다는 점에서 새롭다.

정치인들이 유권자에게 진정과 인정의 열린 마음을 가졌다고 하더라도, 진정의 정치와 인정의 정치를 시민들에게 전달할 수 있는 적절한 수단을 갖추지 못한다면 마음을 움직이는 데는 실패하기 쉽다. 나는 진정과 인정을 전하는 방식을 다정(多情)의 정치라고 부르고 싶은데, 문 대행의 현장정치에 이 다정의 정치가 보태졌으면 하는 바람을 갖는다. 청년의 고통과 서민의 박탈은 투쟁의 언어로 달래지지 않는다. 설득의 언어와 일상의 언어로 시민의 마음을 다정하게 안아야만 진정성의 체온이 전달될 수 있고 억지로 상대를 인정하는 것이 아니라 따뜻한 공감의 정서를 공유하고 있다는 사실을 확인시킬 수 있다.

소셜 미디어가 새로운 통로를 열고 있지만 현장정치의 체온을 담기에는 제한적이다. 여전히 정당과 시민의 거리가 너무 멀다. 정치의 체온을 전하고 시민의 마음에 다가가는 미시정치의 한 양식이라고도 할 수 있는 현장정치에 주목할 때이다.

—〈주간경향〉 975호, 2012. 5. 15.

정부신뢰의 위기

민주주의 정치질서에서 정부는 특정 시기에 집권한 정권을 의미하기도 하고, 구체적으로는 행정부를 지칭하지만 일반적으로는 입법과 사법, 그리고 행정으로 제도화된 국가권력을 의미하기도 한다. 말하자면 정권으로서의 정부와 제도로서의 정부를 구분해 볼 수 있는데 정부에 대한 신뢰나 불신은 정권과 제도에 대한 복합적 평판이 반영되어 있다. 오늘날 대부분의 사회에서 정부에 대한 신뢰의 수준은 대단히 낮다. 이 같은 정부불신이 정권에 대한 불신이라면 정권교체를 통해 새로운 신뢰의 구조를 회복할 수 있고, 또 동일 정권 내에서도 시기에 따라 신뢰의 수준이 다르게 나타날 수 있기 때문에 정권에 대한 신뢰와 불신은 일종의 변화와 순환 구조를 갖는 것으로 크게 우려할 일이 아닐 수 있다.

문제는 정부에 대한 불신이 일시적인 것이 아니라 불신의 수준이 높고 장기적이며 보편적 현실이 됨으로써 제도로서의 정부가 뚜렷한 한계를 갖는다는 점에 있다. 제도에 대한 불신은 사실 정부에만 해당되는 것은 아니다. 정부를 구성하고 있는 행정부와 국회, 법원, 검찰, 경찰뿐만 아니라 정부 이외의 다른 제도적 기구, 즉 정당, 노조, 시민단체, 언론, 대학, 종교단체 등에 대한 신뢰도 공통적으로 낮아지고 있다. 이러한 사실은 우리 시대가 제도일반에 대한 저신뢰에 더해서 정부에 대한 불신이 더욱 심각한 수준에 있다는 사실을 말해준다. 정부를 비롯한 다양한 제도들은 넓은 의미에서 현대사회의 고도로 합리화된 사회자본이라고 말할 수 있다. 원론적으로 본다면 이러한 제도로서의 정부에 대한 신뢰는 무엇보다도 사회적 삶과 정책실행의 거래비용을 낮춘다는 데 의의가 있다. 정부불신은 정부에 대한 불만으로 이어지고 이러한 불만은 공공갈등을 확산시킴으로써 정책실행과 일상적 삶에서 엄청난 사회적 비용을 지불하게 만들기 때문이다. 제도로서의 정부에 대한 신뢰의 회복은 이 점에서 시급하다.

그렇다면 정부에 대한 불신의 원인은 어디에 있는가? 국민들이 정부를 믿지 못하는 요인은 다양하다. 경제적 호황과 불황의 주기에서 원인을 찾는 경제적 요인론이 있고, 정치지도자의 자질이나 정치부패, 언론과 여론의 영향 등에 주목하는 정치적 요인론, 나아가 사회자본의 해체 경향이나 시민사회 공론장의 변화에서 원인을 찾는 사회문화적 요인론도 있다. 그러나 최근 대부분의 사회에서 나타나는 정부불신, 나아가 정치불신의 경향은 보편적 현상일 뿐 아니라 사회의 모든 영역에 걸친 제도화된 권위의 쇠퇴와 연동되어 있다는 점에서 특정의 단일 요인론으로는 설명력을 갖기 어렵다.

이 점에서 오늘날 정부불신의 요인은 다른 무엇보다도 우리 시대가 경험하는 보편적이고도 광범한 거대 전환의 사회변동에서 찾아질 수 있다. 이러한 거대 사회변동을 세계의 시간대로 보면 1990년대에 본격적으로 팽창된 신자유주의 시장화 경향과 1990년대 동구 해체 이후 탈냉전시대의 도래, 1960년대 이래의 현대성의 전환 등이 복합적으로 만들어낸 1990년대 이후의 역사적 국면전환을 강조할 수 있다.

한국의 시간대는 해방 이후 1980년대 말까지의 시기를 민족분단이 고착화되고 외세의 규정력이 극대화된 분단적 상황과, 민간에서 군부로 이어지는 권위주의적 정치권력의 억압적 국가주의가 결합됨으로써 반공 이데올로기와 국가주의 이념이 지배하는 분단·국가주의 역사국면이라고 규정할 수 있다. 한반도의 분단 상황은 여전히 지속되고 있지만 1980년대 말과 1990년대 초에 걸친 동구 사회주의의 붕괴 이후 빠른 속도로 전개된 탈냉전과 지구적 시장화 경향, 그리고 국내정치적으로 1990년대 이후 민주주의 이행은 탈냉전·시장주의라고 부를 수 있는 새로운 역사국면을 등장시켰다. 무엇보다도 새로운 역사국면에서 민주화와 지구화, 시장화와 정보화의 거대 경향은 냉전이념과 국가주의 정치 패러다임으로 체계화된 정부중심의 제도적 장치들이 시민적 욕구에 조응하지 못하는 지체 현상을 뚜렷이 드러나게 했다.

역사국면의 전환에 따른 거대 사회변동의 시대를 맞아 정부를 구성하는 제도와 시민적 삶의 거리가 점점 더 멀어지고 있음을 체감하는 것이 오늘의 현실이다. 정부는 여전히 국가주의 패러다임에 갇혀 성장주의와 지표중심적 경제를 지향하고 필요에 따라서는 냉전의 무덤에서 이념의 좀비를 깨우는 일도 서슴지 않는다. 다른 한편 새로운 역사국면에서 시민사회에는 환경, 평화, 평등, 인권, 여성 등 다양한 가치들이 생활정치의 이슈로 등장함으로써 자기실현과 자기확장의 정치를 추구하는가 하면, 식품, 환경, 노동, 교육, 보건, 의료, 주택 등 개인과 집단의 실존적 삶의 공간에 직결된 정책과 이슈가 새로운 욕구로 분출되는 경향을 보인다. 이러한 시민적 욕구는 생활정치운동이 시민운동의 주류를 형성하도록 하는 한편, 다양한 온라인 회원조직과 소셜 미디어를 기반으로 하는 네트워크 정치를 팽창시킴으로써 공론장의 구조를 크게 변화시키기도 했다. 이러한 시민사회의 욕구와 함께 그러한 욕구들이 만드는 새로운 정치양식은 국가주의의 틀을 넘어서지 못하는 정부 제도에 대한 불신을 다양하게 표출해내고 있다.

역사국면의 전환에 따른 사회변동의 현실에서 정부 신뢰의 위기를 해소하기 위해서는 보다 원천적인 사회질서의 수준에서 국가주의 정치 패러다임을 뛰어넘는 새로운 사회구성 방식을 모색해야만 한다. 말하자면 대의민주주의와 국가공공성을 기반으로 하는 사회질서가 시민의 삶에 자기실현성과 자기확장성을 획기적으로 증대시킬 수 있는 새로운 민주주의와 새로운 공적 질서로 전환되어야 하는 것이다. 무엇보다도 정부주도의 대의적 공공성의 구조가 미시적 삶의 영역에서 성찰적으로 재구성되는 생활공공성의 질서로 바뀌어야 한다. 이러한 생활공공성의 새로운 질서는 참여와 소통, 공감의 질서를 지향함으로써 자기실현과 자기확장의 가치를 진작시킬 수 있어야 한다. 참여, 소통, 공감의 질서는 대의민주주의의 거시제도 지향성을 넘어서는 미시민주주의의 핵심적 내용들이라고 할 수 있는데 이러한 미시민주주의의 실현형태를 생활민주주의라고도 표현할 수도 있을 것이다. 생활민주주의는 경제, 정치, 문화, 나아가 국방, 안보, 외교에 이르는 사회구성요소와 정책과제들이 시민의 자기실현적 삶을 중심으로 구축되는 생활국가 혹은 생활정부의 구현으로 정부신뢰의 새로운 전망을 가능하게 할 것이다.

— 한국사회과학협의회 · 중앙 Sunday(2012).
《한국사회대논쟁》, 메디치미디어.

체온이 있는
정치의 해를 열자

시간은 변함없이 이어서 흐르지만 그 흐름을 접어 다시 한 해를 시작하는 약속은 어김없이 찾아온다. 새해가 밝았다. 올해는 총선이 있고 내년에는 대선이 있으니 병신년 새해는 아무래도 정치적 격동의 서막이 되는 해가 되기 쉽다. 어느 때보다 우리 정치판을 바로 보고 판단하는 한 해가 되었으면 싶다.

〈교수신문〉은 작년 한 해를 특징짓는 사자성어로 혼용무도(昏庸無道)를 선정했다. 어리석고 무능한 군주의 실정으로 나라가 온통 암흑처럼 어지럽다고 풀었다. 메르스의 공포, 역사교과서 국정화 파동, 시위 과잉진압, 여당 원내대표를 대통령이 찍어내는 이른바 배신의 정치파동, 쟁점법안 처리를 위한 청와대의 노골적인 국회의장 압박, 납득할 수 없는 위안부문제 타결 등 혼용무도한 정치가 아닌 게 없다. 역사교과서 국정화 문제로 나라가 들끓을 때 미국의 〈뉴욕타임스〉는 "해외에서 한국에 대한 평판을 좌우하는 가장 큰 리스크는 경제가 아니라 정치"라고 했다. 이 혼용무도의 정치 한복판에 대통령의 이른바 유체이탈 화법이 있다. 한 블로거는 박근혜 대통령의 유체이탈 화법을 "딴 데서 노닐다가 얼떨결에 들어와 전혀 주제 파악도 안 된 생뚱맞은 소리를 한다거나, 분명히 자기가 책임이 있는 일인데도 마치 딴 사람 일인 양 말하거나, 전혀 앞뒤가 맞지 않는 말을 늘어놓아서 듣는 사람이 더 헷갈리게 만드는 화법"이라고 정리했다.

유체이탈형 리더십의 첫 번째 원천은 국민의 고단한 일상의 삶에 대한 고도의 무관심이다. 둘째는 국민의 삶을 보다 나은 상태로 개선할 수 있는 자질을 갖추지 못한 무능이다. 셋째는 대통령 자신이 곧 국가와 민족이기 때문에 국민은 자신의 의지와 지시에 따라야 한다는 병적인 독단이다. 대통령의 무심과 무능과 독단은 뒤틀린 화법만이 아니라 차가운 권력과 싸늘한 리더십의 정치를 낳았다. 꿈을 잃은 시대, 희망 없는 시대라는 통념이 만연해 있다. 청년층은 3포, 5포, 7포, 헬조선을 외치고, 장년층은 자녀교육, 고용불안, 조기은퇴로 지쳤다. 노년층은 심각한 고립감과 빈곤에 시달리고 있다. 모든 근본적인 것이 흔들리는 우리 시대의 진앙에 차가운 권력, 싸늘한 리더십이 있다. 국민들은 고단한 삶을 어루만지는 체온이 있는 정치, 삶을 보듬는 리더십에 목말라 있다.

올 4월은 국회의원 총선이 있다. 차갑고 싸늘한 권력정치 탓에 황폐해진 우리 사회를 녹일 수 있는 정치를 선택하는 숙제가 코앞에 다가왔다. 정치의 체온이 시민의 삶에서 느껴지고 또 정치인이 언제나 시민들의 체온을 느끼는 그런 정치가 절실하다. 체온이 있는 정치, 삶을 보듬는 리더십은 정치가 리스크가 되어버린 한국의 선거정치질서에서 사실상 선택되기 어렵다. 체온이 있는 정치는 무엇보다 정치와 시민생활이 밀착된 데서 나온다. 정치와 민주주의와 국가가 시민의 삶 속에 들어와 있어야 하는 것이다.

우리의 선거정치에는 체온의 정치를 가로막는 장벽이 두텁다. 철면피한 거짓의 구호와 냉전이념과 지역주의가 그것이다. 혁신과는 도대체 털끝 하나 닿지 않는 여당이 내건 혁신작열류의 헛구호와 혁신의 이름으로 흩어진 야권의 혼돈을 꿰뚫어 진짜 혁신, 시민의 삶을 보듬는 혁신을 찾아야 한다. 종북과 반북으로 국민을 가르는 냉전이념의 껍질을 깨고 생활을 보듬는 진보, 생활 속으로 들어간 보수를 찾아야 한다. 가장 중요한 것은 더 이상 특정지역을 지역주의 정치의 수인이 되지 않게 하는 것이다. 대한민국의 모든 지역을 지역주의 정치의 늪에서 건져야 한다.

야당의 찢어진 세력들은 말로는 혁신과 새 정치를 외치며 호남을 향해 질주했다. 언제나 앞선 민주주의를 열었던 숭고한 호남의 정신을 권력에 눈먼 지역정치의 철창에 다시 가두는 정치를 하고 있는 것이다. 호남을 넘는 호남만이 호남인과 한국정치를 살리는 역사적 책무다. 영남을 넘는 영남만이 영남인과 한국정치 진화의 필연적 과제다. 4월의 총선은 거짓된 구호와 냉전의 이념과 지역의 수인을 만드는 정치를 벗어던진 후 체온이 있는 정치, 삶을 보듬는 리더십을 가려내는 선거가 되어야 한다.

야당이 더불어민주당으로 당명을 바꾸어 화제다. '더불어'는 민주당의 당명에만 붙는 고유명사가 아니라 모든 정당과 정파가 추구하는 가치로 되새길 만하다. 체온이 있는 정치는 시민의 삶을 보듬고 모든 시민이 더불어 사는 삶을 만드는 정치다. 이념을 넘어, 지역을 넘어, 모든 계층, 모든 세대, 모든 성이 더불어 살 수 있는 체온이 있는 정치가 선택되는 새해를 그려본다.

— 〈경향신문〉 30면, 2016. 1. 1.

차가운 권력, 싸늘한 정치

〈교수신문〉은 한 해를 마무리하면서 그 해를 특징짓는 사자성어를 선정한다. 전국의 대학교수들을 대상으로 설문조사를 하는데 2000년 이후 매년 해온 일이다. 지난 연말 〈교수신문〉의 발표에 따르면 2015년을 특징짓는 사자성어로 전국 대학교수들의 59%가 혼용무도(昏庸無道)를 선택했다고 한다. 논어의 천하무도(天下無道)에서 유래한 말이다. 혼용이란 혼군과 용군을 합친 표현으로 어리석고 무능한 군주를 가리킨다. 무도는 말 그대로 사람이 마땅히 가야 할 길이 무너진 야만의 상태를 의미한다. 〈교수신문〉은 이를 어리석고 무능한 군주의 실정으로 나라 전체의 예법과 도의가 송두리째 무너져 버린 상태라고 해석했다. 나라가 마치 암흑과 같이 온통 어지럽다는 뜻이라고 덧붙였다.

한국의 대표적인 인터넷 미디어 〈네이버뉴스〉는 지난 한 해 각 언론사별로 댓글 수가 가장 많았던 30대 뉴스를 선정했다. 이 가운데 한국이 걱정스럽다는 주요 외국 언론의 보도가 포함되었다. 지난 한 해 외국 언론들은 특히 한국 대통령의 리더십과 정치행태에 주목했다. 〈월스트리트저널〉은 서울 지국장의 말을 빌려 “한국 대통령이 자국의 시위대를 IS에 비유했다”고 보도했다. 미국의 주간지 〈더 네이션〉은 “박 대통령이 독재자였던 아버지의 발자국을 따라 새누리당의 권위적인 정책에 반대하는 노동자와 시민을 탄압하고 있다”고 보도했다. 외국 언론은 한국대통령의 정치행태 가운데 특히 최근의 역사교과서 국정화 문제에 대한 관심이 높았다. 미국의 〈뉴욕 타임스〉는 “해외에서 한국에 대한 평판을 좌우하는 가장 큰 리스크는 경제가 아니라 정치”라고 하면서, “박근혜 정부가 강압적으로 역사를 다시 쓰고 반대여론을 잠재우려 하고 있다”고 지적했다.

미국 언론뿐만 아니라 유럽과 중국, 일본, 심지어 아랍의 언론도 한국의 역사교과서 국정화에 대한 우려를 표명했다. 영국 〈BBC〉방송은 “한국은 왜 역사교과서를 다시 쓰려고 하는가?”라고 묻고 “최근 한국정부의 움직임은 일제시대 일본군의 만행을 외면하려는 일본 보수파와 유사하다” 말했다. 또 영국 〈파이낸셜 타임즈〉는 “박대통령이 아버지에 대한 긍정적 평가를 위해 교과서를 다시 통제 하에 두려한다는 비판이 나온다”고 했다. 일본의 〈아사히신문〉도 “시곗바늘을 거꾸로 돌리는 것과 같은 시대착오적 조치는 국민통합은커녕 불신만 확산시킬 뿐”이라고 평했다. 아랍의 〈알자지라〉방송도 “한국정부가 자기 식의 역사를 기술해 ‘오류를 시정하겠다’고 발표하면서 교사와 학자들이 분노하고 있다”고 보도했고, 중국의 〈신화통신〉은 “국정 역사교과서가 전 대통령의 군사쿠데타를 미화하고 젊은이들의 다양한 역사해석을 가로막을 것이라는 우려를 낳고 있다"고 했다.

2015년 후반기 한국사회를 극심한 갈등으로 몰아넣었던 역사교과서 국정화 문제는 기존의 교과서 가운데 이른바 교학사판이 일선 학교에서 거의 채택되지 않았다는 데서 출발한다. 교학사판 역사교과서는 한국의 이념지형에서 보수 우파진영의 학자들이 쓴 것으로 친일과 독재를 미화했다는 의혹을 사면서 거의 채택되지 않았다. 사정이 이러니 보수 우파 기반의 현 정부는 2014년부터 기존의 검인정 교과서체제를 단일한 국정교과서로 돌려야 한다고 주장했다. 당시 역사교과서 국정화 문제는 호응을 얻지 못했다. 그러나 2015년 8월 집권여당의 김무성 대표와 황우여 교육부 장관이 역사교과서 국정화 시행입장을 밝히면서 이 문제는 크게 주목되었다. 그 후 3개월 만에 역사교과서 국정화는 확정고시 되고 말았다. 학계나 전문가, 국민들의 여론 수렴과정 없이 일방적이고 은밀하게 진행된 것이다.

국민들을 더욱 분노하게 한 것은 정부가 이미 국정화 고시 전에 국정화 태스크포스팀을 비밀리에 운영해 정보수집과 여론동향을 분석했다는 점이다. 정부는 고시 이후에도 2017년 3월부터 중고교 학생들이 배워야 하는 교과서의 집필진, 집필기준, 집필과정 등을 밝히지 않은 채 은밀하게 진행함으로써 국민들이 알 수 없게 했다. 교육부가 그간에 교과서 집필과 편찬, 심의과정을 투명하고 공개적으로 하겠다고 한 것은 전부가 거짓이 되었다.

국정 역사교과서 추진의 배경에는 무엇보다도 박근혜 대통령의 강한 의지가 있었다. 대통령의 의지가 반영된 정부의 국정 교과서 추진은 강력한 반대 여론에 부딪혔다. 언론보도에 따르면 역사학계의 경우, 역사학 전공 연구자를 포함한 전국 대학과 연구단체 교수들이 고시 이전부터 집필 거부 및 국정화 반대 성명에 나섬으로써 집필을 거부한 연구자 수만 700여 명, 반대 성명에 동참한 연구자 수는 2천여 명에 달했다. 전국교직원노동조합 소속 교사를 비롯한 전국의 교사 2만 1,379명도 국정화 반대에 참여했다. 위중한 현실에도 불구하고 박근혜 대통령은 교과서 국정화를 국가가 당면한 당위적 과제로 설정하고 한 발도 물러서지 않겠다는 입장을 거듭해 밝혔다. 박 대통령은 논란이 한창이던 11월 10일 국정화문제와 관련해 "자기 나라 역사를 모르면 혼이 없는 인간이 되는 것이고 바르게 역사를 배우지 못하면 혼이 비정상이 될 수밖에 없다"고 말했다. 이뿐만 아니라 교과서 국정화가 이뤄지지 않을 경우 다시 나라를 뺏길 것이라는 섬뜩한 협박도 했다.

역사교과서 국정화 정책뿐만 아니라 박근혜 대통령의 국정운영에 관한 전반적인 인식은 언제나 국민적 욕구와 너무 동떨어져 있다. 국민의 아픔과 고통, 국민의 갈증과 절실한 바람에는 도저히 닿지 않는 먼 천상에서 자신이 책임져야 할 국가공동체의 구성원들에게 언제나 가르치고 명령하는 태도를 취한다. 사람들은 박 대통령의 이러한 태도에서 비롯된 화법을 유체이탈(幽體離脫) 식 화법이라고 말한다. 유체이탈이란 영혼이 자신의 신체를 빠져 나온 상태에서의 감각체험을 말하는 것으로 심령학에서나 쓰일 법한 개념이다. 말하자면 유체이탈에 비유되는 화법은 행위의 주체가 자신이 책임을 공유해야 할 위치에 있음에도 불구하고 마치 남의 이야기를 하듯 하는 말을 뜻한다.

대통령의 유체이탈 사례를 한번 보자. 2015년 여름 한국사회는 중동호흡기 증후군(MERS)으로 엄청난 공포와 혼란을 겪었다. 당시 메르스 환자의 확산을 방지하기 위한 방역과 환자의 생명에 책임져야 할 정부는 컨트롤 타워 없이 갈팡질팡했고 국민의 불안과 공포는 극한 수준에 이르렀다. 대통령은 메르스 대응 민관합동 긴급점검회의에서 "국민이 사망하는 안타까운 일이 발생해 많은 국민들이 불안해하고 있다. 메르스 불안에 대해 정부는 대처방안을 밝혀야 한다"고 했다. 마치 남의 이야기 하듯 하는 대통령의 말에 국민들은 아연실색했다. 또 한 초등학교를 방문해 학부모들을 만난 자리에서 "정부는 더욱 적극적으로 선도적으로 정보를 공개하고 심각한 것은 빨리 국민들께 알려 나갔으면 한다"고 자신과는 전혀 상관없는 남의 일 말하듯 했다. 메르스 확산의 핵심 거점이 되었던 삼성서울병원의 송재훈 원장을 만난 자리에서는 "(정보가) 전부 좀 투명하게 공개됐으면 한다. 더 확실하게 방역이 되도록 해주시기 바란다"고 했다.

사람들은 이 같은 말들이 도저히 대한민국의 대통령이 한 말이라고 믿을 수 없다며 개탄했다. 이러한 말은 대통령이 아니라 학부모나 일반 시민의 입에서 나와야 할 말들이었다. 대통령이 공포에 떠는 시민들에게 할 말이 아니라 그 반대로 국민이 정부에 바라는 점, 국민이 정부가 해야 할 일을 요구하는 말들이었다.

이 같은 유체이탈 화법은 대통령이 대한민국의 현실을 자기 자신의 일로 받아들이지 않는다는 인상을 줄 뿐만 아니라 대한민국의 국민들과 함께하지 않는다는 인상을 심어주고 있다. 왜 대통령은 이 같은 유체이탈의 태도를 보이는가? 대통령의 유체이탈은 첫째, 국민의 구체적인 삶, 말하자면 국민의 고단한 일상의 삶에 대한 고도의 무관심에서 나온다. 둘째로는 국민의 삶을 보다 나은 것으로 개선할 수 있는 자질을 갖추지 못한 무능에서 나온 현상이다. 셋째로 이런 유체이탈은 대통령 자신이 곧 국가와 민족이기 때문에 국민은 자신의 의지와 지시에 따라야 한다는 병적인 독단 때문일 수 있다.

2014년 한국사회를 깊은 수렁에 빠뜨렸던 세월호 침몰 당시 대통령은 보이지 않았다. 그리고 세월호 사태 이후 국민에게 다짐했던 숱한 약속들을 대통령은 지키지 않았다. 2015년 여름 메르스 사태 당시 정부의 무능은 국가적 공황상태를 초래했다. 세월호 1주기 시민시위에 대한 과잉진압과 11월 민중총궐기 대회에서 경찰 물대포에 맞아 69세 농민을 현재까지 의식불명 상태로 만든 과잉진압도 대통령의 의지와 무관하지 않다. 게다가 국회가 정부를 견제할 수 있도록 하는 국회법 개정안을 야당과 합의했다는 이유로 유승민 여당 원내대표를 배신의 정치라고 지목한 후 결국 사퇴시키는 사상 초유의 사건을 만든 것도 대통령이다. 여기서 한 발 더 나아가 최근에는 대통령이 노동관련 법을 비롯한 이른바 쟁점법안에 대해 직권상정 처리할 것을 여당출신인 정의화 국회의장에게 강요하는 해괴한 사태가 전개되고 있다. 삼권분립과 의회주의 원칙마저 무너지는 민주주의의 위기가 아닐 수 없다. 모든 것이 대통령의 국민에 대한 무심과 무능과 독단이 만든 일이다. 혼용무도의 정치가 아닐 수 없다.

2016년은 총선이 있고, 2017년은 대선이 있는 해다. 이제 2016년 새해를 맞아 지난 해 대통령의 무심과 무능과 독단을 되짚으며 정치지도자의 바람직한 리더십을 떠올려 본다. 한국사회는 국민에게 무심하고 독단적인 차가운 권력의 시대를 겪고 있다. 차가운 권력은 대중들을 이끄는 리더십을 갖지 못하기 때문에 실종된 리더십의 시대이기도 하다. 지구화되고 정보화된 기술문명을 바탕으로 소통하는 오늘날의 네트워크 사회에서 이처럼 차가운 권력과 권위적 리더십은 전혀 어울리지 않는다.

어떤 사회에서나 정치지도자는 가장 공적인 존재이다. 그래서 무엇보다도 정치지도자의 리더십은 고도의 공공성을 지녀야 한다. 보다 구체적으로 우리 시대에 요구되는 공적 리더십은 기본적으로 공민적이고 공익적이며 공개적인 리더십이어야 한다. 공민적 리더십은 시민의 정치참여 욕구를 만족시키는 민주주의에 대한 철학과 신념으로서의 자질을 말한다. 공익적 리더십은 시민의 안정된 사회경제적 삶에 대한 욕구를 만족시키는 경제적 실현능력을 의미한다. 공개적 리더십은 시민의 알고자하는 욕구를 만족시키는 개방적 소통의 자질을 가리킨다.

공직선거에 출마한 모든 정치인은 자신이 이 같은 세 가지 리더십을 가장 잘 갖추고 있다고 웅변한다. 자신이 민주적 지도자이고 자신이 경제를 살릴 적임자이며 자신이 시민들과 소통하는 지도자라고 목이 터져라 외친다. 유권자들이 이 같은 자질을 갖춘 후보를 어떻게 알까? 무엇보다 이 같은 자질은 2차적 요소라고 할 수 있다. 유권자가 후보를 선택하는 1차적 요소는 '정서적 공감'이다. 유권자가 정치인의 온기를 느껴야만 공감할 수 있고 공감할 수 있어야 자질을 신뢰할 수 있다. 그래서 따뜻한 정치와 공감의 리더십이 좋은 정치인을 선택하게 하고 좋은 정치를 만드는 원초적 조건이다. 만일 유권자가 정치지도자의 온기를 느끼지 못하고 대통령을 비롯한 정치인이 국민의 아픔에 공감하지 않는 정치를 한다면 적어도 왜곡된 정치지형에서 왜곡된 정치적 선택이 작용했다고 볼 수 있다.

한국의 정치지형은 여전히 냉전적 이념과 지역주의로 균열되어 있다. 정치인에 대한 자질을 유권자가 직접 경험하고 판단할 수 있는 기회를 냉전이념과 지역주의가 가로막고 비틀고 있다. 한국사회에서 따뜻한 정치나 공감의 리더십을 찾기 어려운 것은 오래도록 고착된 이념정치와 지역정치의 질서 탓이 크다. 이 점에서 체온의 정치와 공감의 리더십은 구정치질서의 틀을 깨트리는 새로운 정치 패러다임의 요소라고 할 수 있다. 무엇보다도 온기가 있는 정치와 공감의 리더십은 유권자가 구태의 정치 패러다임을 넘어 선택해야 할 새로운 정치의 과제이자, 동시에 새로운 정치를 지향하는 정치인이 갖추어야 할 자질이기도 하다. 박근혜 정부의 차가운 권력과 싸늘한 정치에 한국사회는 정치적으로 얼어붙어 있다. 한국사회의 가장 큰 리스크는 경제가 아니라 정치라는 말을 귀담아들어야 한다. 더 나은 민주주의만이 경제도 살리고 국민의 삶도 살릴 수 있다.

올해 4월은 국회의원 총선이 있다. 이 선거에서 우리는 정치의 온기가 시민들에게 느껴지고 또 정치인이 언제나 시민들의 온기를 느끼는 따뜻한 정치를 복원할 수 있으면 좋겠다. 한국사회에 온기 있는 정치와 공감의 리더십이 절실하다.

—〈성균중국관찰〉 13권, 2016. 1.

6

세대

세대갈등은

이념, 지역주의 등의 균열이

중첩되면 극대화될 수 있다.

세대통합의 문제는

권력갈등이 아닌

거대 구조전환이라는

사회변동의 맥락으로

이해하는 데서 출발해야 한다.

세대의
정치사회학

1. '2030'의 돌풍과 세대의 정치

연예인을 보고 열광하는 나이 어린 열성 팬들을 떠올리며 사람들은 그들을 다소 극성스런 정치인 팬클럽 정도로 생각했다. 그러나 선거가 끝난 후에야 그들이 이미 세상을 바꾸는 힘을 가졌다는 사실을 뚜렷한 현실로 깨달았다. 그들은 이제 '노사모'로서 보다는 '2030'이라는 새로운 세대명칭으로 주목되었고 그것은 곧바로 5060이라는 신조어를 등장시켜 세대 간 긴장을 표현하게 되었다.

지난 대선과정에서 2030으로 불리는 이삼십대의 유권자층이 노무현 후보의 승리라는 극적인 결과를 이끌어내었고, 곧 이은 대통령직 인수위원회의 구성이나 청와대 비서진의 인선결과 역시 어느 노학자의 표현대로라면 이른바 철부지들로 채워졌다. 오륙십대의 기성세대들이 모이는 곳이면 어디나 혀를 차는 소리가 들린다. 국가경영이 어디 아무나 하는 일인가? 자못 불안하기 짝이 없는데 우리같이 정부 혹은 정치의존도가 높은 사회에서 정부나 정치권의 물갈이는 당연히 기업을 비롯한 사회 모든 영역에서 물갈이를 예고할 것이니 5060의 심기는 불편하기 짝이 없다. 더구나 이 세대의 평균적인 건강은 점점 좋아지는데 현실은 뒷방 늙은이를 요구하는 것 같아 허망하기도 하다. 모 일간지가 대선 후 실시한 오륙십대에 대한 여론조사의 결과는 이러한 세태를 잘 반영하고 있다. 즉, "나는 가정과 사회에서 필요한 존재"라는 항목에서 83.4%가 그렇다고 생각함에도 불구하고, "갑자기 늙었다는 생각"(74.8%)과 함께 "'주류'에서 밀려났다는 소외감"(55.6%)도 강하게 갖고 있는 것이다.

우리는 이번 대선에서 지역을 중심으로 구축된 보스정치가 세대라는 변수에 의해 바뀔 수 있는 가능성을 보았다. 물론 지역정치의 경향이 여전히 강하게 남아 있었지만 세대정치의 위력 또한 실감했던 것이다. 나아가 선거 후에 감지되는 5060의 상실감은 세대 간 긴장이 사회·문화적으로 확산될 조짐을 보인다는 점에서 새로운 관심을 모으고 있다.

왜 하필 이번 선거에서 세대가 부각되고 또 왜 현 시점에서 세대 간 긴장이 문제되는가? 어느 시기에나 서로 다른 세대는 공존하기 마련이고 기성세대와 새로운 세대 간의 갈등은 오히려 자연스럽다. 그러나 세대 간의 긴장과 갈등이 어느 시대나 동일한 수준으로 나타나는 것은 아니다. 세대에 관한 정치사회학적 의의는 바로 이 대목에 있다.

세대는 다양한 방식으로 정의될 수 있지만, 기본적으로는 동일시기에 출생한 동년배(*cohort*)의 의미를 갖는다. 동년배 집단은 동일한 생애주기에 동일한 역사적 경험과 집합적 기억을 갖기 때문에 의식과 행위양식에 있어서 유사성을 갖는다고 가정하게 된다. 세대를 구성하는 핵심적 요소는 다른 무엇보다도 한 시대의 획을 긋는 사건이나 문화적 격변과 같은 이른바 역사적 시간을 공유한다는 사실이다. 서로 다른 세대는 동일한 역사적 사건을 동시에 겪더라도 같은 방식으로 경험하지 않기 때문에 동년배 집단의 역사적, 사회적 특성이 드러날 수 있는 것이다.

그러나 한걸음 더 나아가 동일세대라고 하더라도 당대의 서로 다른 사회적 위치에 따라 집합경험과 기억의 수준이 다르다는 점도 강조될 수 있다. 예컨대 동일한 청년기의 경험이라고 하더라도 노동자의 위치와 학생의 위치가 다른 경험으로 나타날 수 있는 것이다. 만하임(Karl Mannheim)은 이를 정교화하기 위해 동일한 역사문화권에서 동시대에 태어난 사람들이 동년배로서의 위치만 공유하는 것을 '세대위치'(*generation location*)라고 표현하고, 세대위치를 공유한 사람들이 특정의 역사적 시간을 경험하면서 연대성을 갖게 되고 새로운 사회변동을 만드는 힘을 형성할 때 이른바 '실제세대'(*generation as an actuality*)를 구성한다고 말했다. 또 이러한 실제세대 가운데 내부 결속력을 강하게 갖는 집단이 있는데 만하임은 이를 '세대단위'(*generation unit*)라고 표현했다.

오늘 우리 사회에서 다른 어떤 시기에 비해 세대 간 긴장이 강조되는 것은 우선 2030세대야말로 다른 연령대에 비해 사회변동을 주도하는 실제세대, 나아가 세대단위로서의 의의를 크게 가진다는 점이 지적되어야 한다. 여기에다 특히 기성세대라고 할 수 있는 5060세대와 문화적 긴장을 만들 수밖에 없는 거대한 사회변동의 과정이 수반되었다는 점도 동시에 강조되어야 한다.

2. 거대한 전환: 문화변동과 정치변동

세대의 사회학이 가리키는 지점이 이러하다면, 현재의 세대긴장을 단순히 2030과 5060 간의 갈등조짐이나 우리 사회의 주류가 이동하는 사실에 대한 기성세대의 상실감에만 초점을 맞춘다면 그것은 그리 바람직한 관찰법이라고 말할 수 없다. 따라서 세대 간 긴장을 제대로 보기 위해서는 무엇보다도 세대 간 긴장의 배후에서 작동하면서 그러한 긴장을 만들어내는 거대한 사회변동의 경향을 볼 수 있어야 한다.

주지하듯이 우리 사회에서는 1990년대 이후 본격적인 지식정보화, 세계화 경향을 보이기 시작했다. 정보기술 혁신을 원천으로 하는 이러한 경향은 인류 기술문명의 획기적인 전환을 가져왔을뿐더러 지난 수백 년 동안 세계질서를 구축해온 근대성의 패러다임을 빠르게 재편 혹은 해체하고 있다는 점에서 문명사적 대전환이라고도 평가된다. 지난 한 해 동안 우리 사회에서는 이러한 세계사적 거대 경향을 반영하는 문화적 효과를 극적으로 경험했다. 월드컵의 붉은 악마 - 촛불시위 - 노사모로 이어지는 엄청난 규모의 집합행동과 대단히 새로운 일련의 문화적 분출이 바로 그러한 효과들이라고 말할 수 있다.

우선, 2002 월드컵에서 붉은 악마와 길거리응원은 과거 민주화운동의 정치적 분출과는 전혀 다른 차원의 거침없는 문화적 분출을 보여주었다. 태극기패션에서도 볼 수 있었듯이 거기에는 전쟁과 테러, 억압과 통제를 상징했던 20세기의 침울한 국가주의가 문화주의적으로 변용되는 모습이 있었다. 월드컵의 흥분이 가시기도 전에 여중생 두 명이 미군 장갑차에 치어 사망하는 사고가 있었고 재판결과가 나온 작년 겨울 촛불시위는 다시 한 번 세계의 이목을 집중시켰다. 촛불시위는 다른 무엇보다도 동구 사회주의의 붕괴 이후 마지막 남은 이념의 전선이라고도 할 수 있었던 한반도의 분단상황에서 미국에 대한 거침없는 저항이 전개되었다는 점에서 놀라운 변화였다.

근대 이후의 세계질서를 구축해온 가장 강력한 이념적 지형은 자유진영과 공산진영의 대립이었다. 그 한쪽을 상징하던 미국의 패권주의는 비록 세계시장을 장악하며 여전히 그 영향력이 지속되었지만 정치적 패권은 동구의 대변혁과 함께 동시적으로 크게 약화될 수밖에 없었다. 촛불시위를 통해 자연발생적이고 거침없이 전개된 다양한 수준의 반미구호는 이 같은 세계질서의 거대한 전환을 반영하는 것이면서 그러한 전환을 가속화시키는 것이기도 했다.

이와 아울러 2002 대선과정에서 돌풍을 일으킨 노사모의 활동 또한 이러한 거대 전환의 일단임을 알 수 있게 한다. 노무현 돌풍의 진원지이기도 했던 노사모를 비롯한 인터넷문화의 주체들은 정치를 국가영역에 국한되거나 의회나 정당의 전유물이라는 인식을 파격적으로 해체시킬 수 있는 가능성을 보였다는 점에서 또 하나의 놀라운 변화였다. 거대하고 경직된, 더구나 지역보스 중심의 권위주의적인 정당정치가 아니라 시민사회의 자발적인 모임들이 정치의 또 다른 중심이라는 점을 보여주었다. 그것은 곧 전자정보 공간의 문화적 주체들이 정치를 문화적으로 수용하는 힘을 발휘함으로써 정치의 문화화 현상을 보여준 것이라고도 할 수 있다. 우리 사회처럼 사회전반에 걸친 정치의 규정력이 큰 경우 정치의 변화는 모든 것의 변화라고도 말할 수 있다. 이런 점에서 제도정치의 밖에서부터 밀어닥친 이 같은 정치변동의 가능성은 정치의 중심을 국가 및 정당으로부터 시민사회의 방향으로 이동시키는 대전환의 일면을 보여주는 것이었다.

월드컵의 열기에서부터 촛불시위, 노사모 활동 등 최근 우리가 경험한 일련의 집합행동 핵심에는 새로운 변화를 주도하는 2030세대가 자리 잡고 있고 바로 이들이 거대 전환을 반영하는 세대이자 그러한 전환을 가속화하는 실질적인 담당자라고 할 수 있는 것이다. 2030세대의 등장과 5060세대의 때 이른 상실감은 단순히 특정세대나 특정의 정치세력 혹은 시민단체의 정치적 전략이나 의도의 결과가 아니라 이와 같은 세계사적인 전환의 과정으로 이해하는 것이 우선적으로 필요하다.

3. 2030세대와 새로운 사회자본

거대 전환기의 새로운 주체로서의 2030세대는 성공적인 산업화의 수혜자들로 정치적 분출과 문화적 분출을 연속적으로 경험한 세대이다. 따라서 386세대의 경우 운동의 연대를 통해, 그리고 인터넷세대의 경우 전자정보 공간에서의 네트워크를 통해 연대성을 가질 뿐만 아니라 사회변동을 주도함으로써 5060세대와 비교할 때 실제 세대 혹은 세대단위로서의 의의가 훨씬 더 크다고 할 수 있다.

무엇보다도 5060세대는 일제와 해방, 한국전쟁과 가난이라는 우리 현대사의 고단한 시기들을 성장기에 체험한 세대라고 할 수 있다. 더구나 성년기의 이들은 우리 사회의 맹렬한 산업화의 실질적인 기반으로 이른바 고도성장의 주체들이었다. 5060세대에도 4 · 19세대나 6 · 3세대와 같은 세대단위로서의 사회운동세대가 있었으나 그 규모가 미약했고 또 이들의 문화적 기반은 농업사회의 전통적 공동체로부터 형성된 것이었다. 따라서 이 세대가 산업화과정으로 근대적인 산업사회를 만드는 데 실질적 기반이 되었다고 하더라도 이들의 기본적인 문화적 결속은 혈연, 지연, 학연 등의 전통적인 연고주의적 유대를 근간으로 한다. 이와 같은 5060세대의 문화적 특성은 사회변동을 주도하는 실제 세대로서의 의미보다는 근대화과정의 고통을 '우리도 한번 잘 살아보자'는 성장의 열망으로 감내하고 강력한 국가주의에 헌신하는 수동적 세대로서의 특징을 훨씬 많이 가진 것으로 보인다.

2030세대는 1980년대의 민주화를 위한 정치의 시대를 일구어 온 30대와 1990년대의 자본과 문화의 시대를 살아가는 20대의 연령층으로 구성되어 있다. 30대 연령층 가운데도 정치의 시대를 주도했던 386세대는 민주화운동의 과정에서 아래로부터의 변화를 꿈꾸고 실천했던 세대이며, 자본과 문화의 시대를 사는 인터넷세대는 전자적 대중을 형성하며 자유로운 욕구의 표출을 그 특징으로 하고 있다. 386세대는 민주화세대일 뿐만 아니라 우리 사회에서 컴퓨터에 친숙한 첫 세대로 1990년대 이후 벤처문화를 주도하는 세대이기도 하다. 이러한 386세대와 인터넷세대가 인터넷문화 속에서 결합하면서 거대한 변화는 현실로 나타났다. 이 두 세대의 결합은 인터넷세대를 탈정치화된 문화세대에 머물지 않고 정치를 문화적으로 수용한 세대로 등장시켰던 것이다.

1980년대의 대학은 졸업정원제의 실시로 인해 유례없이 늘어난 대학생 수와 캠퍼스생활 속에서 공유했던 운동문화는 70년대 이래 민주화운동을 주도했던 운동 서클의 규모를 크게 팽창시켰다. 이러한 민주화운동의 과정에서 형성된 결속과 유대는 1990년대 이래 그 영향력을 확장해 온 시민운동의 핵심적 기반이 됨으로써 우리 사회의 주요한 사회자본으로 부각되었다. 20대의 인터넷세대 또한 전자정보 공간에서의 문화적 교호성이 크게 확장됨으로써 전자네트워크를 통해 광범한 문화를 공유하게 되었다. 인터넷공간에서의 증대된 교호성은 오프라인에서의 활동과도 분리될 수 없는 조건이 되어 다양하고 수많은 동호회를 비롯한 소모임을 구축했다. 이러한 새로운 형태의 유대는 위계적으로 조직화된 단체들과는 달리 수평적 관계와 유연성을 특징으로 하는 새로운 사회자본을 형성하고 있다.

이제 우리는 현대 한국사회의 운동문화 속에서 형성된 사회적 관계와 조직을 주요한 사회적 자본으로 승인해야 할 시점에 와 있다. 또 노사모와 같이 지식정보사회의 문화공간에서 만들어진 다양한 유연적 중간집단들 또한 새로운 사회자본으로 주목할 때가 되었다. 어쩌면 이러한 사회자본은 그간에 우리 사회에 만연했던 지연, 학연, 혈연 등 연고 중심의 사적 신뢰를 비로소 넘어설 수 있는 공적 신뢰에 기반을 둔 사회자본의 등장을 의미한다는 점에서 그 의의가 크다고 말하지 않을 수 없다. 아울러 이 같은 사회자본의 등장은 그간의 국가중심적이고 거대 정당중심적인 사회구성의 논리로부터 시민사회로의 중심의 이동을 의미한다고도 말할 수 있다.

이러한 경향은 정치의 측면에서 본다면 제도정치로부터 운동정치로의 변화를 보여주는 것과 동시에 비정치적인 것의 정치화 현상을 예고하는 것일 수도 있다. 적어도 기존의 국가나 정당의 거대하고 경직된 구조로는 2030의 폭발적인 문화적 욕구를 감당할 수 없다. 이제 정치는 거대한 대중정당이 아니라 시민단체나 보다 유연한 사회적 자본으로 방향을 이전하고 있으며, 이러한 전환을 가속화시키는 것이 바로 인터넷을 비롯한 뉴미디어를 활용한 시민참여정치의 다양한 방식들이라고 할 수 있는 것이다.

이런 점에서 2030세대는 현대 한국의 운동사적 맥락에서 형성된 새로운 사회자본을 확산시킨 세대이다. 아울러 2030세대는 세계사적 거대 전환의 적극적인 문화적 수용자이자 추동력이다. 따라서 현재 나타나고 있는 2030세대와 5060세대의 긴장은 거대한 지구적 규모의 전환과 우리 내부의 새로운 질서가 만들어내는 더 이상 거부할 수 없는 경향의 효과라고도 말할 수 있다.

4. 균열과 갈등을 넘어

세대 간의 긴장이나 갈등이 연령효과만을 가진다면 문제될 것이 없다. 그러나 세대에는 특정세대의 역사적 경험으로 형성된 연령효과 외적 요소들이 내재되어 있기 때문에 세대긴장은 세대갈등과 세대간 균열로 확산될 가능성 또한 배제할 수 없는 것이다. 특히, 우리 사회와 같이 오랜 분단체제 속에서 형성된 이데올로기지형이 여전히 남아있는 조건에서는 예컨대 대북관과 같이 이념적 요소가 강조되는 사안에서는 2030과 5060의 세대긴장에 진보와 보수의 구도가 중첩되어 그 갈등이 증폭될 소지가 충분히 있는 것이다.

만일 이러한 갈등이 확대된다면 우리 사회가 감당해야 할 사회적 비용은 결코 적지 않을 것으로 예상된다. 세대개념이 해당 세대의 역사성과 사회성, 문화적 특성을 반영하고 있기 때문에 세대단절이나 세대균열은 서로 다른 역사적 경험과 가치를 세대 간에 수용하지 않는다는 것을 의미할 수 있다. 그것은 곧 역사의 단절을 뜻하는 것일 수도 있으며, 현재의 시점에서는 공존의 가치를 거부하는 것이기도 하다.

그럼에도 불구하고 세대는 서로 다른 역사적 경험에 따른 단절보다는 세대 간 연속의 의미가 훨씬 더 강조되는 개념이다. 비록 세대 간에는 역사적 사건을 함께 겪더라도 그 의미와 가치를 서로 달리 수용하는 차이가 있기는 하지만 서로 다른 세대들이 동일한 역사적 사건을 동시에 경험한다는 동시대인으로서의 공속감을 가질 수 있고, 또 가족이나 학교 등 다양한 사회화의 장치를 통해 세대 간 연속의 학습과정을 겪는다는 점도 단절보다는 세대 간 연속의 의의를 강조할 수 있는 측면이다. 예컨대 386세대의 경우 유년기와 성장기를 박정희 정권 시기에 보냈던 말하자면 군부권위주의의 품에서 자라난 '박정희의 아이들'이었던 것이다. 비록 이들이 대학에 입학해서 급속한 인식의 전환을 경험하면서 '신군부의 도전자들'로 변신하여 거대한 저항을 만들어내지만, 성장기에 형성된 박정희 시기의 문화적 가치가 일상의 영역에서는 깊이 내면화되어 있다는 점을 부정할 수 없고 그것은 곧 기성세대와의 연속적 측면을 보여주는 대목이기도 하다.

이러한 연속성의 측면에서 본다면 세대갈등 그 자체는 지역갈등이나 이념갈등에 비해 훨씬 덜 심각한 문제일 수 있다. 세대 간 긴장과 갈등을 이처럼 덜 심각한 문제로 해소하기 위해서는 바로 세대 간의 이 같은 연속성에 기반을 두고 무엇보다도 5060세대는 거부할 수 없는 변화의 흐름을 수용하는 태도를 가져야 하는 한편, 2030세대는 급변하는 지식정보문화의 선점자로서 기성세대에 대한 배려의 태도를 갖추는 것이 크게 요구된다. 세대 간 혹은 이념 간 대립과 균열에 기반을 둔 서슬 푸른 가학의 문화가 아니라 관용과 공존의 문화가 절실히 요청되는 것이다. 시민사회의 다양한 운동단체, 문화활동을 위한 소그룹, 인터넷을 비롯한 전자정보 공간과 뉴미디어 등이 서로 다른 세대를 포용할 수 있는 개방성과 참여의 통로를 개발하는 것도 하나의 방법일 수 있다.

—〈관훈저널〉 86호, 2003. 3.

386세대

학술적 표현으로 사회운동이 제도화된다는 것은 여러 가지 의미가 있다. 그 하나가 광주항쟁과 6월 항쟁의 오늘날 모습에서 쉽게 찾아진다. 우리 사회에서 거대하고 장기적인 저항운동으로서 광주항쟁과 6월 대항쟁은 최근까지 희생자에 대한 보상체계가 국가 차원에서 만들어지고 매년 그날이 되면 앞 다투어 기념행사를 치르기에 이르렀다. 이제 광주와 6월의 정신이 국가적 가치와 제도로 수용되었음을 보여주는 것이다.

아무래도 광주와 6월 정신의 핵심은 민족·민주·민중주의로 요약되고 이 정신의 가장 맹렬한 주체가 386세대라는 데는 이견이 없다. 6월은 제도화되었으나 이에 헌신한 386세대의 처지는 여전히 불안하다. 6월 항쟁이 20주년을 맞은 지금, 빠른 386은 40대 중반을 훌쩍 넘겨 우리 사회를 실질적으로 이끌어 가야 하는 세대가 되었지만 이들을 보는 시선은 늘 곱지 않았다. 특히, 정치권 386의 행보는 이러한 시선을 더욱 싸늘하게 만들었다. 김영삼, 김대중 정부에서 386정치인은 젊은 피 수혈의 도구로 동원되어 지역정치에 매몰되었는가 하면, 노무현 정부에 들어서는 개혁의 이름으로 편 가르기와 이른바 코드정치의 중심에 섬으로써 정치·사회적 균열의 원인으로 지탄받기도 했다.

더구나 1990년대 이래 불어 닥친 새로운 사회변동 앞에서 386정치인들은 무력함을 드러내고 말았다. 민족과 민중에 대한 정서적 애착을 환경과 여성, 반핵평화, 비정규직 노동, 외국인 노동자, 새로운 국제무역 환경, 고령화 사회 등의 새로운 문제에 대한 전망으로 전환시켜내지 못했던 것이다.

386세대의 가장 강력한 세대적 특징은 민족과 민중의 가치를 기반으로 하는 공동체주의라고 할 수 있다. 세계사회의 질서를 정글의 법칙이 적용되는 살벌한 시장의 윤리로 바꾸어가는 신자유주의적 세계화의 거센 풍랑 앞에 386의 세대가치는 힘없이 무너졌다. 개인과 이익, 경쟁과 효율이 무한가치가 되는 현실에서 386은 존재의 상실을 경험했을 수 있다. 특히, 평범한 386세대는 생애주기에 있어서 안정된 직장생활을 기대하게 했던 1990년대 후반, 기업의 구조조정과 IMF의 충격으로 어떤 세대도 겪지 못한 박탈감과 고단한 삶을 겪기도 했다.

그렇지만 386세대의 이러한 현실이 한 세대의 무용론으로 이어지는 것은 온당하지 못하다. 돌이켜 보면 우리 사회에서 386에게 쏟아지는 비판은 유독 가혹했다. 격렬한 사회변동의 시기에 광범한 결집력으로 가장 격렬한 저항의 경험을 공유했던 세대이기에 세대적 책무가 그만큼 크다는 점에서 충분히 이해할 수 있는 일이다. 그러나 우리 사회의 어떤 세대가 386에 비해 역사적으로 더 기여했다고 말할 수 있나? 특히, 4·19, 6·3, 유신세대 등 이른바 사회운동세대 가운데 어떤 세대가 386보다 우월한 역할론을 강조할 수 있을 것인가?

386 정치인에 대한 많은 비난은 386 정치인 스스로에게는 우리 사회의 책임 있는 지도자로서 성찰해야 할 대목이 적지 않다. 그러나 다른 한편으로 우리 사회의 정치지형을 보면서 어떤 요소가 우리에게 희망과 기대를 갖게 하는가라는 질문을 던질 때 현실은 우울하기만 하다. 좌우의 이념은 이제 세계사회에서 조종(弔鐘)을 울린 후 그 유령만이 한반도에 머뭇거리고 있다. 우리 사회에서 정당은 선거용으로 전락한 지 오래되었을 뿐만 아니라 최근의 사회변동은 정치에 있어서 정당의 기능을 빠른 속도로 약화시키고 있다. 더구나 지역은 한국 근대정치의 그릇된 유물로 간주된 지 오래되었다. 386세대가 무용하다면 우리 사회에서 다른 세대, 혹은 다른 정치요소가 대안으로 제시될 수 있어야 한다.

오늘날 제기되는 386의 문제는 한 세대의 문제가 아니라 대부분 대전환기에 있는 우리 사회 전체의 문제라고 할 수 있다. 기존의 권위와 정체성을 허무는 것은 386이 아니라 정보화, 시장화, 민주화 등 거대 전환의 사회변동이 가져오는 효과이며 공동성이 약화되는 것은 근대적 제도의 해체와 아래로부터 빠르게 전개되는 새로운 세대의 문화적 이탈 탓이 크다. 더구나 우리 사회가 탈근대적 전환기에 적응적인 새로운 시대정신에 합의하지 못하는 것은 무엇보다 극단적 주관주의의 문화가 팽배해 있기 때문이기도 하다. 사적 이익과 연고에 기반을 두고 무모한 집단주의가 횡행하는 우리 사회는 대화와 합의의 문화가 상실된 극단적 주관주의의 덫에 걸려있는지도 모른다.

이제 연말 대선을 향한 행렬이 점차 모습을 드러내고 있다. 어느 캠프에서나 386의 순혈은 여전히 갈망하는 요소이다. 한나라당에서도 386후보의 개혁성은 당의 존립과 관련해서도 필요한 요소로 보인다. 또한 386의 역할은 정치권보다 사회 각 영역에서 이른바 아래로부터의 변화를 추동하는 힘으로 주목된다. 최근 사회변동에서 가장 주목해야 할 영역은 시민사회라고 할 수 있고 우리 사회에서 이 영역이 자율적으로 성장한 데는 386세대가 기여한 바 크다. 참여와 평등, 평화와 환경 등 새로운 가치의 진지는 시민사회이며 이 영역에서 386세대는 민중, 민주의 이념을 새로운 가치로 전환시키는 데 성공할 것으로 보인다. 나아가 386세대는 세대단위라는 점에서 다른 세대와의 일정한 연속성을 갖는다. 우리의 정치문화에서 이념이나 지역 등의 요소와 달리 세대는 가장 덜 균열적인 요소라고도 말할 수 있다.

주관주의의 덫이 대전환기 우리 사회의 변화와 발전을 막고 있는 가장 큰 장애라고 할 때 사회발전과 새로운 사회통합은 이 같은 조건을 가진 386세대에게 기대할 수 있는 바 크다. 남은 것은 386세대 스스로가 보다 강열한 신념으로 사회적 요청에 답하는 일이다. 젊은 날의 뜨거운 몸짓이 아니라 경륜으로 세상을 끌어안고 뚜렷한 전망으로 일어서야만 할 것이다.

—〈조선일보〉 20면, 2007. 9. 10.

노무현 정부의 386을 다시 생각한다

대통령의 재신임 발언이 온 나라를 긴장시킨 가운데 인적 쇄신론이 등장하더니 그 표적으로 청와대 386 참모들이 겨냥되었다. 급기야 이광재 국정상황실장의 사표 제출이 있었고 다시 연이은 물갈이가 요구되고 있다. 요직에 있는 분들이 이 실장에게 '모욕을 당했다'느니 '장관들이 그 앞에서 설설 긴다'느니 하는 정황만으로 국민들은 그 내막을 알 도리가 없다. 더구나 국정난맥의 책임을 청와대 386에게 우선적으로 돌리는 것을 보면서 정치권의 또 다른 힘겨루기가 아닌가라는 지레 짐작도 해본다.

격렬한 저항의 80년대를 지난 후 386세대는 정치현장에서 언제나 세간의 이목을 끌어 왔다. 때로는 정치개혁의 희망으로 비치다가 때로는 한심스런 정치꾼의 모습을 보이기도 했지만 언제나 그들은 논란의 중심에 있었다. 그도 그럴 것이 뜨겁게 달구어진 6월의 아스팔트 위에 민족과 민중의 이름으로 온몸을 내던졌던 그들이었기에 그만큼 기대가 컸던 탓이리라. 재신임 정국에서 다시 부각된 인적 쇄신론은 386세대의 문제라기보다는 오히려 권력핵심의 문제이다. 그러나 참여정부에서 향후 386세대의 역할을 가늠해 본다면 바로 이 시점에서 정치권 386에 대한 새로운 독해를 시도하는 것도 무익하지는 않을 듯하다.

우선, 386세대에게 사회운동세대로서의 우월성을 과도하게 부여하지 말자. 2000년대 들어 마흔을 넘기 시작한 그들을 이제 현실정치인으로 보는 것이 필요하다. 세대로서의 연속성에 주목해 보면, 60년대 경제적 열망의 시대에 자라 70년대의 정치적 긴장기에 청소년기를 보내고 마침내 그들은 80년대를 정치적 분출의 시대로 만들었다. 이들의 성장기는 대부분 박정희 시대에 머물기 때문에 권위주의와 연고주의의 문화적 연속성에서 자유롭지 못하다. 말하자면 그들은 '신군부의 도전자'이기 전에 '박정희의 아이들'이었던 것이다. 따라서 정치적 저항의 가치만큼이나 권위주의문화에 대한 적응의 가치를 동시에 지녔던 것이다. 이제 현실정치에 적응한 그들의 문제는 정치권 전반의 문제로 읽어야 한다.

이와 동시에, 거리를 내달리던 이념의 세대가 이제는 우리 사회의 곳곳에서 민주화, 정보화, 세계화의 거대 변동을 담당하는 선두에 서 있다는 점을 긍정할 필요가 있다. 그들은 이제 시민단체를 주도하고, 벤처기업을 일구며, 지역과 직장에서 풀뿌리 민주화에 헌신하고 있다. 386은 우리 사회에서 컴퓨터문화를 가장 빨리 수용한 세대이기 때문에 정보화시대의 신세대와 인터넷문화 속에서 쉽게 결합했고 그러한 결합이 2002년의 월드컵과 촛불시위, 대선에서의 정치변동을 이끌어낸 놀라운 위력을 보였던 것이다.

지금 우리 사회는 거대한 구조전환을 경험하고 있다. 국가 – 시장 – 시민사회의 관계가 변화하고 정치, 경제, 문화의 패러다임이 바뀌고 있는 것이다. 급격하고 거대한 질서의 변화는 여기에 적응하는 세대와 그렇지 못한 세대의 격차를 그만큼 크게 벌려놓고 있다. 여기에서 세대 간의 긴장이 확산될 수 있고 다양한 수준의 권력갈등이 드러날 수 있는 것이다. 무엇보다 이 변화의 과정을 이제 세대교체나 세대도전이라는 권력갈등의 문맥에서 읽기보다는 우리 사회의 패러다임 이동이라는 구조전환의 시각에서 독해하는 것이 요청된다.

노무현 정부의 386 스스로도 권력의 중심에서 변화를 주도하는 세력이기 전에 자신들의 등장이 이러한 거대 전환의 효과라는 점을 깊이 인식해야 한다. 또 '설설 기는 장관'보다는 '뻣뻣한 386'이 지탄받는 이치를 깨달아야 할뿐더러, 성공적 정치개혁을 위해서는 국가경영의 동반층을 더욱 넓히는 데 적극적이어야 한다. 이를 위해 대통령과 386 측근들은 감성의 정치를 이성의 정치로 옮겨가고, 코드에 묶인 배제의 정치를 과감한 포용의 정치로 전환시킬 수 있어야 한다. 혼미한 재신임정국이 그러한 전환의 계기가 되었으면 싶다.

— 〈동아일보〉 7면, 2003. 10. 22.

제 4의 결사체와 P세대

세대현상은 다양한 모습으로 나타난다. 그러나 역사적으로 의의를 갖는 세대는 역사적 사건이나 사회운동 혹은 대규모 집합행동을 공동으로 경험하고 사회변동을 주도함으로써 역사의 전면에 떠오르는 경향이 있다. 우리 사회는 지난 2002년 한 해 동안 월드컵과 촛불시위, 그리고 대통령선거에 이르는 연속적인 대규모 집합행동을 겪으면서 이를 주도한 새로운 세대에 대한 관심이 크게 고조되었다. 최근 이 세대는 적극적인 사회 참여(*participation*), 열정(*passion*), 힘(*potential power*), 사회 패러다임의 변화(*paradigm-shift*)를 추구하는 것으로 강조되면서 이들을 이른바 'P세대'라고 불리기도 한다.

P세대의 구성을 역사적 세대라는 측면에서 보면 386세대와 인터넷세대가 강조될 수 있다. 민주화운동이 광범하게 전개되었던 1980년대는 국가의 억압과 이에 대한 저항이 축을 이루는 정치의 시대였으며, 1990년대 이후 우리 사회는 세계화, 정보화 등의 거대 경향이 밀려오는 자본과 문화의 시대였다. 정치의 시대를 온 몸으로 부딪히며 아래로부터의 정치변동을 꿈꾸었던 세대가 386세대라면, 자본과

문화의 시대에 전자적 대중으로 나타난 새로운 세대가 인터넷세대라고 할 수 있다.

이 세대들은 한국의 시민사회를 크게 확장시킨 세대이기도 하다. 한국의 시민사회는 1970~80년대의 민주화운동, 특히 386세대가 주도한 1980년대의 거대한 정치적 분출로 열리기 시작했고 1990년대 이후 시민단체의 활동이 내용적으로는 민주화운동과 연속성을 가짐으로써 시민사회를 크게 성장시켰다. 이런 점에서 한국의 시민운동은 정치적 과제에 치중된 경향이 있었던 것이다. 그러나 2002 월드컵에서의 붉은 물결은 바로 인터넷세대들이 중심이 된 거대한 문화적 분출이었으며, 그것은 정치지향화된 한국의 시민사회를 문화적 영역으로 확장시키는 계기가 되기도 했다. 이어서 전개된 촛불시위와 2002년 대선에서의 노사모 활동은 P세대 내부에서 386의 정치적 지향과 인터넷세대의 문화적 지향의 결합이 만든 결과라고 할 수 있다. 바로 이 두 세대의 인터넷문화로의 결합이야말로 인터넷세대를 탈정치화된 문화세대에 머물지 않고 정치를 문화적으로 수용한 세대로 변화시켰던 것이다. 바로 P세대에 의한 정치의 문화화현상이 나타난 것이다.

우리 사회가 경험한 P세대 효과는 무엇보다도 정보화, 세계화, 민주화라는 거대 전환의 효과이며, 특히 그것은 지식정보사회의 인터넷문화와 분리해서 설명할 수 없다. 말하자면 P세대는 다른 무엇보다도 전자정보 공간과 인터넷문화가 가장 중요한 생활공간으로 설정되는 전자적 대중이다. 그러나 네트워크사회에서의 전자적 대중은 산업사회의 원자화되고 객체화된 개인으로서의 수동적 대중과는 다르다. 전자적 대중은 개별성이 강하고 원자화 경향이 있다는 점에서 대중의 특성을 갖지만 온라인이나 오프라인에서 스스로 다양한 조직을 구성하고 커뮤니케이션을 갖는다는 점에서 자율적 대중이라고 할 수 있다.

그간에 온라인 공동체, 사이버 공동체, 온라인 결사체, 온라인 사회운동, 온라인 집합행동 등 다양한 개념들로 지칭되고 학술적으로 명확히 규정되지 않은 전자정보 공간상의 수많은 형태의 사이트, 동호회 등은 자율적 대중이 만드는 완전히 새로운 사회집단의 한 형태로 볼 수 있다. 자발성과 일시성, 가입과 탈퇴의 자유로움, 수평적 관계, 특정의 조직목적보다는 자기만족성 등을 특징으로 하는 이 같은 유연한 자발집단은 조직화된 집단과 비제도화된 집합행동 가운데 어느 하나로 규정하기 어려울 뿐 아니라 양자의 특징을 동시적으로 갖기도 한다. 활동영역 또한 온라인과 오프라인의 제약을 갖지 않는다.

따라서 이 집단은 2차 집단의 일반적 특성과 다르며, 이른바 제 3의 결사체로서의 시민단체 — 대부분의 거대 시민단체는 회원들이 회비를 내거나 소식지를 읽은 것이 전부이고 회원 간의 상호작용이 거의 없어서 사회적 유대라는 측면에서 퍼트남(R. Putnam)은 이를 제 3의 결사체라고 한다 — 와도 다른 새로운 사회집단이라는 점에서 '제 4의 결사체'의 등장이라고 말할 수 있다. 제 4의 결사체는 지식정보화와 후기근대의 효과라고 할 수 있다. 끊임없이 생겨나고 사라지며 변화하는 제 4의 결사체의 유연성은 후기 근대의 성찰성을 잘 보여주는 대목이라고 할 수 있다.

지난 한 해 동안 경험했듯이 제 4의 결사체는 온라인 네트워크를 기반으로 두기 때문에 규모에 제약이 없다. 따라서 P세대효과로서의 제 4의 결사체의 등장은 사회의 전 영역에 걸친 변화를 예고하는 획기적인 사회변동의 지표라고 말할 수 있는 것이다. 제 4의 결사체의 유연성은 P세대가 수동적 대중에서 능동적 시민으로 가는 조건을 갖추고 있다는 점에서 바람직한 것이다. 그러나 제 4의 결사체의 유연성은 다른 무엇보다도 P세대의 감성적 기호와 깊이 연관되어 있다. P세대는 규범적 정당성보다는 감성적 코드가 행동의 기준이 된다. 이 같은 감성적 욕구의 무절제성과 아울러 인터넷문화의 익명성과 무책임성은 제 4의 결사체로 구성되는 공론장을 무규범상태에 놓이게 할 수 있는 것이다.

민주적 시민문화는 단기간에 얻어질 수 있는 것이 아니며 또 훈련 없이 얻어질 수 있는 것도 아니다. 우리 사회는 민주화의 성과로 시민사회가 크게 확장되기는 했다. 그러나 민주적 시민문화에 대한 학습은 여전히 준비되지 않은 상태에서 정보기술의 발전에 따른 인터넷 공론장이라는 광대한 광장이 급작스럽게 열어젖혀졌다. 이러한 조건에서 새로운 세대의 감성과 무절제성은 공론문화를 체계적으로 수용하기 어렵게 했을뿐더러, 여기에 분단상황의 이념적 대립이 부가됨으로써 이념적 가학의 문화를 드러내기도 했던 것이다.

이제 P세대는 사회의 모든 영역에 영향을 미치게 될 제 4의 결사체의 건강성과 자기절제적 공론장의 형성을 위해 적극적인 고민을 할 시점에 와 있다. 관용과 공존의 문화를 구축하기 위한 시민사회의 민주화야말로 P세대의 과제이다. 구래의 질서를 깨트린 것이 그들이라면 통합의 질서를 구축하는 것도 그들이어야 세대의 역사성이 크게 부여될 수 있다.

— 〈고대투데이〉 2003년 여름호.

한국의 30대

한국인의 생애주기에서 30대는 혼인과 출산으로 새로운 가족을 만드는 시기이며 가족부양의 책임과 그에 따른 경제적 욕구가 충만한 연령대이다. 공자도 서른 살에 '이립'(而立) 한 걸 보면 이 연령대의 생애적 특성이 오늘날에만 해당되는 것은 아닌 모양이다. 개인의 생애주기를 넘어 서로 다른 연령대가 공존하는 사회에서 동일 연령대의 인구집단을 세대라고 할 때, 대개 세대의 특징은 동년배 집단이 청년시기에 겪는 동일한 역사적 시간과 집합적 경험에 주목한다. 4·19세대, 6·3세대, 386세대 등 이른바 사회운동세대는 이 점에서 현대 한국의 사회변동 과정에서 격렬한 정치적 저항경험을 공유한 세대들이라고 할 수 있다.

한국의 40, 50, 60대는 이처럼 정치적 저항과 민주주의 투쟁을 공유함으로써 정치지향성이 뚜렷한 반면, 30대는 흔히 윗세대가 가졌던 집합적 정치경험을 갖지 못한 '탈정치화된 세대'로 간주되는 경향이 있다. 무엇보다도 30대가 공유한 세계사적 시간대는 동구 사회주의의 붕괴와 함께 도래한 탈냉전의 시대이며 신자유주의적 시장화

경향이 지구적으로 확산된 시기이다. 1990년대에 대학시절을 보낸 30대는 세계사적으로 이른바 '적이 사라진 민주주의'를 맞은 '자유의 아이들'이었던 것이다. 아울러 한국의 시간대에서 30대는 분단체제의 이념적 멍에를 벗은 첫 세대이다. 비록 분단 상황이 종료된 것은 아니지만 국가와 민족, 이념에 짓눌린 기성의 문화를 과감히 거부하기 시작한 30대는 '서태지의 아이들'이었고 '탈정치화된 문화세대'였던 것이다. 게다가 대학시절이나 직장생활을 막 시작하면서 IMF경제위기를 겪고 연이어 세계 금융위기를 맞으면서 이중의 경제위기를 체험한 세대이기도 하다. 중첩된 경제위기와 신자유주의적 시장경제에 적응해야만 하는 30대는 국가나 민족과 같은 거대 규범으로부터 벗어난 데다 자유의 아이들에게 내면화된 원자적 개인화의 특성이 겹쳐져서 이전 세대에 비해 훨씬 더 경제적 욕구와 현실적 이익을 추구하는 세대가 되었다.

300만 개 일자리 창출과 신혼부부 내 집 마련 정책 등 MB정권의 경제 살리기는 이러한 30대의 기대를 한없이 부풀렸는지도 모른다. 그러나 그러한 기대에 대한 응답은 전세대란과 물가폭등, 유가인상과 아이들 교육비 인상, 실질임금의 대폭락이라는 가혹한 현실이었다. 지난 4·27 국회의원 보궐선거에서 보인 30대의 표심은 이 같은 기대와 현실의 격차가 만든 상대적 박탈감이 정치화된 효과라고 말할 수 있다.

MB정부의 실정은 민심을 이반시키고 정치적 반발을 만들기에 충분할 만큼 심각하다. 그러나 30대의 정치적 반발을 단순히 경제적 박탈 탓으로만 보는 것은 단편적일 수 있다. 30대는 비록 윗세대인 386세대에 비해 경직된 이념의 정치에 몰입하지는 않았지만 그렇다고 해서 완전히 탈정치화되었다고 할 수도 없다. 그들은 오히려 이전 세대와는 다른 방식의 정치를 지향한 세대라는 점이 정확한 표현일 수 있다. 이 점에서 한국의 30대는 386세대와 같은 처절하고도 격렬한 투쟁의 경험이 없어서 상대적으로 탈정치화된 세대로 비치지만 실제로는 혁신적 정치경험을 공유하고 있다는 점이 강조되어야 한다.

돌이켜 보면 한국의 30대는 1990년대 이후 획기적으로 발전된 전자정보문화의 수혜자이자 온라인 소통의 문화를 놀랍게 진화시킨 세대였다. 특히, 2002년 대선의 네티즌 돌풍, 월드컵 응원, 노무현 대통령 탄핵국면, 촛불시위 등 2000년대 한국사회의 거대한 집합적 군중행동을 이끈 것은 실제로 오늘날의 30대였다. 온라인 공론장을 거점으로 전자적 대중의 주류를 이룬 이들은 '유연 자발집단'이라고도 부를 수 있는 새로운 결사체 형태로서의 온라인 회원조직을 기반으로 온라인과 오프라인을 넘나들며 유례없이 영리하고 이성적인 군중으로 등장했던 것이다. 따라서 한국의 30대는 탈정치화된 세대로 간주되기보다는 정치적 욕구를 새로운 문화형태로 표출한 세대이자, 혁신적 정치참여의 기억을 공유하고 나아가 정치적 성취 또한 경험한 세대라고 할 수 있다.

생애주기상의 현실적 욕구와 탈냉전의 시대조건, 두 번의 경제위기와 MB정권의 실정, 네트워크화된 공론장에서의 적극적 참여 등 복합적 조건에서 한국의 30대는 어쩌면 개인의 이익과 사회의 이익 사이에서 가장 균형적 선택을 할 수 있는 세대일 수 있다. 이 같은 균형을 추구하는 30대의 합리성은 트위터나 페이스북으로 발전한 전자적 공론장의 집단지성에 그 원천을 둔 것으로 보인다. 나는 세계사적 시간대와 중첩된 한국의 역사적 시간대가 1990년대를 기점으로 분단-국가주의 역사국면에서 탈냉전-시장주의 역사국면으로 전환된 것으로 판단한다. 따라서 2011년 현재 우리 시대의 새로운 기원은 탈냉전-시장주의 역사국면이 시작된 1990년대일 수 있다. 이 점에서 탈냉전세대로서의 30대는 우리 사회의 새로운 역사국면에서 새로운 균형적 진화를 가능하게 하는 세대로 주목될 수 있다.

—〈중앙 Sunday〉 217호 16면, 2011. 5. 8.

세대갈등과
세대정치를 넘어

17대 총선이 끝났다. 대통령 탄핵안 가결이라는 충격적인 사건에서 시작된 선거과정은 결국 탄핵에 대한 국민의 응답으로 마무리된 듯하다. 이번 총선은 정치권에 유례없이 큰 변화를 가져왔다. 신생 열린우리당의 과반수 의석확보와 민노당의 국회진출, 민주당과 자민련의 참패, JP 퇴진에 따른 3김 정치의 종말, 돈 안 드는 선거의 실현, 여성의원 수의 대폭 증가 등 주목할 만한 변화가 유독 많았던 선거였다. 그러나 이러한 결과를 만든 이번 총선이 이전의 선거와 다른 점은 무엇보다 세대의 영향이 컸다는 사실이다. 우리 정치의 족쇄처럼 여겨졌던 지역주의가 완전히 사라진 것은 아니었지만 그보다는 연령별로 지지정당이 뚜렷한 차이를 보임으로써 그 어느 때보다 세대정치의 측면이 크게 드러났던 것이다.

선거과정을 보더라도 정동영 의장의 노년층 관련 발언이 세대 간의 긴장을 한층 격화시켰고, 당선자 분포에서도 초선의원이 187명으로 크게 늘어났을뿐더러 30~40대가 43%로 큰 폭의 증가를 보임으로써 정치권 자체에도 뚜렷한 세대교체 현상을 가져왔던 것이다. 돌이켜 보면 세대정치의 경향이 이번 선거부터 나타난 것은 아니다. 이미 지난 2002년 대선에서도 인터넷과 휴대폰으로 무장한 20~30대의 돌풍이 그간의 정치문화를 크게 바꾸었고, 노무현 대통령의 집권에 따른 권력이동의 과정이 세대이동과 일정 부분 중첩되면서 기성세대의 불안을 가중시킨 바 있다.

세대가 단순히 연령효과만을 의미한다면 세대 간 긴장이나 갈등은 드러나지 않을 수 있고 나타나더라도 크게 주목받지 않을 수 있다. 어느 시기에나 서로 다른 연령대는 공존하기 마련이고 기성세대와 젊은 세대 간의 갈등은 오히려 당연하고도 자연스러운 일이었다. '젊은 것들'이 버릇없고 어른을 무시한다는 불만은 어느 시대, 어떤 사회에서나 있었던 일이 아닌가? 그럼에도 불구하고 세대갈등이 시대나 사회마다 다르게 나타나는 것은 세대가 단순한 연령효과만을 의미하는 것이 아니라는 점을 말해준다. 말하자면 세대에는 서로 다른 연배들이 각각 공유하는 가치와 문화가 부착되어 있다. 세대가치와 문화는 서로 다른 역사적 경험으로부터 형성된다.

따라서 특정 세대의 역사적 경험이 광범하고 강렬할수록 세대 간의 차이는 뚜렷이 드러나고 특정의 이슈에 대한 세대 간 갈등 또한 커지기 쉽다. 요컨대 세대가 중요한 의미를 갖는 것은 서로 다른 세대가 경험한 역사적 시간과 이러한 시간 속에서 형성된 새로운 가치와 문화가 있기 때문이다. 여기에서 세대는 사회변동의 내용을 함의하고 있다는 점이 강조될 수 있다.

지난 대통령선거와 이번 총선을 계기로 크게 부각된 세대갈등을 단순히 주류이동이나 기성세대의 상실감, 정치권력 교체에 초점을 맞추어 독해하는 것은 대단히 단순하고 일면적인 관찰이라고 말하지 않을 수 없다. 젊은 세대가 때 이르게 사회의 주도권을 갖게 됨으로써 다른 어떤 시기에 비해 세대갈등이 확대되는 것을 우리는 광범하고 급속하게 전개되는 사회변동의 맥락에서 해석할 수 있어야 한다. 1990년대 이래 우리 사회에는 범지구적으로 나타나고 있는 정보화, 민주화, 세계화라는 거대 전환의 사회변동이 급속하게 전개되고 있다. 대전환으로도 표현되는 이러한 사회변동은 국가-시장-시민사회의 관계에서부터 개인의 일상적 삶에 이르는 사회의 모든 요소들을 변화시키고 있다. 오늘 우리 사회의 세대갈등은 바로 이 같은 전환적 사회변동의 세대효과라고 말할 수 있다.

사회변동에 주목하면 우리 사회의 세대지형은 50~60대의 산업화세대와 30~40대의 민주화세대, 20대 이하의 정보화세대로 구분해 볼 수 있다. 주지하듯이 산업화세대는 1960~70년대의 국가주도 산업화과정에 호응하여 세계의 이목을 집중시킨 경제성장의 기적을 이룬 세대이다. 따라서 이 세대는 성장주의와 반공 이데올로기, 가부장적 권위주의를 내재화하고 조국 근대화과정에 동원된 세대로서의 특징을 가진다. 민주화세대는 1980년대의 민주화과정에서 격렬한 정치적 분출을 경험한 정치적 참여세대라고 할 수 있다. 이른바 386세대가 이 세대의 주요한 축을 이루고 있다. 정보화세대는 1990년대부터 크게 확대된 지식정보화사회로의 변동을 반영하는 20대 이하의 연령층으로 인터넷문화를 통해 거침없이 욕구와 감성을 표출해내는 문화적 참여세대이자 감성적 참여세대이다. 이러한 점에서 산업화세대를 '동원의 세대'라고 할 수 있다면 민주화세대와 정보화세대는 '참여의 세대'로 묶어 볼 수 있다.

최근 일련의 정치과정에서 드러난 세대갈등은 권위주의 정치문화를 주도하고 이를 수동적으로 수용할 수밖에 없었던 동원의 세대와 전자정보사회로의 사회변동에 적극적으로 적응하는 참여세대 간의 갈등이라고 할 수 있다. 성장주의와 반공주의, 가부장적 권위주의와 연고주의의 정치문화가 동원세대의 특징이라면, 참여지향적, 시민사회 지향적 민주주의와 지식정보가치, 감성적 욕구의 문화는 참여세대의 새로운 모습인 것이다.

민주화세대와 정보화세대는 참여세대로 결합되었다. 여기에는 컴퓨터 문화를 수용한 첫 세대라고 할 수 있는 386세대가 정보화신세대와 온라인에서의 친화력을 가졌다는 점이 강조될 수 있다. 인터넷문화를 주도하는 두 세대는 원자화된 개인으로서의 수동적 대중이 아니라 네트워크화되고 능동적인 전자적 대중을 형성했다. 또 전자적 대중은 온라인 공간에서만 머물지 않고 계기가 주어지면 언제든지 오프라인에서 행동할 수 있다는 사실을 2002년 월드컵 길거리응원이라는 대규모 집합행동으로 그야말로 거대한 문화적 분출로 보여주었다. 나아가 전자적 대중은 국가 간 이슈나 정치이슈도 문화적으로 분출해냈다. 2002년의 미국에 대한 촛불시위나 대통령선거에서 보여준 노사모의 축제적 선거참여는 온라인과 오프라인을 넘나드는 전자적 대중의 놀라운 위력을 보여준 것이다.

정치를 제도의 틀에 얽매이지 않고 자유로운 문화활동으로 해소하는 정치의 문화화현상을 기성세대가 흥미롭게 바라보거나 더러는 근심어린 눈으로 관망하는 동안 어느새 대통령이 바뀌었고 마침내 국회의 세력판도도 바뀌었다. 이러한 정치권력의 변화과정에서 새로운 정치세력은 아래로부터의 변화를 빠르게 따라잡아 참여세대의 지지를 얻었던 반면, 야당과 우리 사회의 기득권층은 이 같은 정치변동을 특정 정치세력의 전략이나 전술로 해석하는 데 치중해 왔다. 그 결과 세대갈등은 어느 시기보다 뚜렷이 드러나게 되었다.

사실 세대갈등은 다른 형태의 사회적 균열이나 갈등에 비해 상대적으로 덜 심각한 현상이지만 이념이나 가치, 지역주의 등의 균열이 세대에 중첩되어 작동하면 특정 시기에 극대화될 수 있다. 현재 우리 사회의 세대갈등이 이러한 양상을 띠고 있다는 점에서 이제 세대갈등을 넘어서는 데 관심을 기울일 때가 되었다.

세대 간 갈등의 약화 혹은 세대통합의 문제 또한 세대갈등을 권력갈등으로 이해하는 것이 아니라 거대 구조전환이라는 사회변동의 맥락으로 이해하는 데서 출발해야 한다. 나아가 세계화, 정보화, 민주화라는 메가트렌드에 적응하되 이러한 변동이 균열과 해체의 방향이 아니라 공존의 질서를 향하는 목표로 구상되어야 한다. 예컨대 시장주의적 세계화 프로젝트의 틀을 넘어서는 다원적 공존의 세계화 전략, 제도정치권력의 쟁탈을 위한 민주화를 넘어 시민적 삶을 민주화하는 시민사회의 민주화를 추구하는 전략, 공존의 질서를 위해 다양한 조절의 기제를 동시적으로 성숙시키는 자기조절적 정보화 전략 등을 모색한다면 세대 간 통합은 바로 이러한 거시적 사회변동의 과제에 합의함으로써 이루어질 수 있다.

정치권의 가장 중요한 역할이 사회통합이라면 세대통합의 과제를 위해서는 아래로부터의 사회변동에 조응하는 새로운 정치 패러다임이 시급히 요청된다. 최근 정치권과 언론에서 당연한 구도로 설정하는 보수와 진보의 이념적 구획은 새로운 정치 패러다임을 요구하는 아래로부터의 사회변동에는 어울리지 않을 수 있다. 이러한 이념구도는 구래의 대립을 재현시켜 기존의 질서를 유지하려는 노력으로 보일뿐더러 오히려 세대갈등을 새로 부추겨 변화를 수용하는 새로운 공존의 질서를 비켜가는 것일 수 있다. 물론 우리 사회가 보수와 진보의 정당경쟁을 경험하지 못했기 때문에 이념정당의 구도는 한 단계 높은 정치발전일 수 있다.

그러나 현실의 변화는 우리가 단계적으로 밟지 못했던 과정을 '비록 늦었지만 차근차근 경험하라'고 유예해주지 않는다. 아래로부터의 실제적인 사회변동은 좌파와 우파 혹은 보수와 진보의 정치지향이 아니라 좌우의 정치 이데올로기를 넘어선 탈이념의 경향을 보이고 있다. 따라서 현재의 세대갈등도 좌와 우, 보수와 진보의 갈등이 아니라 경직된 이념의 세대와 탈이념의 세대가 겪는 갈등이라고 해석되어야 한다.

이러한 점에서 새로운 정치 패러다임은 좌우의 이념에 기초하기보다는 이념적 색채를 탈색하는 데 초점이 맞추어져야 한다. 17대 총선에서 의석을 얻은 정당들은 좌우의 이념적 스펙트럼에서 어느 지점을 찾을 것인지 고민할 것이 아니라 좌우의 정치 이데올로기를 탈각한 새로움을 추구하는 노력을 보여야 한다. 그것이 한국적 맥락에서 신진보가 되든지 혹은 신보수의 모습이 되든지 간에 이념의 베일을 벗겨가는 투명사회에 적합성을 갖는 정치를 구상해야 하는 것이다. 다각적인 소통이 보장된 투명정치의 패러다임, 전자적 대중의 유연성을 수용하는 유연정치의 패러다임이 세대를 가로질러 합의되어야 할 정치지향일 수 있다.

— 헌정원고, 수록처 및 일자 미상.

7

분단의 역사

시민사회 주도의
남북교류와 화해의 사업을
확장하는 일은 필수적이다.
국가주의를 넘어서는
이 같은 시민사회통일론이야말로
남북의 실질적 통합에 이르는
가장 빠른 길일 수 있다.

4월의 민주주의는 진화하지 않는가?

제사는 조상이 돌아가신 날 후손들이 여는 일종의 기념식이다. 사회학이라는 안경을 쓰고 보면 제사는 죽은 이가 아니라 살아있는 자들을 위한 행사일 수 있다. 제사상 앞에 자손들이 모이고 경건한 의례를 올리는 일은 같은 조상의 자손임을 확인케 해 '살아있는' 가족과 집안의 결속에 크게 기여하기 때문이다. 현재의 공동체를 유지하는 비결인 셈이다. 나라의 기념일이 다르지 않다. 나라가 기념하는 역사적 사건은 대개 국가라는 공동체의 현재를 유지하는 힘이 되고 또 그것을 위해 현재의 가치를 불어넣곤 한다.

1960년 이승만 정권을 무너뜨린 4월 혁명이 50주년을 맞았다. 4월 혁명을 기념하는 행사가 어느 해보다 성대하다. 세월의 흐름에서 10년씩의 시간 마디는 인생이나 역사에 있어서나 뭔가가 이루어지고 또 변화를 보이는 기점으로서의 의미가 큰 것 같다. 강산이 변하는 시간도 10년이고, 공부가 도로 아미타불이 되느냐 성취를 얻느냐도 10년이라는 데에 공감하는 것을 보면 반세기가 흐른 50년의 세월은 성대하게 기념하기에 충분한 시간이다.

4월 혁명은 우리 사회가 근대 국민국가의 형태를 갖춘 후 처음으로 민주주의의 문제를 제기한 거대한 저항운동이다. 그러기에 50주년을 기념하는 현재에 4월의 민주주의는 어떻게 진화하고 있는가를 생각해봄 직하다.

아날학파의 역사학자 페르낭 브로델은 역사를 서로 다른 층으로 이루어진 것으로 보았다. 역사의 가장 표피층에서 일어나는 일들을 단기적인 시간 안에 있는 사건사라 하고, 중간층에는 몇십 년의 보다 광범한 역사의 리듬을 타는 이른바 국면사가 있으며, 100년 이상의 시기를 문제 삼는 장기지속의 구조사를 구분해낸다. 이 논리를 원용하면, 해방 후 남한 단독정부의 수립에서 1990년대 초까지의 시기를 하나의 역사적 국면으로 보고 그것을 분단상황과 권위적 정치권력의 틀로 짜인 '분단·국가주의'의 역사국면이라 부를 수 있다.

이 시기에 전개된 민주화운동의 주요 흐름은 4월 혁명을 기점으로, 6·3 항쟁, 반유신운동, 부마항쟁과 광주항쟁, 1987년 6월 항쟁 등으로 이어졌다. 이러한 민주화운동들은 민족주의와 민주주의의 과제를 중심으로 전개된 운동들이었기 때문에 이 시기를 '민족·민주운동'의 주기라고 말해도 좋을 듯하다. 말하자면 민족·민주운동은 분단·국가주의의 역사국면에서 형성된 사회운동이며 4월의 민주주의는 바로 이 시기 한국 민주주의의 원천이었다고 할 수 있다.

나는 1990년대 이후를 한국사회의 새로운 역사국면으로 이해한다. 세계적으로 신자유주의적 시장화 경향이 확산됨으로써 시장가치가 압도하는 새 국면이 형성된 것이다. 구래의 이념은 이제 이념의 외피를 쓴 이익으로 바뀌고 분단상황이 지속되고는 있지만 이념의 분단체제가 아니라 이익의 분단체제로 연장되는 듯하다. 민족과 국가의 가치가 시민과 세계의 가치로 대체되는 가운데 공존과 공생의 가치는 효율과 경쟁의 가치에 짓눌리고 있다.

새로운 역사국면에서 4월의 민주주의는 진화를 멈추고 말았다. 아니, 정확히 말하자면 4월의 민주주의는 새로운 역사국면에서 시효가 만료되었다. 그런데 4월 혁명 50주년을 기념하는 오늘 우리 모습은 더 이상 진화하지 않아도 좋은 민주주의의 내용을 갖추고 있는가? 참여와 지방자치, 생활정치, 녹색가치를 둘러싼 시민의 욕구에 4월의 민주주의는 답하지 않는다. 4월 혁명 50주년을 맞는 오늘의 현실에서 4월의 민주주의가 새로운 역사국면에 어울리는 비약적으로 진화한 모습을 떠올려 본다.

—〈위클리경향〉 872호, 2010. 4. 27.

4월의 사과와
역사의 희화화

4월은 잔인하다고 했다. 죽은 땅에서 라일락꽃을 피우며, 기억과 욕망을 뒤섞어 잠든 뿌리를 봄비로 일깨운다고 해서 잔인한 달이라고 했다. 엘리엇(T. S. Eliot)에게 봄은 죽음 같은 고난 뒤에도 또다시 살아나야만 하는 생명의 고뇌가 이처럼 짙게 배어 있다. 그래서 차라리 “망각의 눈이 대지를 덮고 있던” 겨울이 더 따뜻하게 느껴졌는지 모른다. 우리의 4월은 4・19 혁명의 핏빛역사가 해마다 살아나기에 봄의 잔인함을 더한다. 그런데 4월 혁명이 51주년을 맞는 올 4월에는 독재와 부패에 저항한 항쟁정신보다는 혁명의 원인이자 대상이었던 이승만 대통령이 살아나는 웃지 못할 일이 벌어지고 있다.

그간에 보수학계와 주요 보수언론을 중심으로 이승만에 대한 재평가 논의는 꾸준히 있었다. 그리고 지난 2월에 이기수 전 고려대 총장이 이승만 기념사업회장을 맡더니 이승만의 양자 이인수 씨와 나란히 고려대 4・18 기념탑에 헌화했다. 얼마 후 이인수 씨는 4・19 희생자 유족에게 사과하겠다고 밝히고 4・19 묘역 참배와 사과성명 발표 계획을 밝혔다. 물론 참배는 4월 혁명 관련단체와의 현장충돌로 성사되지 않았지만 거의 모든 언론이 큰 관심을 보였다. 특히, 보수언론은 이승만 대통령과 4・19세대의 '역사적 화해', '극적인 화해' 등의 표현을 쓰며 이 일을 역사적인 일인 양 보도했다. 4월 혁명 관련단체들은 사과의 진정성이 없다는 이유로 사과를 거부했다고 한다.

이 일은, 과연 양측이 화해를 한다고 해서 역사적 화해가 될 수 있고 또 이인수 씨 측이 진정성이 있다고 해서 유족회가 받아들일 수 있는 일인가에 대해 생각해 보게 한다. 이승만의 제 1공화국과 그것을 무너뜨린 4월 혁명은 정치사적 사실로서 뚜렷한 역사이다. 따라서 이번 일은 무엇보다도 역사를 희화화한다는 점에서 몇 가지 사실을 짚어볼 수 있다.

첫째, 이인수 씨나 기념사업회는 화해를 제안할 위치에 있지 않다. 진정성을 갖든 갖지 않든 간에 4・19라는 거대한 역사적 사실 앞에 이인수 씨 개인이 사과하고 유족이 이를 받으면 화해가 되는 것으로 생각한다면 역사에 대한 대단한 오만이요 역사를 개인화하는 것일 수 있다. 둘째, 이인수 씨는 이승만이 "4・19 정신을 높이 평가했고, 희생당한 젊은이들을 생각하며 마음 아파했다"고 한다. "불의를 보고 일어나지 않는 백성은 죽은 백성이라는 말도 남겼다"고 한다. 이승만이 생전에 자애로운 왕처럼 국민들을 감동시킨 일화들은 당대에 이미 일종의 우상화 작업과 함께 우리에게 익숙하다. 그러나 이러한 일화들이 이승만의 정치사적 오류를 덮을 수는 없는 것이다. 에피소드로 덧칠하기에는 과오의 역사가 너무 뚜렷하다. 셋째, 이인수 씨는 이승만이 3·15 부정선거를 몰랐다고 말한 것으로 알려지고 있다. 만약에 그렇다면 그것은 역사를 해체하는 일에 가깝다. 역사는 사건의 원인과 결과의 연속적 과정이라고 할 수 있다. 그런데 제1공화국과 4·19의 인과적 관계에서 이승만이 빠진다면 역사적 인과관계가 성립되지 않을뿐더러 혼돈된 역사상황을 만들 수 있기 때문에 역사의 해체화라고도 할 수 있는 것이다.

말하자면 이인수 씨의 사과를 마치 역사적 화해에 다가서는 듯이 보는 것은 무엇보다도 역사를 개인화하는 일이며, 역사를 에피소드화하는 것이고 나아가 역사를 해체하는 일이기도 하다. 물론 이번 사과를 가해자 집안 측의 개인적 사과로 본다면 개인의 도덕률과 신념의 윤리 차원에서 바람직한 일이라고 하지 않을 수 없다. 개인적 사과는 개인의 수준에 머물러야 한다. 여기에 다른 해석을 요란하게 보태는 것은 당연히 다른 의도를 의심하게 한다. 하기야 이 같은 4월의 코미디가 있어서 올봄이 덜 심각하고 덜 잔인할 수도 있겠다. 우리 모두가 역사 앞에서 더 겸허해지는 법을 배울 일이다.

—〈주간경향〉 923호, 2011. 5. 3.

급변론은 왜곡된 정치효과를 낳는다

다시 북한에 대한 관심이 뜨겁다. 28일 열린 북한의 제3차 조선노동당 대표자회의에 세계의 눈과 귀가 쏠렸다. 북한정권의 3대 세습을 이 대회에서 확인할 수 있을 것으로 예상되었기 때문에 주요 국가들의 관심이 그 어느 때보다 컸던 것 같다. 예상대로 김정일 국방위원장의 셋째 아들 김정은의 후계구도가 가시화되는 단계에 들어선 듯하다. 이제 북한은 권력이양이 안착되기까지 일종의 시험기에 접어든 셈이다.

북한의 후계정국을 보는 주변국의 셈법은 복잡하다. 현대를 넘어 탈현대의 개방적 정치과정에 익숙한 우리 시대에 정치권력의 3대 세습이라는 왕조정치의 행태에 대한 원론적 비난이 넘치지만 그 이면에는 북한정권의 급변사태에 대한 우려와 기대가 복잡하게 얽혀 있다. 그러고 보면 대통령의 통일세 발언도 느닷없이 나온 것이 아니고 통일기금에 관한 주요 언론의 주문도 불안한 후계정국의 귀결이 북한 정권의 붕괴로 이어질 수 있다는 이른바 급변론과 무관하지 않다는 사실을 짐작하게 한다.

통일세든 통일기금이든 통일을 위한 재원을 비축하는 일은 필요한 일이 아닐 수 없다. 문제는 이러한 논의가 북한의 급변론에 바탕을 둔다는 데에 있다. 사실 급변사태에 대한 체계적인 준비라는 것은 있을 수 없다. 급변사태의 대비는 그 자체가 모순인 것이다. 예상에 따라 준비된 급변사태는 이미 급변사태가 아닌 것이다. 급변사태가 그야말로 갑작스럽고 예기치 못한 상황이라고 한다면 준비되거나 대비하는 것과는 무관한 일이다. 게다가 급변론이 갖는 정치적 효과도 결코 바람직하지 않다. 그것은 남한의 모든 사회적 에너지를 가상의 현실에 쏟아 붓는 결과를 낳음으로써 의도하든 그렇지 않든 간에 필시 왜곡된 정치적 효과를 낳게 된다.

북한의 정권이양이 안정적으로 진행되지 못하고 실제로 급변사태가 발생한다고 하더라도 그러한 상황은 이미 우리의 손을 떠난 것일 수 있다. 현 정권의 대북정책은 북한의 급변사태를 남한이 주도적으로 관리할 수 있는 기조를 갖추고 있지 못하다. 주지하듯이 이명박 정부의 대북정책은 내재적 관계의 증진으로 남북관계를 확장함으로써 실질적 통일을 추구하는 방식이 아니라 남북관계에 오히려 주변국의 영향을 극대화하는 방식을 채택했다. 따라서 북한의 급변사태가 닥친다고 하더라도 통일은 남북의 문제가 아니라 이미 국제관계의 문제가 될 수밖에 없는 여건을 만들어 버린 것이다. 이런 여건은 통일에 대한 어떤 준비를 하더라도 우리가 원하는 방식으로 통일에 다가설 수 있는 가능성을 크게 위축시킬 수밖에 없다.

우리 사회가 진정한 통일을 원한다면 북한정권의 불안정을 기대하거나 급변론을 확대하는 일은 이쯤에서 멈추어야 한다. 그보다 중요한 일은 통일을 위한 우리 시민사회의 용량을 늘리는 데 있다. 시민사회의 용량은 편협한 이념으로 덧씌워진 냉전적 민족주의를 넘어서는 거대한 문화변동과 관련된다. 오늘날 시민사회의 가치는 평화와 평등, 녹색과 자율, 인권과 공존의 가치라는 점에서 일국적 폐쇄성을 넘어서 있다. 분단·냉전의 역사와 밀착되었던 한민족의 혈통적 민족주의는 합법적 시민이라면 곧 민족으로 간주됨으로써 지구적 가치를 공유하는 시민민족주의로 그 폭을 넓혀야 한다.

남한 시민사회의 규범과 가치가 냉전적 민족주의를 넘어서 개방될 때 북한주민에 대한 포용의 수준도 높아지고 남한에 대한 북한의 신뢰도 확대될 수 있다. 시민사회 주도의 남북교류와 화해의 사업을 확장하는 일은 여기에 필수적이다. 국가주의를 넘어서는 이 같은 '시민사회통일론'이야말로 남북의 실질적 통합에 이르는 가장 빠른 길일 수 있다.

—〈위클리경향〉 895호, 2010. 10. 12.

분단의
'아가리'효과

언론에 비친 대통령의 표정이 참 밝다. 자신감이 넘쳐 보인다. 대통령의 얼굴에서 이제 세월호의 충격도 메르스의 혼란도 찾아보기 어렵다. 비무장지대 지뢰 폭발사고 이후 고조되었던 남북의 긴장이 8·25 고위급회담으로 마치 마법에서 풀린 듯 일거에 해소되었다. 곧이어 중국 전승절 행사에 참석한 대통령은 이례적인 환대와 외교적 성과도 얻었다. 대통령의 표정이 밝지 않을 수 없다.

그런데 중국에서 귀국하는 기내에서 중국과 한반도 통일 논의를 시작할 것이라는 대통령의 말에 국민들은 다시 불안하다. 불과 몇 주 전에 새로운 남북관계를 북한과 합의했는데 통일 논의는 중국과 하겠다는 대통령의 통일외교 방향이 혼란스럽고 위험하다. 이산가족 상봉 실무접촉이 무난히 진행되고 일정까지 나와서 8·25 합의가 일단 실천되고 있지만 여전히 위태롭고 불안한 마음을 떨칠 수 없다.

어느덧 일상에 묻혀버린 지난 8월 25일의 기억을 떠올려 보자. 고위급 회담이 성사되어 전쟁의 공포가 가시는가 싶더니 장시간의 깜깜이 마라톤회담을 지켜보며 시민들은 혹시 하는 생각에 다시 가슴을 졸였다. 회담장의 문이 열리고 합의문이 발표되자 시민들은 전쟁을 막았다는 사실 하나에 안도하고 감사했다. 김정은 북한노동당 제1비서는 "화를 복으로 전환시킨 이번 합의를 소중히 여기고 풍성한 결실로 가꿔가야 한다"고 했고, 화답하듯 박근혜 대통령은 "합의를 잘 지켜 나간다면 분단 70년간 긴장의 악순환을 끊고 한반도 평화와 통일을 위한 협력의 길로 나아갈 수 있을 것"이라고 했다. 회담의 당사자들은 전쟁을 막은 영웅이 되었고 대통령의 지지도는 급등했다.

그런데 급박했던 정세를 차분히 새겨보면, 전쟁위기를 조성한 것도 전쟁위기를 해소한 것도 모두 남북한 집권당국자들의 몫이었다. 분단의 조건에서 남북관계를 조였다 풀었다 하는 것이 남북한의 당국과 집권세력에게는 정치공학적으로 필요한 일일지도 모른다. 하지만 시민들로서는 속절없이 생명과 생활을 담보로 피를 말린 일이 아닐 수 없다. 남북의 집권당국자들이 만든 위험에 떨다가 그들이 해소한 위기에 감사해야 하는 국민의 신세를 어떻게 설명해야 할까?

1972년 국제적인 데탕트와 국내정치의 위기 속에 남북이 합의한 최초의 통일원칙인 7·4 남북공동성명이 발표되었다. 통일이 곧 다가올 듯했다. 그러나 그로부터 3개월 뒤 남한에서는 급변하는 국제정세와 남북관계에 대응할 강력한 통치체제가 필요하다는 명분으로 위헌적 계엄과 국회해산, 헌법정지를 요지로 하는 대통령특별선언이 있었다. 유신체제가 들어선 것이다. 북한에서는 주체사상을 기반으로 하는 사회주의헌법이 채택되었다. 박정희와 김일성의 적대적 공존의 시대가 열렸고 양쪽에서 독재가 안착되었다. 박정희의 국민과 2015년의 시민이 그 신세가 다르지 않다.

분단국가에서 전쟁의 위기와 긴장은 무엇이든 한꺼번에 삼켜버리는 야수의 거대한 '아가리'를 떠올리게 한다. 분단의 아가리는 모든 사회적 이슈와 삶의 문제를 휩쓸어 삼켜버린다. 남과 북의 집권당국이 분단의 목줄을 조였다 풀었다 하는 동안 시민의 삶은 분단의 아가리를 들락거리는 먹이의 신세가 되고 만다. 분단의 아가리에서 시민의 숨통이 조여지면 우리 사회는 엄청난 비용을 지불했다. 무엇보다 시민들은 군사적 대결로 인한 불안의 비용을 치러야 했다. 불안이 고조되면 냉전의 무덤에서 이념의 좀비들이 깨어나 광기 어린 춤판을 벌였다. 이념의 비용이다. 분단의 위기는 북방경제의 기회를 차단해 기회박탈의 비용을 치르게도 했다.

남북한 당국은 과도한 비용으로 시민의 삶을 먹어치우고 시민의 영혼을 희롱하는 분단의 아가리 효과를 이제 멈추어야 한다. 시민의 삶이 먼저이고 시민의 안전한 삶이 우선인 통일전략만이 위기를 관리하고 통일을 앞당길 수 있다. 그것은 오히려 통일전략이기보다는 협력의 전략이 되어야 한다. 시민이 선택하고 시민이 앞서는 남북협력의 기회를 열어야 하는 것이다. 시민이 참여하고 시민이 함께하는 남북의 협력이 안전하고 옳은 통일의 길이다. 시민 없는 남북관계는 불안하고, 위험하며, 부당한 누군가의 게임이 되기 쉽다. 정치적 통일을 서두를 것이 아니라 경제적, 사회적, 문화적 협력의 기반을 닦는 것이 우선이다. 양국 정상이 만나 한반도 협력시대를 선언하는 것도 좋겠다.

한반도 협력시대의 개막이야말로 분단의 아가리 효과를 종식시키는 시민을 위한 통일의 경로다. 한반도 협력기반은 그 자체가 우리 사회를 획기적으로 변화시킬 신성장동력이다. 국민소득 3만 불을 막는 것은 노동자들의 쇠파이프가 아니라 남북의 집권당국이 만드는 분단의 아가리 효과이다. 분단의 관리와 통일의 과정을 시민에게 돌려주어야 한다.

—〈경향신문〉 31면, 2015. 9. 11.

당신들의 천국

기어이 역사교과서 국정화를 확정 고시하고야 말았다. 대통령은 현행 역사교과서 전체를 보면 좌편향되어 있다는 기분이 든다고 했지만, 나는 오늘 영혼을 강탈당한 기분이 든다. 국민적 저항을 외면하고 막무가내로 밀어붙이는 교과서 국정화과정은 아직도 떨쳐지지 않는 세월호의 데자뷔를 보는 듯하다.

세월호 사태 후, 국가개조라도 하겠다는 대통령의 약속은 간 데 없고 진상조사와 특별법 제정을 길게 끌면서 마침내 세월호 피로증이 언급되었다. 그리고 국민들은 둘로 나뉘어 증오와 적대를 심는 형국을 거쳤다. 그것 보란 듯이 정부와 집권 새누리당은 현실이 중요하니 잊을 건 잊자는 식으로 잽싸게 민생프레임을 가동시켰다. 망각의 시간이 왔고 책임으로부터 탈출이 자연스레 이어졌다. 하루 살기에 바쁜 존재의 참을 수 없는 가벼움은 언제나 칼자루를 쥔 권력을 바라보기 마련이라는 사악한 신념이 만든 정치가 아닐 수 없다. 국민의 고통을 이용한 고도의 정치공학이다. 여론의 틈새를 비집고 들어 국민을 둘로 나누는 행태는 오히려 정치공작에 가깝다.

다시 국민들은 시험에 들었다. 긍정의 역사를 쓰겠다는 국정화 몰아붙이기로 국민은 두 편으로 갈렸다. 그리고 다시 민생정치의 카드가 들락거린다. 이제 우리는 국정화 반대와 민생정치의 선택지 앞에 줄 설 것을 지금보다 더 가혹하게 강요당할 것이다. 선거를 앞둔 야당은 국정화 반대투쟁이 민생문제를 외면하는 정당으로 비칠까 더욱 불안할 것이다. 세월호에서 역사교과서 국정화로 쟁점은 달라도 과정은 판박이다.

이제 우리는 역사교과서 국정화 강행과 민생파탄이 모두 무모하고 무도하고 무능한 박근혜 정부라는 하나의 몸통에서 뻗어 나왔다는 사실을 직시해야 한다. 그래서 국정교과서를 반대하는 일과 민생파탄의 책임을 묻는 일이 하나라는 점을 분명히 해야 한다. 새누리당 김무성 대표는 젊은이들에게 번지는 이른바 헬조선이라는 생각이 편향된 역사교과서 탓이라고 했다. 이 말대로라면 역사교과서의 국정화야말로 헬조선을 헤븐조선으로 만드는 길이다. 세 살 난 아이가 웃을 일이고 우리의 현실이 왜 이 모양인가를 여실히 보여주는 대목이다. 대통령과 집권당이 헬조선을 구제할 의지도 능력도 없다는 사실을 고스란히 보여준 것이고, 민생파탄과 헬조선의 원인이 나라 안의 모든 문제들을 편향된 역사교과서 탓으로 돌리는 광신적 정치행태라는 사실을 자백한 것이기도 하다.

대통령과 여당 대표의 역사와 현실 인식이 이쯤 되면 국정화는 그분들에게 이미 신앙이다. '국정천당, 검정지옥'의 '국정교'가 탄생한 것이다. 정치가 역사에 손을 대는 순간 역사는 우상을 낳고 우상은 정치를 기형적 종교로 만든다. 이 종교에 빠진 이상 헬조선의 현실은 바뀌지 않고, 이 종교에 빠진 이는 더 이상 헬조선을 구하는 데 관심도 능력도 없다. 헬조선은 우리 시대 시민 삶의 현실을 가장 첨예하게 드러내는 표현이다. 취업도 결혼도 연애도 출산도 포기해야 하는 청춘들에게 현실은 지옥이나 다름없다. 우리 사회의 하위 50%의 자산이 단 2%에 불과하고, 상위 10%가 전체 자산의 66%, 상위 1%가 전체 자산의 26%를 갖고 있는 현실은 부의 양극화를 넘어 신분과 세습의 사회인 조선을 떠올릴 만도 하다. 어린 학생들 사이에 '금수저를 물고 났다'는 말이 유행하는 것도 희망 없는 사회의 단면이다.

이제 대한민국은 헬조선의 세계와 국정의 세계로 나뉘었다. 이른바 좌파 역사학자들이 만든 헬조선에서 고단한 삶에 허덕이는 국민을 한편으로 하고, 화려하게 치장된 대한민국의 긍정의 역사를 받드는 국정의 국민을 다른 한편으로 해서 나뉜 것이다. 고달픈 대부분의 시민들에게 자랑스러운 역사로 포장된 국정의 세상은 당신들의 천국일 뿐이다. 파탄 난 민생과 헬조선의 현실을 바꾸는 것이 우리 시대의 절명한 과제라면 이 우스꽝스럽고 일그러진 국정의 천국에 저항하는 데 시민들은 결집하고 연대해야 한다.

여당도 문제지만 야당도 문제라는 양비론도 이제 그만해야 한다. 국정의 광신이 도를 더하는 위험한 정부와 여당 앞에서 양비론은 도피이고 사치일 뿐이다. 시민이 결집하고 연대하여 함께 나아가야 한다. 썩은 권력의 그림자가 제도정치권의 야당만으로는 감당할 수 없을 만큼 길고 짙어졌다. 민주주의의 역사가 야당의 힘으로만 써진 적은 없다. 시민이 스스로의 몫을 해야 한다. 선거마다 패배하는 힘없는 야당을 일으켜 세워 강력한 정당으로 만드는 것도 시민의 몫이다. 비난과 멸시가 아니라 시민의 애정이 야당을 키운다. 시민이 일으키고 시민이 바꾸어야 헬조선이 변한다. 결연한 몸짓으로 당신들의 천국을 거부하는 일이 시민의 몫이 되었다.

—〈경향신문〉 31면, 2015. 11. 6.

8

노동과 시장

시장권력과 돈이
사람과 삶을 해체해버리는
정글의 시대를 살게 되었다.
사람이 모든 가치의 앞에 자리하는
새로운 시대를 열지 않고는
공동체의 통합적 에너지가
고갈되어 버리는 조건에 이른 것이다.

'명품족' 현상에 관하여

"프라다, 샤넬, 루이뷔통, 구치, 에트로, 버버리, 막스마라, 미쏘니, 페라가모, 에르메스, 펜디, 아르마니, 발리, 크리스챤 디올, 티파니, 까르띠에 … ."

연구실에 들른 학생들에게 명품에는 어떤 것이 있느냐고 물었더니 거침없이 쏟아져 나온 이른바 명품 브랜드들이다. 명품은 원래 탁월한 장인의 손을 거치거나 함부로 흉내 내지 못하는 기술로 만들어진 물건 혹은 제작과정에서 특별한 내력을 가진 이름 있는 물건 정도로 이해되어 왔다. 의미 그대로라면 명품은 경제적 가치가 아니라 물건이 가지는 상징적 가치에 의의가 있다. 따라서 명품의 수집은 경제적 측면보다는 문화적 가치를 중요하게 생각하는 소수의 특수층이 향유하는 일종의 취향이었다. 그러한 명품이 그 희소성 때문에 높은 경제적 가치가 부여됨으로써 그것을 소유할 금전적 여유가 있는 상류층이나 부유층이 선호하는 문화적 경향으로 확산되었던 것이다.

최근 들어 명품이라고 하는 것은 고도로 상품화되어 시장경쟁에서 우위를 가지는 값비싼 상표로 변신했으며 이를 사치품이나 호화 브랜드라는 말로 바꾸어 써도 전혀 어색하지 않게 되었다. 따라서 명품의 구입은 이제 더 이상 특수한 소수층의 취향이 아니라 돈만 있으면 누구나 살 수 있는 상품이 되었을 뿐 아니라 고가의 특정 브랜드를 구입하는 것이 전체 연령층에 걸쳐 확산되는 현상마저 나타나고 있다. 어른 아이 할 것 없이 이른바 '명품족'이라는 현상이 크게 확산되고 있는 것이다.

이 같은 최근의 명품족 현상은 경제적 기반이 안정되지 않은 젊은 층에게 유행으로 번지고 있으며 특히 대학생들에게 이러한 현상이 두드러진다는 점에서 우려할 만한 일이 아닐 수 없다. 패션명품에 대한 한 연구에 따르면 20대 여성들이 다른 연령대보다 훨씬 패션명품에 민감하며 특히 대학 재학생의 경우 패션명품에 대한 관심이 다른 집단에 비해 높다는 사실을 보여주고 있다. 20대, 넓게는 30대까지의 소비자층은 시장에 새롭게 등장한 강력한 구매력을 가진 집단으로 이 연령층의 소비패턴은 그만큼 사회전체에 미치는 영향이 클 수밖에 없다. 더구나 이들이 장차 가족과 경제력을 갖추면서 모든 소비재의 선택에 관여할 것이라는 점을 감안한다면 이 연령대의 왜곡된 소비문화는 시간이 지남에 따라 경향적으로 확산될 가능성이 있다는 점에서 심각하다.

우리 사회의 명품족 현상에는 몇 가지 문화적 혹은 사회경제적 배경을 생각해볼 수 있다. 첫째로 명품족 현상은 서구사회보다 한국, 일본, 대만 등 신흥공업국 일반에서 주로 나타나는 데에 주목할 필요가 있다. 급격한 산업화를 경험한 이 나라들에서는 독특한 문화를 가졌던 전통적 계층들이 빠르게 해체된 반면 공업화과정에서 형성된 신흥 부유층들이 사회를 주도하게 되었다. 이들은 자신들과 다른 계층의 차별화 수단을 경제적인 힘에 의존하여 물질적인 데서 찾음으로써 과시소비의 풍조를 확산시키는 데 기여했다. 스스로 품위 있는 문화를 갖지 못하고 물질적 가치에 의존하는 이러한 물신화의 풍조는 근대화 이후 우리 사회에도 일반화되었으며 탈근대적 특성을 갖는 새로운 세대에게도 일정하게 학습됐다.

둘째로 지식정보화 사회의 뉴미디어, 특히 인터넷문화의 중심에 있는 20대는 이른바 전자적 대중을 형성한다. 이들은 정보기술 혁신의 덕택에 전자적으로 네트워크화된 사회의 문화적 수혜자들이지만 인터넷문화의 익명성과 일회성에 의해 여전히 소외된 대중이다. 특히, 전자적 대중은 온라인상으로는 다양한 집단에 연결되어 있거나 커뮤니케이션을 갖지만 이러한 관계는 자기 의도에 의해서 언제라도 접속을 끊을 수 있다는 점을 전제로 하고 있다. 말하자면 인터넷을 통한 연결은 인격과의 대면이라기보다는 컴퓨터라는 기계 속의 언어와의 대면이라는 효과가 큰 것이다. 전자적 대중은 넘치는 정보와 다양한 오락거리로 인해 고독하지는 않으나 여전히 고립된 개인으로 존재하는 것이다. 어쩌면 산업사회의 대중보다 자아를 상실하기 훨씬 더 쉬운 전자적 대중들은 질서와 규범과 조직을 싫어하는 만큼 정체성의 위기를 겪기 쉽게 되어 있다.

이런 점에서 명품구입은 단순히 자기 과시를 위한 수단이라기보다는 개별화되고 해체적 사회에서 일종의 정체성을 추구하는 수단으로도 해석할 수 있을 것이다. 그러나 이러한 방식의 정체 추구는 실제로는 여전히 자기로부터의 도피일 뿐이다. 어쩌면 명품구입이라는 상표지향적 유행은 자기를 잃어버린 시대의 대중들이 만드는 맹목적 에피소드일 수 있다.

여기서 현대사회의 유행은 대부분 산업전략에 의해 제조된 유행이자 조직된 유행이라는 측면이 크다는 점을 염두에 둔다면 명품족 현상의 세 번째 배경은 기업의 마케팅 전략이 큰 몫을 차지한다고 말할 수 있다. 외국계 고급 브랜드의 자유로운 시장활동은 무엇보다도 신자유주의적 세계화 경향에 힘입은 시장주의의 확산과 연관되어 있다. 브랜드화된 명품은 시장경쟁력 강화를 위해 철저하게 기획된 유행의 결과일 수 있다. 따라서 명품족은 이렇게 의도된 유행에 적극적으로 포섭된 대중이라고도 말할 수 있다.

명품족 현상은 그것이 과시소비든 정체성지향의 수단이든 혹은 제조된 유행의 결과이든 간에 물건 자체보다 상표에 집착하는 극단적 물신화현상이라는 점에서 '브랜드 물신주의'라고도 할 수 있는 자기 소외를 우려하게 한다. 아울러 이러한 명품족 현상은 소비계층을 양극화시켜 새로운 사회적 균열을 가져올 뿐만 아니라 경제적 능력이 없는 층의 과도한 명품구입 욕망이 초래할 수 있는 사회문제도 우려된다.

1980년대 이래 세계를 휩쓰는 시장주의의 광풍은 공동체의 해체를 우려케 했을 뿐 아니라 사회의 죽음까지도 예고한 바 있다. 20대의 청년층은 무엇보다도 명품구입이라는 소비행태를 통해 이러한 시장주의를 가속화하는 물신주의에 빠져들 것이 아니라 오히려 공동체의 유지와 사회의 회생을 위해 고민해야 할 것이다. 개인적 욕구의 과도한 추구가 아니라 소비영역에 있어서도 호혜와 배려의 문화를 구축하고 공존의 윤리를 되돌아보는 사려 깊은 시민으로서의 훈련이 필요한 시점이다. 이른바 명품족에게 이르건대 유행의 주기로 보더라도 지금과 같이 명품이 상표화되어 확산된 경우는 더 이상 명품을 명품이라고 말할 수 없다. 그럼에도 불구하고 여전히 명품만을 좇는다면 그것은 철학 없는 시대의 맹목이자 공허한 정신의 선택임을 보여주는 것일 뿐이다.

—〈고대투데이〉 2002년 겨울호.

국민의 바람은 균형사회

2010년 한국사회는 국가의 역할에 목말라 있다. 민주화 이후 한국사회는 시장영역과 기업의 힘이 다른 어떤 시기보다 커졌다. 여기에 동구사회주의권 붕괴 이래 지구 전역으로 팽창된 신자유주의의 시장화 경향은 기업의 권능을 한껏 확장시켰고, 이명박 정부의 이른바 실용주의 노선이 기업의 질주에 힘을 보탰다. 시장의 힘이 팽창된 가운데 비정규직의 증대, 청년실업의 확대, 빈곤층의 증가와 맞닿은 시민의 삶은 고단하기 짝이 없다. 이러한 현실은 사회의 양극화와 공동체 해체의 징후를 감지하게 함으로써 시장에 대한 국가개입의 기대를 증가시키고 있다.

이번 〈한겨레〉의 국민의식조사 결과에는 시장과 기업중심사회로의 변화에 대한 국민들의 피로감이 짙게 묻어난다. 조사 결과에 나타난 사회의식은 다음과 같은 특징들을 포착할 수 있다.

첫째, 사회양극화로 귀결되는 약육강식의 시장사회에 대한 우려가 크게 반영되어 있다. 우리 사회의 미래상을 그릴 때 성숙된 민주주의 사회나 문화적 자유와 창의성이 존중되는 사회는 이제 사치가 될 정도로 현실이 각박해진 것일지도 모른다. '빈부격차가 크지 않은 사회'를 공통적으로 지목하고, 시장경제에 대한 국가개입의 확대가 바람직하다는 생각을 공유하는 데는 시장의 공공성에 대한 불신과 불안이 배어 있다. 특히, 젊은 세대일수록 빈부격차가 크지 않은 사회에 대한 바람이 강렬하다는 사실은 청년세대의 위기가 그만큼 가혹하다는 점을 말해준다.

둘째, 정책지향에 있어서 실질적인 진보성향이 크게 늘어났다. 2004년의 조사와 이념지형을 비교할 때 중도성향은 큰 변화가 없으나 무응답이 크게 늘어났고(13.8%), 진보성향이 줄어들어 보수와 진보가 비슷한 분포가 되었다. 화이트칼라가 블루칼라에 비해 진보적이라는 점이 눈에 띄며, 젊은 세대일수록 진보성향이 뚜렷하지만 전체적으로는 이념성향이 잦아든 감이 있다. 그러나 시장경제에 대한 국가역할 확대, 우리 사회의 미래상, 지향할 사회상으로서의 북유럽형 복지국가에 대한 선호도는 보수 진보 모두 높다는 사실과 함께, 구체적인 복지정책에 대한 입장도 유사하다는 점은 적어도 사회발전의 방향과 정책적 선택에 있어서 우리 사회의 진보성이 증대한 것으로 해석할 수 있다. 이러한 점은 한국사회에서 지식인 중심의 담론으로서의 이념대립과 실질적 정책에 대한 국민적 선호로 나타나는 이념구도는 차이가 있다는 점을 가늠할 수 있게 한다.

셋째, 삶의 균형성을 추구하는 의식이 크게 높아졌다. 특히, 지역, 계층, 세대, 이념에 관계없이 복지를 통한 형평성을 추구하거나 국가가치와 개인가치가 공존하는 현상 등은 균형사회를 전망하게 한다. 2004년의 조사에 비해 복지의 가치가 크게 늘어나면서 성장과 분배에 대한 선호도가 비슷한 수준이 되었다. 또 복지정책과 관련된 평등주의적 인식이 높고 국가역할과 공동체 가치의 복원을 추구하면서도 개인의 노력에 따른 성공 가능성 또한 내면화되어 있어 사회의 모든 영역에서 균형성의 회복에 대한 열망이 높다.

이번 조사는 우리 사회가 더 이상 추상적인 경제위기 극복이나 총량적인 부를 늘리는 데 관심을 갖기보다 일상의 안정된 삶, 상생과 공존의 공동체에 기반을 둔 균형사회에 대한 바람이 크다는 점을 보여준다. 정부 정책의 우선순위는 국민이 가장 원하는 것에 두어져야 한다. 정부가 몰입하는 대규모 토목공사나 알맹이 없이 화려한 정치적 수사들은 국민들의 염원과는 늘 엇박자일 수밖에 없다. 2010년의 국민들은 정부가 균형사회로의 안내자가 되기를 바라고 있다.

—〈한겨레〉 9면, 2010. 5. 14.

스포츠군중과 자유의 아이들

월드컵의 열기가 식으면서 응원문화에 대한 반성의 소리가 흥미롭다. KBS 인기프로그램 〈개그콘서트〉의 한 코너에 등장하는 '동혁이 형'도 이번 월드컵 응원의 상업화와 세칭 '응원녀'의 행태를 성토한 모양이다. 그의 독설에 나도 공감하면서 유독 "태극기가 속옷이냐?"는 대목이 크게 들린다.

2002년 월드컵 응원의 가장 큰 충격도 젊은 여성들의 태극기패션이었던 것으로 기억된다. 국기는 민족과 국가의 상징으로 신성하고 엄숙한 숭배의 대상이었다. 특히, 식민과 전쟁의 20세기에 국기는 침략과 지배에 대한 항거와 민족적 성취를 응축한 국가주의의 표식이었다. 그 태극기가 2002년의 월드컵 응원에서 젊은이들의 몸을 감싼 발칙한 패션으로 처음 등장한 것이다. 나는 당시 태극기패션에서 20세기적 국가주의의 쇠퇴를 읽었고, 올해 다시 등장해 속옷으로 지탄받은 국기패션에서 1990년대 이래 가속된 탈냉전과 지구화의 거대변동을 다시 확인하고 있다.

인터넷을 비롯한 뉴미디어의 초고속 성장은 지구촌 전체를 네트워크화함으로써 월드컵이 어디에서 개최되더라도 현장성을 공유하게 한다. 여기에 스포츠 시장주의의 팽창은 예선을 통과한 나라의 국민들을 월드컵의 열광적 소비자로 둔갑시켜 점점 더 거대한 스포츠 군중을 양산하고 있다. 새로운 문제가 없지는 않으나 중요한 것은 서울광장과 영동대로, 한강변을 가득 메운 붉은 물결에서 우리는 이념의 적이 사라진 탈냉전의 민주주의에서 자란 '자유의 아이들'을 보고 있다는 점이다. 그들은 한국팀을 응원하는 민족성을 비치지만 광장에서의 해방을 만끽하며 자신의 열정을 표출하는 데 오히려 충실하다. 또 북한팀의 패배에 아쉬워하며 정대세의 매력에 흠뻑 빠지기도 한다.

그러나 우리 사회의 일각에서는 이 엄청난 자발적 응원 군중에게서 국가발전을 위한 규율된 동원의 에너지를 연상하는 흐름이 없지 않다. 또 같은 맥락에서 사회통합과 소통의 가능성을 찾기도 한다. 번지수가 틀린 이 같은 상상력과 예단이 탈냉전적 자유의 세대에게 국가주의의 굴레를 덧씌우는 일로 보이는 것은 나만의 걱정인가? 최근 참여연대가 천안함 침몰사건에 대해 유엔 안보리에 보낸 서한을 문제 삼아 극단적인 보수진영이 일제히 이적 매국행위로 규탄하는가 하면, 국무총리라는 분은 '이들이 어느 나라 국민인가'를 외친 일 또한 시대착오적인 냉전적 국가주의의 그림자가 아닐 수 없다.

나는 나랏일을 맡은 분들, 특히 정치인들이 사회변동에의 감수성을 크게 높였으면 하는 생각을 자주 한다. 선진화를 구호가 아니라 현실로 만들려면 일상에서 드러나는 지구적 현상을 포착하고 그것에 적응적인 정치전망을 가져야 한다. 그러한 과제에 어둡거나 애써 눈 감으면서도 자리보전하고 있는 것은 국민에 대한 모독이기도 하다.

7월 6일자 〈위클리 경향〉 '신경숙의 눈'에서 신 작가는 2002년 월드컵의 길거리 응원에 몰입했던 자신을 떠올린다. 그리고 올해 월드컵의 열띤 분위기에서는 축구보다 책 읽기가 좋은 자신의 모습에 일순 당황하는 듯하다. 그러나 곧 축구보다 버들붕어, 기러기, 두꺼비 등 자연의 세계에 몰입한 책 읽는 한나절이 행복했다고 고백한다. 그래, 이것이 바로 오늘 우리 시민사회의 모습일 수 있다. 국가주의에 내몰린 규격화된 스포츠민족주의가 아니라 민족적 가치가 시민적 자발성에 기반을 둔 다양한 다른 가치와 공존하는 것이야말로 지구시대의 정상적 사회상이다. 광장에서 내뿜는 월드컵의 열기와 환경서적에 심취한 이가 공존하는 것이 2010년 우리 시민사회의 정상성인 것이다.

— 〈위클리경향〉 884호, 2010. 7. 20.

기업권력과 시장권위주의

미시령터널 속초 쪽 입구에서 그리 멀지 않은 화암사는 단아한 풍광이 좋아 한 번씩 찾게 된다. 중학생 아들과 함께 들른 길이라 법당 왼편 언덕 위에 자리한 삼성각을 향했다. 불교가 도입될 때 토착신앙과의 관계를 설명해주려는 나름의 교육적 의도를 갖고 걸음을 옮기는데, 느닷없이 아이가 하는 말. “아빠, 삼성각도 삼성 꺼야?” 아비의 표정을 살피며 수준 높은 농담을 했다고 자부하는지 아니면 무지한 진담이었는지 가늠하기 힘든 야릇한 미소를 짓는다. 그 미소를 보며 ‘이 아이도 이미 세태를 아는가’라는 생각에 문득 당혹감이 든다. 돌아오는 내내 아이들에게조차 세상이 온통 삼성의 것으로 이해되는 이 시장권력의 시대를 떠올리니 긴 운전의 피로에다 마음마저 무거움이 밀려온다.

정치권력이 무시무시했던 시기가 있었다. 특히, 군인의 시대에 정치권력은 더욱 무소불위였다. 민주화 이후 정치권력은 그래도 유권자인 시민의 표는 의식하는 모양을 갖추었다. 그러나 우리 사회는 어느덧 시장권력이 정치권력을 넘어 통제력을 잃고 넘실대는 형국을 드러내고 있다.

삼성경영권 불법승계 사건은 국민적 관심을 모았고 이건희 회장은 결국 실형을 선고받았다. 그러나 몇 개월 뒤 이 회장 단 한 사람을 대상으로 이른바 나홀로 사면이 단행되었다. 이유가 뭐든 명백하고 공공연한 법치의 위반이다. 사면 후 이 회장은 정운찬 전 총리가 동반성장 전략으로 제시한 초과이익공유제에 대해 대립각을 세우면서 어느새 다시 제왕의 자리로 돌아와 있었다. 그는 이익공유제에 대해 "경제학 책에서 배우지도 못했고 누가 만들어낸 말인지 … 들어본 적이 없다"며 조롱어린 말로 묵살했다.

최근 파문을 일으킨 전경련의 비밀문건은 재벌총수들의 국회출석 방지와 반기업 입법의 저지를 위해 거물정치인에 대한 로비할당 지침을 담고 있다. 몇몇 무도한 전경련 간부의 행태 탓이 크다고 하지만 기업권력의 의회장악 시나리오나 다름이 없다. 과거 독재정권에서의 정경유착은 강제였다고 핑계 삼을 수 있었지만 팽배한 기업권력의 시대에 이러한 시나리오는 브레이크 없는 시장권력의 만용으로 비쳐지지 않을 수 없다. 지난날은 부패한 정치권력이 시장권력을 오염시킨 셈이었다면 오늘날은 견제 없는 시장권력이 정치권력을 부패시키는 꼴을 예감하지 않을 수 없는 것이다.

부산의 영도에서 200일이 넘게 이어지고 있는 한진중공업사태의 사측 태도는 어떠한가? 노사의 극한대결에 정부는 속수무책의 시간을 보냈고, 3차에 걸쳐 수만의 시민들이 희망버스를 탔지만 기업의 총수는 해외를 떠돌다 이제 돌아와 여전히 본질을 회피하는 말들을 쏟아 냈다. 어려운 경영환경이나 기업운영의 문제 이전에 시장권력의 오만이 눈살을 찌푸리게 한다.

기업의 어려움을 모르는 사람은 드물다. 우선 회사가 살아야 한다는 논리도 틀리지 않다. 문제는 시민들의 눈에 그리고 기업의 치열한 전투에서 패배하거나 낙오된 사람들의 입장에서도 총수나 사측의 태도를 어느 정도는 수긍할 수 있게 하는 공감의 질서를 만드는 일이다. "권력은 이미 시장으로 넘어갔다"는 노무현 전 대통령의 말은 감상이 아니라 분명한 현실이 되었다. 시장권력이 어떻게 사용되는가에 따라 세상이 달라질 판이다.

군부독재는 계엄이다 긴급조치다 해서 요란스럽게 시민사회의 숨통을 조였지만, 기업권력의 거침없는 질주는 노동자와 시민의 밥줄을 조용히 자른다. 이 점에서 오늘날 두려울 것 없는 기업의 세상을 시장권위주의라 부를 만하다. 그러나 참을 수 없는 권력의 오만에 대한 시민의 저항은 시장권력이라고 예외가 될 수 없다. 기업도 시민의 마음을 가져야 한다. 노동자와 시민의 아픔에 공감하는 기업의 시민성이야말로 가장 본원적인 성장 동력일 수 있다.

—〈주간경향〉 939호, 2011. 8. 23.

사람이 먼저인 정치

민주통합당 문재인 후보가 새로운 정치에 관한 구상을 발표했다. 그간에 야권후보 단일화에 대해 안철수 후보는 정치권의 쇄신을 우선적으로 요구했다. 그러나 정작 우리 정치가 바뀌어야 할 구체적인 쇄신의 과제에 대해서는 말을 아껴 대통령후보로서 안 후보가 과연 무엇을 하려는지 짐작하기 어렵게 했다. 최근에 정치쇄신의 원칙을 그나마 협력정치, 직접민주주의, 특권 포기라고 언급했으나, 이 역시 마치 선승이 화두를 내뱉듯이 던져 놓아 자신은 선계에 앉아 속세의 정치에 훈수 두는 입장을 취했던 것이다. 안 후보가 과연 현실정치영역에 들어오기나 한 것인지 여전히 헛갈린다. 후보 단일화의 큰 산을 앞에 두고 대선 판을 풀어나가는 안 후보 측 나름의 산법이 있겠지만 안철수표 정치의 내용을 드러내기에 이렇게 인색하고서야 국정운영의 능력에 대한 의심의 눈길을 피하기 어려울 수도 있다.

정당정치 혁신의 무풍지대인 새누리당을 논외로 한다면 쇄신의 과제는 온전히 거대 야당이라는 정치적 기반을 가진 문재인 후보의 몫이었다. 국민들로서는 안철수식 초인정치의 속살을 들여다보기보다

오로지 문 후보가 어떤 비답을 내놓을까에 관심을 가졌다. 지난 22일 마침내 문재인 후보가 준비된 보따리를 풀기 시작한 것이다.

문재인 후보는 기득권과 특권을 내려놓는 것이 쇄신의 시작이라고 했다. 책임총리제, 선거제도 개혁, 비례대표 확대, 선거구 획정위원회의 독립기구화, 그리고 공천권을 국민에게 돌려주는 방안 등이 구체적으로 언급되었고, 품격 있는 상생의 정치를 위한 방안도 마련했다. 각각의 개혁안들은 지역정치 기반의 기득권 구조로 볼 때 대단히 혁신적인 방안이라고 하지 않을 수 없다.

나는 문 후보가 발표한 내용 가운데 새로운 정치의 거대 프레임으로 언급한 '사람이 먼저인 정치'라는 대목에 주목한다. 이번 선거에서는 정치변동의 큰 방향이나 새로운 정치질서의 패러다임이 보이지 않았다. 말하자면 정책과 쇄신의 과제들을 한꺼번에 담아내는 보다 큰 그릇의 모양은 보이지 않는 것이다. 이 그릇을 보여주지 못하는 것은 후보들의 정치구상이 그만큼 얕고 덜 체계적이라는 점을 말해준다. 이 점에서 문 후보가 제시한 사람이 먼저인 정치는 시대정신과 새로운 정치의 역사적 전망을 제대로 담은 올바른 방향설정으로 보인다.

사람과 삶을 모든 정치적인 것의 중심에 두는 정치의 시대는 어쩌면 군부독재체제를 무너뜨린 민주주의 혁명의 정치전환보다 훨씬 더 근원적인 정치변동의 의의를 갖는 것일 수 있다. 근대 인류의 정치질서는 제도화된 폭력을 독점하는 국가권력이 사람과 삶을 억압하고 지배하는 질서를 구축했으며 침략과 독재, 이념적 극한 대결의 정치질서를 만들기도 했다. 억압적 국가권력의 시대 이후 우리는 신자유주의적 시장질서의 확장으로 가시화된 시장과 자본의 시대를 맞았다. 시장권력과 돈이 사람과 삶을 해체해버리는 정글의 시대를 살게 되었던 것이다. 국가권력과 시장권력의 중복된 억압의 시대를 살면서 우리는 더 이상 고단하고 팍팍한 삶을 견디기 힘든 고도의 박탈적 상황에 이르렀다. 사람이 모든 가치의 앞에 자리하고 자기실현적 삶을 사람들에게 돌려주는 새로운 정치의 시대를 열지 않고는 공동체의 통합적 에너지가 고갈되어 버리는 조건에 이른 것이다.

사람이 먼저인 정치는 이 같은 가혹한 현실을 넘어서는 근대 정치질서의 제 3의 거대 전환을 의미하는 것일 수 있다. 문재인 후보의 사람이 먼저인 정치와 비견되는 새로운 정치질서에 대한 비전들이 각 후보 진영에서 제시됨으로써 정치쇄신의 큰 그림이 비교될 수 있었으면 좋겠다.

—〈위클리경향〉, 일자 미상.

노동하는 시민의 시대

정부의 노동개혁 드라이브가 거세다. 고용노동부의 1차 노동시장 개혁 추진방안 발표가 있은 후 당·정·청이 팔을 걷어붙이는 모양새다. 한국노동연구원이 '공정한 인사평가에 기초한 합리적인 인사관리'라는 사실상의 해고 가이드라인을 들고 여기에 가세했다. 정부출연연구기관의 손을 빌렸지만 실제로 정부안인 셈이다. 대통령의 대국민담화까지 보탰다. 핵심은 임금피크제와 취업규칙 개정이다. 청년층 고용 창출을 위한 노동시장의 유연화가 골자인데, 노동자의 임금을 깎고 노조 동의 없는 근로조건 변경을 가능하게 해서 실업대책을 세우자는 것이다. 말하자면 더 적은 임금과 더 쉬운 해고가 정부의 노동개혁 방향이다. 그런데 이러면 노동부문이 시대의 고통을 홀로 떠안는 게 되지 않는가? 왜 노동자만 그래야 하는가? 그리고 그 일을 왜 정부가 드러내 놓고 몰아붙이는가?

경북대 경제학과 이정우 교수는 최근 퇴임을 기념하는 한 강연을 '한국은 왜 살기 어려운 나라인가?' 라는 제목으로 시작했다. 그는 한국이 살기 힘든 세 가지 이유 가운데 하나로 노동의 열위를 들었다.

1997년 IMF 외환위기 이후 자본은 노동에 비해 압도적인 우위를 차지했다. 임금의 정체, 비정규직의 대폭증가, 노동조합의 약화, 자본수익률과 이윤의 고공행진 등이 이를 입증한다. 최근 우리 사회에는 취업자 가운데 노동자의 비율이 약 70~80%에 이른다. 취업인구의 대부분이 노동자이고 노동의 지위가 점점 더 추락하게 되면 대부분 시민의 삶이 그만큼 팍팍해진다. 살기 어려운 나라가 될 수밖에 없다. 정부의 이번 노동개혁안은 가뜩이나 위축된 노동자들의 처지에 소금을 끼얹는 일이 아닐 수 없다. 동정은 못 할망정 쪽박까지 깨는 일이고 노동자들이 더 살기 어려운 나라로 가자는 것이다.

이번 주말이면 70주년을 맞는 광복절이다. 한일합방에서부터 해방까지를 흔히 일제 36년의 강점기라고 하니 올해 광복 70년은 해방 이후 두 번의 강점기만큼 시간이 흐른 셈이다. 일제가 강점했던 시간의 두 배가 더 흘렀는데도 우리는 왜 이렇게 살기가 어려운가? 광복 70년의 감회로 세상이 들썩이는데 나는 이번 70주년의 광복절이 우리 삶에 대한 진지한 집합적 성찰의 시간이 되었으면 한다. 그리고 '우리는 왜 좀더 살기 편한 나라를 만들지 못하는가'라는 질문의 답을 찾았으면 좋겠다.

우리는 너무 오래 국가와 정부와 정치가 시민의 삶과 멀리 떨어져 있었다. 살기 좋은 세상은 시민의 삶이 공적 질서의 중심에 있는 세상이다. 시민의 삶을 유지하는 가장 근본적인 동력은 노동이다. 아무리 유연화 되고 주변화되더라도 노동은 여전히 인간 삶의 원천이며 노동의 가치는 삶의 가장 근본 가치다. 적어도 광복 70년의 노동개혁은 모든 공적 질서의 중심에 시민의 삶을 두고, 시민의 삶의 중심에 보편적 노동의 가치를 두는 그런 방향성을 가졌으면 하는 무망한 바람을 가져본다.

내친김에 허망한 그림이라도 그려보자. 광복 70년에 정부가 지향하는 노동개혁은 위축된 노동의 현실과 변함없이 추구되어야 할 노동의 가치 사이에서 노동의 미래를 여는 새로운 패러다임을 전망하는 데서 출발하는 것도 좋겠다. 우리 시대 노동의 세계는 투쟁하는 계급의 가치가 아니라 생활하는 시민의 가치로 그 외연이 확장되어야 한다. 계급가치를 추구하는 노동의 시대를 넘어, 생활가치를 생산하는 노동의 시대를 열어야 한다. 노동계급의 시대에서 노동하는 시민의 시대로 나아가야 하는 것이다. 이것이 노동의 가치를 보편화하고 노동의 공공성을 확장하는 길이다.

노동이 생활시민의 가치라는 새로운 패러다임과 새로운 시대정신으로 재구성될 때 우리 시대 노동의 세계는 획기적으로 넓어지고 깊어질 수 있다. 그래서 무엇보다 광복 70주년의 노동개혁은 노동의 공공성을 확장하는 방향성을 갖고 노동의 가치를 더욱 보편화해야 한다. 여기에는 기업의 협력이 요구되기 때문에 노동개혁은 반드시 재벌개혁과 병행되어야 한다. 그리고 이제 노사문제에 정부가 좀 덜 개입해야 한다. 스웨덴의 선진적 노사문화는 노사자율협상과 합의가 역사적으로 누적된 성과이다. 정부가 개입하는 개혁이 잘못된 것을 바로 잡기 위해 필요하다면, 노동개혁은 무엇보다도 훼손된 노동의 가치를 복원시키는 일이 먼저다. "노동은 자본에 선행하며 독립적이다. 자본은 노동의 아들이며, 노동 없이는 애초에 존재하지조차 않을 것이다. 노동은 자본보다 우위이며, 더 우대받을 자격이 있다." 미국 16대 대통령 에이브러햄 링컨의 말이다.

—〈경향신문〉 27면, 2015. 8. 14.

위태로운
노동의 시대

총선이 끝난 후 노동계에 격랑이 몰아치고 있다. 조선 해운산업 구조조정과 성과연봉제라는 두 개의 쓰나미가 동시에 덮친 것이다. 조선 해운산업은 이미 사양산업이 된 지 오래기 때문에 정부의 구조조정 자체를 탓할 수는 없다. 오히려 더 과감하고 근본적인 구조조정이 필요할 수도 있다. 문제는 그간 세계경제의 오랜 불황으로 해운과 선박 수요가 크게 줄었고 그로 인한 위기는 상수가 되었는데도 정부와 기업의 방만이 부실을 키운 데 있다. 이 거대한 부실의 피해는 고스란히 노동자의 것이 되고 말았다. 다급하고 대책 없이 감행하는 구조조정이 이제 수만 명의 노동자들을 길거리로 내몰고 있다.

조선 해운산업의 구조조정은 대량해고로 인한 노동의 위기를 예고한다. 이와 달리 금융부문과 공공부문의 성과연봉제는 그나마 힘겹게 유지되고 있는 노동공동체를 무너뜨리는 또 다른 노동위기를 예고하고 있다. 성과주의는 금융이나 공공부문만이 아니라 다양한 영역에서 신자유주의를 실패로 이끈 요인으로 판명된 바 있다. 성과주의는 동기부여나 실적 향상, 전문인재 육성 같은 목적을 이루기보다 실제로는 대부분 부작용을 초래하는 것으로 알려져 있다. 최근 대학에서도 성과주의가 만든 쓸모없는 논문 양산에 대한 성찰과 함께 인센티브제도의 변화를 시도하고 있다. 영국 은행들은 성과연봉 도입 후 불완전 판매로 벌금 67조 원을 물어 신뢰도 추락을 경험한 바 있다. 마이크로소프트, 익스피디아, 어도비 등 세계적인 기업들도 성과연봉제를 폐지했다. 일본에서도 미쓰이물산, 후지쓰, 맥도날드 등에서 성과주의는 실패했다. 무엇보다 월스트리트에서 출발한 2008년의 세계경제위기는 리스크가 누적된 파생금융상품에서 비롯되었고, 바로 이 같은 파생상품의 개발은 성과주의의 효과였다. 다른 무엇보다도 성과연봉제의 확대는 금융소비자에게는 리스크를 가중시키고 노동공동체를 지탱하는 노동조합을 해체시키는 살벌한 무기가 될 수 있어 뒤끝이 더욱 걱정스럽다.

구조조정이든 성과연봉제든 노동의 위기는 자본의 위기와 맞물려 있다. 우리 사회처럼 비윤리적인 자본주의에서 자본축적의 위기, 즉 성장에 브레이크가 걸리면 그 책임은 고스란히 사회의 가장 약한 고리가 떠안게 된다. 그 최후의 사회적 고리에 노동자가 위치하고 나아가 비정규직 노동자, 파견노동자가 위치한다. 성장이 멈추면 먼저 노동자들이 일터에서 배제된다. 성과연봉제 같은 경쟁장치로 더 많은 수익을 노리는 만큼 누군가는 경쟁에서 탈락해 일터를 떠나야 한다. 자본의 위기 앞에 언제나 노동은 가장 먼저, 가장 힘없이 무너진다. 사회적 안전망과 노동복지의 수준이 턱없이 낮은 우리 사회의 현실이다.

사회질서의 근본과 원칙으로 돌아가 보자. 노동은 인간 삶의 근본적 요소다. 인간은 노동하며 스스로를 실현해낸다는 점에서 노동이야말로 인간을 가장 인간답게 하는 활동이다. 노동절을 맞아 낸 〈경향신문〉의 특집기사에 따르면 노동이라는 말을 듣고 초등학생들이 떠올린 단어는 힘든 일이었고 심지어 노예나 천민을 떠올렸다고도 한다. 또 앉아서 일하는 마트의 계산원을 보고 "건방지다", "예의 없다"고 답했다. 자신을 실현해내는 가장 숭고한 인간활동으로서의 노동이 아이들의 의식 속에 노예와 천민을 떠올리고 오직 근면과 복종만이 요구되는 일로 비친 것이다. 21세기 대한민국의 아이들에게 내면화된 기형적 사회관이 아닐 수 없다. 분단체제 대한민국에서 노동은 한 번도 숭고한 가치인 적이 없었고 인간 삶의 가장 보편적 가치인 적도 없었다. 노동은 하지 말아야 하고, 노동자는 되지 말아야 하는 것이었다.

구조조정과 성과연봉제라는 쓰나미의 저 깊은 해저 진앙에는 한 번도 세상의 중심이 되어보지 못한 늘 위태롭고 배척된 노동이 있다. 불안하고 위태로운 시대의 중심에 흔들리는 노동이 있는 것이다. 그래도 노동이 자본을 만들고 자본은 노동의 결실이라는 사실만은 변함없는 진리다. 그래서 인간노동이 삶의 근본이고, 노동하는 시민의 삶이 모든 질서의 중심이 되는 게 순리다. 이제 우리 사회의 패러다임을 좀 바꾸자. 어떤 구조조정에도 노동자의 삶이 파괴되지 않는 질서, 성과주의의 이름으로 노동자의 존재양식을 파괴하지 않는 질서,

모든 이의 삶, 모든 노동자의 삶이 무엇보다도 우선하는 패러다임이 아이들의 교육에서 국가비전에 이르기까지 작동하도록 이제 근본적으로 좀 고민해 보자. 지난 해 스웨덴의 전문직 노동조합(TCO)을 방문했을 때 "우리는 '일자리'를 지키는 것이 아니라 '사람'을 지킨다"고 하던 직원의 말이 천둥처럼 울렸던 기억을 떠올린다. 이 엄혹한 노동위기의 시대를 노동의 가치가 가장 인간적인 가치이자 가장 미래적 가치로 재구성되는 기회로 만들 수는 없을까?

—〈경향신문〉 31면, 2016. 5. 20.

9

시민운동과 촛불혁명

촛불대항쟁은

이미 문명사적 사건이 되었다.

그러나 더 크고 맑고 차가운

촛불의 눈으로

정치권의 움직임을

뚫어지게 직시해야 한다.

그리고 완전히 새로운 대한민국을

만들라고 외쳐야 한다.

저항의 권위에서
소통의 권위로

국회의원 당선자를 위한 청와대 연회에서 '님을 위한 행진곡'이 울려 퍼졌다고 한다. 언론에서는 이를 두고 수군대기도 했지만 우리 정치사의 맥락에서 본다면 이는 분명히 한 시대의 종결을 알리는 장면인 듯하다.

1987년 6월 항쟁은 다양한 정치세력이 결집되었으나 직선제개헌이라는 최소한의 공동목표에 합의했으며 이 목표는 이루어졌다. 그러나 민주화운동을 주도한 정치세력에게 직선제 개헌의 실질적 의의는 신군부를 비롯한 권위주의 정치세력의 교체를 의미하는 것이었다는 점에서 1987년은 미완성으로 남겨졌던 것이다. 6월의 좌절된 목표는 1987년 이후 연속적으로 추구되었다. 그러한 노력은 1980년대 운동의 제도화과정으로 지속되었다. 즉, 정당을 만들거나 기존정당에 들어가 제도정치로 진입하는 경로가 있었고, 다른 한편으로 시민운동으로 전환하는 경로가 있었다.

각 경로에서의 노력은 이제 2002년의 대선에 이어 2004년의 총선 결과를 만들었고 마침내 1987년의 정치세력은 정부와 국회를 중심으로 하는 제도정치의 주도세력이 되었다. 바로 이 점에서 1987년 6월 항쟁은 2004년의 거대한 리허설이었으며, 2004년은 1987년의 피날레라고 할 수 있다.

이러한 피날레는 이제 우리 사회에서 안정된 제도로서의 기능을 갖는 시민단체에게 오히려 중대하고도 심각한 전환점을 맞게 한 것 같다. 1987년 이후 지난 17년간 시민단체가 전개한 운동의 정당성은 저항에 있었다. 제도적 수준에서 시민단체는 법률청원, 의정감시, 예산감시, 정보공개운동 등을 꾸준히 추진함으로써 개혁 관련 정책 이슈 제기와 정치권 감시활동이라는 일상적 저항활동에 진력하는가 하면, 총선시민연대에서 탄핵정국의 촛불집회까지 대규모 저항행동을 주도하기도 했다. 선거국면에서 시민단체의 정치개입은 언제나 홍위병론이 따르고 포퓰리즘이라는 비난이 있었지만 시민단체는 안정적으로 성장한 것이 사실이다. 시민단체의 성장은 적어도 구정치 질서에 대한 저항이 정당했다는 점을 보여주는 것이며 이러한 정당성은 시민단체가 구축한 저항의 권위라고 말할 수 있다.

1987년의 종결은 시민단체의 저항적 권위의 시효만료를 의미한다는 점에서 이제 시민단체와 시민운동영역에서 권위의 위기, 정당성의 위기를 토론할 시점이 되었다. 권위와 정당성의 문제는 리더십과도 관련되지만 그보다 근원적이다. 리더십이 개인적이고 전술적인 요소가 강조된다면, 권위와 정당성은 시민단체의 내부질서, 시민단체와 다른 영역 혹은 시민단체와 시민의 관계에서 형성되는 객관적이고 구조적인 측면이 강조된다. 저항의 권위는 이런 점에서 시민단체 활동가들의 역량이나 시민의식뿐 아니라 조직구조 나아가 정부 및 기업과의 관계에서 장기적으로 구축된 것이다.

이제 저항의 권위가 해체되면서 시민단체가 추구해야 할 새로운 정당성의 원천은 소통의 능력에서 찾아질 필요가 있다. 지금 우리 사회에는 모든 영역에서 구래의 권위주의적 권위구조가 해체되는 징후를 보이고 있다. 대통령의 권위에서부터 직장, 학교, 가정에 이르기까지 구래의 권위구조가 해체되면서 사회의 복잡성이 그 어느 때보다 증폭되고 있는 것이다. 여기에 지구적 수준에서 전개되는 세계화, 정보화, 민주화의 거대 경향은 이러한 복잡성을 훨씬 증대시키고 있다. 이 같은 시민사회의 다원성과 복잡성은 이념과 이익, 가치를 막론하고 어느 일방이 지배적인 우월성을 가질 수 없는 조건을 만들고 있다. 문제는 복잡한 욕망과 쟁점들이 합리적으로 소통할 수 있도록 만드는 소통의 능력인 것이다.

시민단체의 저항적 권위는 다른 어떤 요소보다 권위주의적 부패정치와 대비되는 도덕성에 바탕을 두었기 때문에 소통의 능력은 제한적으로 발휘되었다. 말하자면 단체 내부의 구조나 중앙과 지방의 관계, 거대단체와 중소단체, 시민단체와 시민과의 관계에 있어 하향소통의 경향을 보였던 것이다. 시민단체의 새로운 정당성을 보장하는 소통의 능력은 무엇보다도 쌍방향적이어야 한다. 쌍방향적 소통의 능력으로 구축되는 소통의 권위는, 첫째로 전문성을 확충해야 한다.

시민단체 내의 운영과 관련된 지식과 이슈와 관련된 개방적 과학지식을 갖추는 것은 소통의 능력을 확장시키는 필수적인 요소이다. 둘째로 소통의 권위는 저항의 권위가 보여주었던 문제제기와 갈등생산의 능력을 넘어 문제해결과 합의를 위한 교섭능력을 기반으로 해야 한다. 바로 이러한 능력이야말로 시민단체가 다른 어떤 영역보다 권위를 인정받을 수 있는 새로운 정당성의 원천이 되는 것이다.

이제 권위주의적 권위에 의존한 질서의 해체는 제도와 일상의 영역에서 개인과 집단, 지역을 막론하고 더 많은 새로운 갈등을 만개시킬 수 있다. 시민단체가 저항의 권위에서 소통의 권위로 전환해야 할 시대적 요청이 여기에 있다면, 시민단체가 교섭과 중재의 능력으로 소통의 권위를 구축해내는 것은 그것 자체가 시민사회의 민주화를 의미할 수 있다.

— 〈시민의 신문〉, 일자 미상.

촛불집회와
탈이념의 갈등사회

5월 초에 시작된 촛불집회가 두 달 넘게 지속되고 있다. 집회가 장기화되면서 변화가 없었던 것은 아니지만 이번 촛불집회는 무엇보다도 기존의 사회운동이나 집단시위와는 다른 새로운 시민행동이라는 점이 부각된다.

첫째, 광우병 쇠고기 문제라는 이슈가 새롭다. 생명을 위협하는 위험요소에 대한 두려움이 시민행동의 연대를 가능하게 했던 것이다. 궁핍이 연대로 이어졌던 산업사회의 계급결속과는 달리 탈근대적 연대의 가능성을 보여준 것이다. 현 정부의 자율화·민영화 관련 정책들은 대부분 시민의 일상적 삶과 직접 연관되어 있기 때문에 이와 유사한 시민적 불안을 내재하고 있다.

둘째, 광장과 도심을 메운 수십만의 군중 규모는 그 자체가 놀랍다. 특정의 조직들이 주도하는 운동의 경우 소규모 이해 당사자만이 모이거나 1인 시위방식이 고안될 정도로 참여의 한계를 보였던 데 비해, 인터넷 공론장을 주도하던 전자적 대중이 수십만의 참여군중을 만든 것은 시민행동의 새로운 전망을 가능하게 했다.

셋째, 비조직적이고 자발적인 참여와 함께 평화롭고 축제적인 시위방식이 새롭다. 구호나 깃발보다 노래와 춤으로 구성된 문화제, 현장토론, 유모차 시위, 기발한 문구로 표현된 스티커들은 지난 20여 년의 민주화과정에서 시민들의 민주적 가치와 문화적 열망이 얼마나 성장하고 성숙했는가를 그대로 보여주었다.

넷째, 온라인과 오프라인을 넘나드는 이성적 군중의 자기조절 능력이 놀랍다. 이번 촛불집회는 군중은 으레 충동적이고 폭력적이라는 통념이 오해라는 점을 입증했다. 물론 충돌이 아주 없었던 것은 아니지만 수만의 거대 군중이 모인 장기간의 시위라는 점에서 본다면 폭력의 단면보다는 비폭력 평화집회를 위한 일관된 자기조율의 능력이 훨씬 돋보였다.

이 같은 특징들은 촛불집회가 탈이념적이고 조직화의 수준이 낮은 자발적 참여의 시민행동이라는 점을 말해준다. 당국의 입장에서 볼 때는 진압방식을 찾기 어려운 고약한 요소들이다. 새로운 시위에 대한 통제의 방식을 알지 못하는 당국으로서는 구래의 교범을 다시 활용하는 수밖에 다른 도리가 없었다. 6월의 중반이 지나면서도 수그러들지 않는 촛불집회에 대해 애초에는 순수했으나 현재는 변질되었다는 변질론과 단계론이 등장했고, 마침내 불법폭력에 대한 배후론이 색깔론으로 나아갔다. 모든 것이 강경진압을 위한 무대장치라는 점은 반공 이데올로기의 기억 속에서 우리에겐 익숙한 내용들이었다.

분단체제에서 정치사회의 주요 이슈를 좌우의 이념적 색깔로 덧씌워버리는 것은 가장 손쉬운 사회통제의 전략이지만 다른 한편으로는 정치적 능력의 한계를 스스로 드러내 보이는 것이기도 하다. 자발적 시민행동을 좌파의 불법책동으로 규정하고 보수적 성향의 국민들을 반대편에 결집시킴으로써 시위에 참여한 시민들을 불순한 이념을 가진 마이너리티로 평정해버리는 것은 분단체제에서 가장 수월한 사회통제의 방식이었다. 참으로 시대착오적이고 정치 없는 사회의 모습이 아닐 수 없다.

이번 촛불집회의 새로움은 이제 우리 사회에서도 이념과 계급의 시대가 종료되고, 새로운 저항의 전선이 형성되고 있다는 점을 가장 명시적으로 보여주었다. 이 점에서 촛불집회는 지난 수십 년에 걸쳐 지구적 수준에서 전개된 거대한 사회변동의 효과다.

1989년은 베를린 장벽과 함께 동구 사회주의의 몰락을 알리는 해였다. 세계체제의 시각에서 보면 1989년은 사회주의의 몰락이나 자유주의의 승리라는 일면보다는 1789년 프랑스혁명 이후 200년에 걸친 이념의 시대가 종료되는 해로 강조된다. 말하자면 지난 200년은 이념과 국가라는 외피에 의해 계급적 저항이 통제되거나 조정되는 방식으로 자본주의 시장질서가 확장될 수 있었던 반면, 1980년대 이래 신자유주의적 세계질서는 계급결속이 해체됨으로써 더 이상 이념이나 국가의 외피 없이도 시장 확장이 가능해졌음을 알리고 있다. 이념의 장막이 걷힌 세계에는 적나라한 이윤추구의 살벌한 경쟁질서만 남고 국가의 기능은 시장을 추종하는 모습을 띠게 되었다.

계급적 구심력은 약화되고 공공정책에 의해 보호되어야 할 시민들은 점차 위기와 위험의 현실로 내몰리게 된 것이 새로운 시장질서의 현실이 되었다. 이 점에서 미국산 쇠고기 수입을 반대하는 이번 촛불집회는 탈이념의 적나라한 시장질서에 대한 저항이 반영되어 있다. 촛불집회는 탈이념의 시대에 안전, 건강, 평화, 환경 등 지구적 가치가 탈계급적 시민사회의 공론장으로 확산되는 과정을 명백하게 보여주었다. 세상은 이미 바뀌었다. 갈등의 이슈가 달라졌고, 갈등의 방식이 다르면 사회통합의 방식 또한 바뀌어야 한다. 색깔론으로 위기정국을 넘어서려는 정부 측이나 구래의 극단적 계급이념을 끌어안고 가는 측 어느 쪽이든 공히 촛불집회가 전하는 사회변동의 교훈을 새겨야 한다.

— 〈시민과 변호사〉, 일자 미상.

대지를 뚫는
들풀의 생명력으로

〈시민사회신문〉이 우리 사회의 꿈을 새롭게 일구겠다고 뜻을 모았다. 세상을 살 만한 곳으로 만드는 힘이 시민사회와 시민운동에 있다고 믿는 한 사람으로서 반가운 일이 아닐 수 없다. 그러나 마냥 반가워만 하기에는 그간의 진통이 컸던 것 같다.

우리 사회에서 시민운동과 시민언론은 동반자 관계에 있었다. 말하자면 시민언론은 시민운동의 한 거점으로 언론활동 그 자체가 운동인 셈이었다. 마침 연구년을 맞아 멀리 나와 있느라 자세한 내막을 듣지 못했지만, 그간에 치른 내홍이 한 개인의 문제나 한 언론사 내부문제로만 보이지 않는 것은 시민언론의 이런 성격 때문인 모양이다. 지나친 해석인지 모르겠지만 〈시민사회신문〉의 창간에 이르는 일련의 사태는 이제 시민운동이 자기 혁신의 시점에 왔다는 여러 조짐 가운데 하나로 읽힌다.

우리 시민운동은 그간에 참으로 많은 일을 했다. 1980년대 말과 1990년대 초에 걸쳐 주요 시민운동단체가 설립되어 많은 개혁정책을 성사시키고 2000년 총선시민연대, 2002년 대선, 2004년 탄핵반대운동을 치르면서 운동의 정당성과 시민기반을 뚜렷이 확인했다. 그런 가운데 시민운동과 시민운동단체들이 규모나 내용 면에서 모두 많이 성장했다. 나는 시민단체의 이런 성장을 사회운동의 일상화나 제도화라는 말로 자주 표현했지만 그것은 곧 큰 전환을 가져와야 할 때가 되었다는 의미이기도 했다.

노무현 정부 들어 이런 생각이 더했던 것은 시민단체가 힘은 많이 세졌는데 새로운 것이 눈에 띄지 않는 탓이다. 가끔씩 시민단체의 행사장에 가면 민주화운동의 동지였다가 이제는 고관대작이 된 분들이 무슨 축사 같은 걸 하면서 옛일을 추억하는 모습을 자주 보게 된다. 이제는 국가권력을 운영하게 된 그분들과 시민단체도 비슷한 감정에 젖는 게 아닌가 하는 우려를 한 적도 있다. 어떤 이들은 시민단체가 권력기구가 되었다거나 시쳇말로 배가 불렀다는 말도 한다. 그러나 나는 우리 시민단체가 권력과 시민의 틈새에서 불어난 체중으로 쩔쩔매는 모습을 자꾸 떠올린다.

노무현 정부는 대단히 개혁적인 정부다. 처음의 의지가 많이 훼손되기는 했지만 나는 여전히 이 정부가 한국사회에서는 처음으로 탈근대정치를 실험한 것으로 판단한다. 과감한 지역균형발전 전략과 협치(*governance*)를 통한 제도의 개방, 전자적 공론장을 이용한 시민과의 소통만 보더라도 산업사회 단계의 정치를 훌쩍 뛰어넘은 시도로 봐야겠다. 이처럼 개혁적인 정부를 출범시키는 데 시민운동의 공이 컸다. 그렇지만 참여정부 출범 후 개혁의제를 정부가 주도하면서 시민운동단체는 일손을 놓은 듯해 보인다. 일종의 역할갈등을 보는 것도 같다.

이제 한국의 시민운동은 새로운 운동주기에 들어섰다. 물론 사회운동이 아주 규칙적인 주기를 갖지는 않지만 1987년 이후 시민운동을 정치·경제개혁운동의 주기라고 한다면, 2000년대 들어 시민운동은 새로운 주기를 맞은 것 같다. 구체적으로는 2004년 총선을 기점으로 기존의 운동주기가 만료된 것으로 보아야 한다고 생각한다. 새로운 운동주기가 도래했다는 것은 기존의 운동방식이 이제 정당성을 갖기 어렵다는 말이기도 하다.

나는 새로 시작하는 운동의 주기를 '사회개혁운동의 주기'라고 말하고 싶다. 시민운동만을 본다면 시민사회는 늘 개혁적이라는 인상을 갖는다. 그렇지만 시민사회를 넓게 보면 언론과 학교, 종교, 법조, 의료 등 사회권력이라고 말할 수 있는 요소들이 굳건히 자리 잡고 있다. 사회권력이 모두 그렇지는 않지만 많은 경우 권위주의 시대의 폐쇄성과 부조리를 여전히 끌어안고 있는 형국이다. 그 결과 사회권력의 대부분은 산업화시대의 근대성의 정치를 넘어서지 못하는 정치세력과 함께해 왔다는 생각이 든다. 사회개혁운동은 무엇보다도 사회권력의 개방이 중요한 과제라고 할 수 있다. 물론 여기에는 시민운동 부문의 자기혁신도 포함되어야겠다.

사회개혁운동은 그 방식이 달라져야 한다. 정치·경제개혁 운동의 주기는 민주화운동의 연속선에서 일종의 저항의 전략이 지속된 시기라고 볼 수 있다. 저항의 전략은 대립과 균열을 낳기 마련이다.

사회개혁의 운동주기를 이러한 전략으로 이어간다면 사회균열은 더욱 심해지고 개혁은 그만큼 멀어지게 된다. 노무현 정부는 역대 어떤 정부보다 사회권력의 이탈이 심각했다. 국가의 중대한 사안이 시민사회의 공론과 의회정치로 합의해내지 못하고 헌법재판소의 판결에 의존하는 경우가 늘었다. 얼핏 보아 법치주의가 구현된 듯 보인다. 하지만 이런 사회는 대화와 합의의 정치과정이 소멸된 균열사회요, 법의 강제에 의해 형식으로 통합된 외피사회라고 할 수 있다. 이런 우리의 자화상은 어쩌면 사회발전을 옭아매는 극단적 주관주의의 덫에 걸린 모습으로도 보인다.

새로운 주기를 맞은 시민운동은 균열과 대립을 넘어서는 데 지혜와 힘이 모아져야 한다는 생각을 많이 한다. 이제 시민운동이 합의와 소통의 정치를 펼치는 데 온 힘을 쏟았으면 한다. 정치와 시장의 민주화에 몰입하는 동안 시민운동단체들은 정치영역과 경제영역에는 전문가가 된 듯하다. 그러나 이제 사회개혁운동의 주기를 맞아 정작 시민사회영역에 대해서는 얼마나 전문적인가를 자문하는 것도 필요해 보인다.

올해는 6월 항쟁이 20주년을 맞는 해이다. 시민운동이 새로운 운동주기를 맞기도 했다. 무언가를 새로 시작하기에 좋은 때다. 〈시민사회신문〉의 새 출발이 우리 시민운동에 새 기운을 불어넣을 수 있었으면 좋겠다. 시민사회에 닫혀 있는 곳곳의 문을 열어젖히고 시민운동의 프로페셔널리즘을 일깨우는 데 앞장섰으면 한다. 오늘은 특히,

〈시민사회신문〉의 창간에 앞장선 기자들께 큰 격려를 보낸다. 얼어 붙은 대지를 뚫는 들풀의 생명력으로 소통하기 바란다.

—〈시민사회신문〉, 2007. 5. 10.

촛불집회와
제 4의 결사체

쇠고기 추가협상의 합의내용이 발표되던 21일 저녁, 48시간 촛불집회는 계속되었고 수많은 시민들이 여전히 시청 앞으로 모여들었다. 대한문에서 서울시의회 앞의 드넓은 길을 빼곡히 메우고 전경버스로 바리케이드가 쳐진 이순신 장군 동상 앞까지 촛불은 이어졌다.

그러나 변화가 없지 않았다. 서울광장은 다양한 단체들의 박람회장으로 바뀌었고, 아직 촛불을 끌 때가 아니라는 연단의 호소가 힘겹게 들려왔다. 어느덧 컵 속에서 흔들리는 불꽃에도 피로감이 밴 듯했다. 거대한 시민의 힘이 흩어지는 것에 대한 일말의 불안도 느껴졌다.

사람 모으기가 참 어려운 세상이었다. 학술회의에도 준비하는 몇 사람뿐인 것이 다반사이고 학생회에도 발길이 뜸하다. 시민단체에는 1인 시위가 등장한 지 오래이다. 이득이 없는 곳에 사람은 없다. 민주주의와 공동체의 가치는 눈길 가지 않는 박제가 되어 어쩌면 이 치열한 경쟁과 시장의 일상 속에서 감염되어서는 안 될 질병쯤으로 간주되어 버렸다.

그런데 믿기지 않는 현실이 나타났다. 가족과 친구, 동료와 함께 촛불을 들고 광장에 나선 시민이 수십만에 이른 것이다. 위대한 시민 행동을 우리는 확인했다. IMF 국난 이후 몰아친 신자유주의적 경쟁 사회의 광풍에 때 이르게 묻혀버린 민주주의가 되살아나고 잊힌 공동체를 다시 발견하는 순간이었다. 촛불의 바다 앞에 정치권력은 망연자실했고 위기관리능력의 한계마저 뚜렷이 드러냈다.

이 놀라운 현실을 보며 시민행동에 대한 과잉된 평가와 기대 또한 없지 않았다. 말하자면 촛불정국을 국가권력 대 시민권력의 균형적 대치로 해석하는 것이 그러한데, 넘치는 촛불의 바다와 무력한 정권의 모습은 일견 이러한 해석을 그럴듯해 보이게 했다. 실제로 촛불은 영향력의 정치로는 더 할 수 없을 만큼 강력하고도 위대한 시민의 힘을 보여주었지만 그것을 대칭적 권력으로 평가하기에는 무리가 따른다.

무엇보다도 촛불시민은 권력적이지 않다. 권력은 세력화하고 위계적으로 구조화되어야 하는데 촛불은 그렇지 않다. 나아가 촛불은 시민운동이 갖는 일종의 자기제한성을 내재하고 있다. 시민은, 더구나 광우병 쇠고기 문제로 모인 시민은 서로 다른 사회적 위치에 있기 때문에 균일한 이념의 주체가 아니라 이질적 가치의 집합이다. 따라서 촛불로 모인 시민들은 일관된 이념과 전략, 흐트러지지 않는 대오와 행동방식으로 운동을 추구하기에는 뚜렷한 한계를 보일 수밖에 없는 것이다.

촛불은 오히려 민심의 바다라고 표현할 수 있다. 촛불은 가장 거대한 국가권력의 배에서부터 아주 조그만 이익단체에 이르기까지 권력의 배를 띄우고 있는 끝 모를 바다이다. 배들이 순항할 때 바다의 존재는 그저 물길일 뿐이다. 그러나 바다의 존재감은 분노로 거칠어진 파도로 확인된다. 어떤 배라도 바다의 노여움에서 예외가 될 수 없다.

50일을 넘은 촛불집회는 이제 새로운 전환점에 선 듯하다. 이제 무엇이 우리 사회에서 진정으로 촛불을 꺼뜨리지 않는 길인지를 묻고 현실의 시민행동에 대한 냉철한 자기규정을 내려야 할 시점이다.

촛불시위는 2002년 미군 장갑차사건 이래 우리 사회에서 이미 불연속적으로 정례화되었다. 따라서 촛불은 언제든지 광장으로 다시 나오는 일종의 재생산 구조를 갖는다고 말할 수 있다. 광우병소 수입을 반대하는 이번 촛불집회에서는 훨씬 더 성찰적인 이성적 군중과 이를 가능하게 하는 새로운 결사체의 존재가 주목된다. 온라인의 수많은 토론방과 카페, 블로그 등은 이슈의 제약이 없고, 규모의 제약이 없으며, 온라인과 오프라인을 넘나들어 활동공간의 제약도 없는 회원집단으로 우리 시대에 가장 강력한 제 4의 결사체가 되었다. 1990년대 이후 시민운동을 제 3의 결사체라고 할 수 있는 시민단체들이 주도했다면, 이제 한국의 시민운동은 제 4의 결사체가 주도하는 새로운 운동주기를 맞고 있다. 촛불집회가 시민직접행동의 새로운 정치참여방식으로 가능한 것은 바로 제 4의 결사체 때문이다.

우리 시민사회의 이처럼 변화된 질서야말로 이번 촛불집회의 마무리에 대한 안타까움이나 안도, 그 어느 쪽도 불필요한 판단이라는 점을 말해준다. 촛불은 언제나 참여민주주의의 새로운 질서로 새로운 이슈를 위해 준비되어 있기 때문이다. 여와 야, 진보와 보수를 막론하고 일체의 조직화된 권력들은 촛불시민 앞에서 정치권력적 감각이 아니라 사회변동에의 감수성을 높여야 한다. 촛불의 바다에 합류한 세력 또한 마찬가지다. 촛불은 아이의 양손에 고이 감싸 쥔 채 간절한 기원으로 타오를 때 비로소 수만 송이의 불꽃으로 피어난다. 만일 정치적 이념과 이익의 구호로 횃불처럼 치켜든다면 촛불은 쉽게 꺼지기 마련이다.

—〈한겨레〉 35면, 2008. 6. 24.

촛불집회와
탈조직적 시민운동의 주기

지난 몇 년간 나는 시민운동의 새로운 주기에 대해 언급해 왔다. 당시 시민단체들의 관성으로 볼 때 이러한 논리를 수용하기 어려웠을 수 있다. 이제 그간의 촛불집회를 보며 다시 새로운 운동주기를 떠올린다.

5월 초부터 시작된 촛불집회의 거대한 자발적 시민행동은 우리 사회 전체를 놀라게 했다. 집권정치세력도 망연자실하고 촛불시민 자신도 놀라운 현실이었겠지만 어쩌면 가장 큰 충격을 받은 이들은 시민단체나 노동단체와 같이 조직을 중심으로 운동을 추구해온 활동가들이었을 수 있다. 조직적 동원에 익숙했던 이들에게 그야말로 자발적인 일반시민의 완전히 새로운 참여방식은 놀라운 현상이 아닐 수 없었을 것이다.

촛불집회는 두 가지 측면에서 크게 바뀐 사회변화를 반영하고 있다. 첫째는 광우병 쇠고기 문제라고 하는 새로운 이슈의 측면에 주목할 수 있다. 정치권력과 시장권력의 민주화를 주도했던 시민단체에게 광우병 쇠고기 문제는 시민사회의 정치적 욕구가 바뀌고 있음을 알리는 것이었다. 정치적 억압과 계급적 빈곤이 연대를 가능하게 했던 산업사회의 저항이슈가 종료되고 일상적 삶의 안전을 위협하는 위험요소에 대한 공포가 새로운 연대와 시민행동을 가능하게 만들고 있는 것이다. 기존의 시민단체들이 다루던 이슈는 제한적이지만 새로운 이슈들은 사적인 것을 포괄하는 광범한 욕구의 저수지를 이루고 있을 뿐만 아니라 이러한 이슈가 촉발되는 지점 또한 예측하기 어렵다.

둘째는 거대한 시민행동을 가능하게 한 공론화의 과정과 동원의 방식에 주목할 수 있다. 전자적 대중이 만드는 다양한 회원조직은 이슈와 규모, 활동공간의 제약이 없는 유연한 자발집단의 특징을 갖는다는 점에서 근대사회의 조직관으로는 설명할 수 없는 '제 4의 결사체'라고도 말할 수 있다.

온라인의 토론과 오프라인의 행동을 넘나드는 제4 결사체의 성찰성은 촛불시민을 고도의 자기조절 능력을 가진 이성적 군중으로 만들었다. 나아가 비조직적이고 자발적인 시민참여는 다채로운 문화제와 유모차 시위와 같은 평화롭고도 다양한 축제적 시위방식을 가능하게 했던 것이다.

광우병 쇠고기 반대 촛불집회의 이러한 특징은 지난 몇십 년에 걸쳐 우리 사회가 경험한 민주화, 정보화, 나아가 탈근대적 사회변동을 반영한다. 따라서 시민운동의 맥락에서 본다면 이 같은 새로운 이슈의 등장과 공론화과정, 나아가 시민동원의 방식은 한국의 시민운동이 조직적 시민운동의 주기에서 탈조직적 시민운동의 주기로 전환하고 있음을 알리고 있다. 이러한 변화는 이제 우리 사회의 시민운동이 계급적 기반과 이념적 결속이 해체되면서 새로운 저항의 전선이 가시화되는 과정에 있다고도 말할 수 있다.

그러나 탈조직적 시민운동의 주기가 조직운동의 무용성으로 확대해석되어서는 안 된다는 점도 강조되어야 한다. 오히려 촛불집회와 같은 비조직적 거대 시민행동은 일회성의 한계와 함께 목표달성이 가시화되지 않는 경우 심각한 딜레마를 경험할 수도 있는 것이다. 장기적이고 일상적인 정책이슈에 관해서는 전문성과 지속성을 갖춘 조직화된 시민단체의 역할이 여전히 유효하다. 문제는 촛불의 바다를 향해 정부가 개방되어야 하는 것과 마찬가지로 조직화된 시민단체 또한 제 4의 결사체를 향해 열려 있어야 한다는 점이다. 이것은 우리 시대 새로운 사회통합의 과제이기도 하다.

—〈시민사회신문〉, 2008. 7. 22.

백만 송이 장미

가끔 듣는 대중가요로 심수봉의 〈백만 송이 장미〉가 있다. 러시아 여가수가 부른 원곡이 그런대로 좋지만, 아무래도 심수봉이 쓴 노랫말이 마음을 끄는 탓이 크다. “먼 옛날 어느 별에서 내가 세상에 나올 때, 사랑을 주고 오라는 작은 음성 하나 들었지”로 시작하는 이 노래의 사랑에는 필연과 묵시록적 기원이 엿보여서 그 깊이가 좋다. 가볍고, 빠르고, 뜨거움이 만연한 세속에서 이처럼 무겁고 길고 깊은 사랑의 관념이 흩어진 지 오랜 탓일까? 현실의 어디에서도 찾기 어려운 것이니 대중가요 한 자락에도 어설픈 감상이 배어드나 보다.

《기독교의 본질》을 쓴 포이어바흐에게 심수봉이 노래하는 ‘작은 음성’의 주인은 인간이리라. 신으로 구현된 사랑은 원래 사람들 속에 있던 것이고 사람들이 함께 갖고자 한 것인데 인간의 현실에서 사랑의 질서는 요원하기만 하다. 현실이 가혹할수록 사람들은 사랑을 찾고, 갈망하며, 동경하다가 마침내 사랑은 찬미되고 경배되어 신의 지위를 얻는다는 것이다. 오늘날 천상에 오른 신은 지상의 고단함을 관념으로 위안하지만, 아낌없이 사랑을 줄 때만 피는 장미를 백만 송이쯤 피워야 돌아갈 수 있다는 심수봉의 노래에서는 오히려 천상과 현실을 잇는 기교가 돋보인다.

대통령이 개신교 장로이고 또 개신교에 대한 애정이 남다른 이번 정부 들어 시민단체에 대한 핍박이 지나치다. 이미 5월에 행안부에서 25개 단체에 대한 정부보조금 지원 제외를 발표하더니, 시민단체에 대한 압수수색, 시위피해 집단소송제 추진, 환경단체에 대한 때늦은 검찰수사, 비영리민간단체 지원법 개정안 발의, 시민단체 회원명단 요구, 시민단체를 지원한 지자체와 기업에 대한 조사 등 시민단체를 옥죄는 현실이 유례없이 다각적이다.

그간에 시민단체들은 정치와 경제개혁운동에 힘을 기울여 민주주의를 진전시키는 데 기여했다. 또 정부와 파트너십을 가져 사회결속에도 힘이 되었다. 시민사회는 다양한 가치가 공론의 공간에서 소통함으로써 한 사회를 자율적으로 결속시키는 장이고 그 핵심적 역할을 하는 존재가 시민단체이다. 시민사회의 복잡성과 불확실성이 증대하고 저항과 갈등이 새로운 양상으로 나타나는 오늘날 시민사회의 욕구를 대변하는 시민단체야말로 정부가 동반적 관계를 가져야 할 상대인 것이다.

동구 붕괴 이후 이념의 장막이 걷힌 세계는 '적이 사라진 민주주의'라고 표현되기도 한다. 그러나 자본주의 대 공산주의, 좌파 대 우파 등 불변의 거대한 적은 사라졌지만 언제나 새로운 적은 필요하고 가변적인 적이 끊임없이 만들어지는 것이 현실의 이치이다. 여기에서는 집단이나 국가 간의 일시적이고 사소한 차이도 필요에 따라 근본적 적대로 바뀌고 만다. '사랑을 주고 오라는 작은 음성' 한마디는 늘 듣고 있을 법한 이명박 장로께서 대통령인 정부에서 시민단체는 새로운 적이 되어가고 있다. 적이 필요한 실용주의는 시민단체를 내침으로 해서 새로운 균열과 갈등을 만들고 있는 것이다.

세계적인 경제위기가 혹독한 겨울을 알린다. 정부와 시민사회가 민심을 모아 결속하는 일이 긴요하다. 정부와 시민사회를 이어주던 시민단체를 또다시 황량한 벌판으로 내몰 때, 천상의 신은 더욱 찬미될지 모르지만 지상의 현실은 가혹해질지도 모른다. 각을 세운 적도 아군으로 끌어들여야 할 시점이 아닌가? 현실을 포용함으로써 저 천상의 하나님을 조금이나마 지상에서 구현할 수는 없을까? '미워하는 마음 없이 아낌없이 사랑을 주기만 할 때' 피어난다는 백만 송이 장미 가운데 몇 송이라도 피울 수는 없는 것인지.

— 〈한겨레〉 27면, 2008. 10. 22.

시민사회의 패배주의를 넘어

새해 들어 이명박 정권의 일방주의가 국회로 자리를 옮겨 재현되고 있다. 이른바 'MB악법'이라고 불리는 주요 쟁점법안을 지난 연말까지 일괄처리 하고자 했던 여당의 무리한 시도가 마침내 국회를 폭력과 파괴의 각축장으로 만들고 있다.

정치는 사회통합의 예술이다. 사회통합은 권력의 강제나 폭력을 통해서도 이루어질 수 있지만 정치를 통한 통합은 훨씬 더 고차원적이다. 말하자면 정치는 행위자 간의 협상과 타협으로 합의를 도출하는 과정이기 때문에 사회통합에 이르는 가장 높은 차원의 사회적 행위양식으로 간주된다. 따라서 소통과 합의의 과정이 없는 정치는 더 이상 정치가 아니다. 이 점에서 이명박 정부는 지난 1년에 이어 새해 벽두부터 정치의 소멸을 보다 분명히 보여준 셈이다.

우리 사회에서 이 같은 정치의 소멸을 이끄는 한 축이 정부와 여당의 일방주의라면, 다른 한축에는 야당과 시민사회의 패배주의가 자리 잡고 있다. 야당도 문제지만 오히려 심각한 것은 시민사회의 패배주의이다. 특히, 그간의 민주화와 정치경제개혁을 주도했던 시민단체들에서 느껴지는 최근의 무력감은 우리 사회의 탈정치화를 방임하는 구조를 형성하고 있다.

물론 이명박 정부 출범 이후 시민사회단체들이 위축된 조건을 납득할 수 없는 것은 아니다. 지난 10년간 시민단체들이 비교적 유사한 지향점을 가진 정부와 일종의 파트너십을 가지면서 제도영역의 다양한 후원구조를 가졌던 점을 돌이켜 본다면 새 정부 출범과 함께 맞는 이러한 구조적 단절은 새로운 도전이 아닐 수 없다. 또한 촛불집회 이후 전개되는 정부의 다각적인 통제는 시민사회단체 활동에 큰 장애가 아닐 수 없다. 나아가 이러한 통제과정에서 드러난 시민단체의 불합리한 운영관행은 시민들을 더욱 멀어지게 하기도 했다.

2008년 한 해 동안 한국의 시민단체는 혹독한 시련을 겪은 셈이다. 그러나 문제는 이러한 시련이 이제 시작일 뿐이라는 사실이다. 특히, 미국발 세계경제위기는 시민단체를 중첩적으로 압박하고 있다. 무엇보다도 시민단체는 훨씬 더 강력한 정치적 압박에 봉착할 수 있다. 이명박 정부의 탈정치적 일방주의는 세계경제위기와 맞물려 경제위기 탈출을 명분으로 비정상적으로 강화될 여지가 있는 것이다. 또한 경제위기로 인한 재정적 압박이 이미 시민단체에 예고되어 있다. 정부와의 단절은 물론 그간에 구축되었던 기업의 후원구조 또한 크게 약화될 것이 분명하기 때문이다. 여기에 새로운 사회변동이 가져온 욕구의 다양화는 탈조직화된 온라인 공론장을 확대시킴으로써 시민단체와 같은 조직운동의 취약성을 드러낸다. 이런 점에서 시민단체들은 정치적, 재정적, 조직적 위기라는 삼중의 위기구조에 직면해 있다고 말할 수 있다.

그러나 이러한 위기구조가 시민단체의 전망을 전적으로 어둡게 하는 것은 아니다. 첫째, 주지하듯이 세계경제위기는 그간의 신자유주의적 시장화에 대한 강력한 성찰의 메시지를 던짐으로써 공동체와 공공성에 대한 새로운 모색의 기회를 제공하고 있다. 둘째, 시민단체에 대한 정치적 압박은 시민운동의 새로운 기회를 제공해줄 수 있다. 셋째, 탈조직적 공론장의 확대는 시민단체의 활동을 위축시키지만 시민사회의 소통을 확장함으로써 보다 근본적인 의미에서 시민사회의 정치화를 자극한다.

시민단체는 운동과 제도의 요소를 동시에 갖고 있다. 적어도 현실의 위기구조는 시민단체의 운동적 요소를 확장시키는 기회구조로 작동할 수 있는 여지가 큰 것으로 보인다. 그럼에도 불구하고 이러한 기회구조는 일종의 조건일 뿐이다. 무엇보다도 중요한 것은 시민단체 스스로의 새로운 출발이다.

참으로 새로워져야 한다. 시민단체는 지난 10여 년간 얻었던 기득의 것들을 버리는 데 주저하지 말아야 한다. 버려야 새로운 것을 얻으며 비워야 새로운 것이 채워지는 법이다. 무엇보다도 현실의 패배주의는 시민단체에 고착된 선도주의와 우월주의의 강박에서 벗어나는 데서 극복될 수 있다. 시민단체가 먼저 치고 나가야 하고, 무엇인가를 주도해야 한다는 강박에서 벗어나는 일이야말로 시민단체의 새로운 귀환을 위한 첫걸음이다. 시민운동이 새로운 주기를 맞고 있는 현실은 어쩌면 시민단체의 가장 어려운 변신이 요구되는 시점이기도 하다. 여전히 시민단체와 시민운동은 정치의 복원을 위한 우리 사회의 희망이다.

— 〈시민사회신문〉, 2009. 1. 12.

시민사회 시즌 2와 지방정치의 실험

개인적으로 잘 아는 서울시의 한 구청장은 취임 후 주민을 포함한 개방적 인사위원회를 구성해 인사행정의 참여적 거버넌스를 실행하고 있다. 호화 청사에다 '아방궁' 시장실로 지역에서뿐만 아니라 전국적으로 따가운 눈총을 받았던 성남시청이 최근 주민사랑방, 북카페 등 주민편익시설로 개방되면서 시민들에게 되돌려졌다. "선거를 통한 시민의 힘을 느낄 수 있었다"는 지역주민들의 감회가 눈길을 끈다.

6·2 지방선거 후 지역정치의 새로운 실험들이 변화를 실감하게 한다. 자치단체장들이 취임 전 인수위원회를 구성해서 전면적인 정책점검을 시도하거나 후보 단일화의 연장에서 공동정부 혹은 공동정책추진단 등을 운영하는 모습은 전례를 찾기가 쉽지 않은 새로운 실험들이다. 이러한 실험의 공통된 점은 시민참여와 개방의 정치과정을 보여주고 있다는 점이다. 송영길 인천시장이 인수위에 시민소통위원회를 설치하고, 성남시는 인수위 명칭을 아예 '시민행복위원회'로 출발한 바 있다. 고양시는 취임식 명칭을 '고양시민들의 최성 시장 임명식'으로 하고 시민이 시장 임명장을 수여하는 아이디어를 내

기도 했다.

이명박 정부 들어 한국정치는 수많은 희생을 딛고 이룬 민주화운동의 성과를 너무도 쉽게 폐절해 버림으로써 정치 없는 정부의 피폐한 실상을 드러냈다. 지난 수십 년의 민주화과정으로 얻은 한국 민주주의의 실질적 성과는 다른 무엇보다도 한국사회에서 시민사회를 크게 성장시켰다는 점이고, 그 한가운데에는 시민사회에서 공익적 가치를 추구하는 자발적 시민단체의 성장이 있었다. 민이 주인이라는 원론적 의미대로라면 민주주의는 시민을 바라보는 정치가 되어야 하고 시민에게 묻는 정치가 되어야 한다. 정부와 시민단체의 소통과 파트너십이 필요한 것은 바로 이 같은 민주주의의 편의를 위해서다. 그러나 이명박 정부는 이른바 '고소영', '강부자' 내각 이래 최근 총리실의 민간인 사찰 문제로 이슈가 되고 있는 '영포회'에 이르기까지 극소수의 제한된 세력이나 계층만을 바라보고 일반시민이나 국민들은 오로지 관리나 통제의 대상쯤으로 생각하는 권위적이고 밀실적 정치행태로 일관했다.

이러한 일방정치의 과정에 장애가 되는 시민단체를 다양한 방식으로 옥죄는 과정이야말로 한국 민주화의 실질적 성과로서의 시민사회를 고사시키는 일에 다름 아니었다. 게다가 탈냉전의 지구적 공공성을 추구하는 거대한 국제조류에 역행하며 미국만을 쳐다보는 미숙한 국제관계의 행태는 한반도에 냉전적 긴장을 불러 다시 이념갈등을 격화시키기도 했다. 적어도 지난 10여 년간의 민주주의실험은 까마

득한 옛 추억이 된 듯하다. 대통령 임기의 절반을 훌쩍 넘는 동안 한반도 대운하, 세종시 수정안, 4대강 사업에 이르기까지 국민들을 갈등과 균열의 각축장으로 몰아넣었을 뿐 정권의 특별한 성과를 찾기 어려운 것은 어쩌면 당연한 귀결인지도 모른다.

시민의 꿈이 사라진 정권에서 이번 지방선거의 야권승리는 누구도 예측하지 못했던 놀라운 민심의 반란이었다. 나아가 시민사회가 배제된 정치에 망연자실했던 시민들에게 새로 출범한 자치단체들이 앞다퉈 시도하는 시민 참여적 실험은 가슴 뛰는 기대를 갖게 하는 데 부족함이 없다. 1990년대 한국 민주주의의 공고화과정에서 한국의 시민단체는 크게 성장했고 한때는 국민들이 가장 신뢰하는 조직으로 평가되는 호황을 누리기도 했다. 이제 이번 지방선거 이후 시민참여는 지방정치 혁신의 가장 중요한 요소로 부각됨으로써 한국 시민사회의 시즌 2가 개막되고 있다는 유쾌한 예감을 갖게 한다.

돌이켜 보면 한국의 시민단체는 1990년대 급속한 성장기를 거친 후 2000년대 참여정부에 들어서면서 내실 있는 조직기반을 갖지 못한 채 준비되지 않은 과도한 제도화의 시기를 맞게 되었다. 그러한 가운데 한국 시민단체의 뚜렷한 한계는 양극화 현상으로 나타났고 무엇보다도 지방 시민단체의 성장이 지체되었다. 이제 한국 시민사회의 시즌 2는 지방정부 혁신의 파트너십을 위한 시민단체의 성찰적 도전을 요구하고 있다. 지역 시민사회의 지체를 극복할 수 있는 흔하지 않은 기회를 맞은 셈이다.

시즌 2를 맞는 시민단체들은 무엇보다도 환골탈태의 자기 혁신을 주도함으로써 새로운 헌신의 의지를 달구어야 한다. 시민이 공익에 깨어있지 않고 눈앞의 이익만을 보는 순간 정치적 선택의 오류는 현실이 되고 국민과 국익은 위기를 맞게 되는 뼈아픈 현실을 우리는 체험하고 있다. 다시 시민단체가 희망이다. 활동가들은 새로운 헌신의 의지를 바탕으로 자기 지역문제에 대한 전문성을 높이고, 주민조직과 폭넓은 소통을 시도하며, 조직운영의 합리화를 추구해야 한다. 이 모든 것에 새로운 출발의 혁신성을 담는 성찰이 요구된다. 지역정치의 새로운 실험이 성공하는 데에는 시민단체의 자기 혁신이 동반되어야 한다.

— 〈시민사회신문〉, 2010. 7. 23.

시민의 날도
있었으면

그때 그들은 시민운동이라는 새로운 운동을 일구는 시민사회의 '일굼이' 역할을 맡았다. 대학시절 민주화운동의 버거운 과제를 몸으로 겪은 후 다시 새로운 운동판에 뛰어든 것은 개인에게는 생애사적 고난을 각오한 쉽지 않은 선택이었을 것이다. 양은 도시락을 난로에 데워 먹는 모습은 1970년대에나 익숙한 광경이었다. 하지만 봉급을 받는다고 말하기도 주저되는 몇 푼의 급료에 의지했던 시민운동의 일굼이들에게 이런 모습은 1990년대에도 여전한 일상이었다. 시민단체를 운영하는 대부분의 직업 시민운동가들은 이렇게 출발했다. 1990년대 이후 시작된 경제정의, 참여, 인권, 환경, 여성, 평화 등 시민운동의 이슈로 자리 잡은 변화와 희망의 가치들은 이처럼 고단한 생의 선택에서 피어났던 것이다.

1990년대 후반, 정부, 국회, 언론, 경찰 등 주요 기관에 대한 신뢰가 약 30% 수준을 넘지 못할 때 시민단체에 대한 신뢰가 70%를 넘어섬으로써 그야말로 화려한 영향력의 정치를 보여준 공적은 운동 일굼이들의 몫이었다. 이렇게 커진 시민정치의 역량은 김대중 정부에 이어 진보적 가치를 지향했던 노무현 정부의 등장에도 크게 기여했는데 이 역시 활동가들의 공이 지대했다.

2001년에는 전국 211개 시민사회단체들이 모여 시민단체들의 협력과 지원을 위한 '시민사회단체연대회의'가 출범했고 지금은 그 규모가 늘어 456개 회원단체가 참가하고 있다. 지난 6월 9일 바로 이 연대회의가 출범한 지 10주년을 기념하는 행사가 열렸다. 이제 회원단체 사무총장급의 얼굴들은 대부분 1990년대 대학을 다닌 이들로 바뀌었고 이들은 지난 10년간 시민운동영역에서 잔뼈가 굵은 전문 활동가들이었다. 그런데 창립 10주년을 기념하는 좋은 자리에서 이들의 표정은 그리 밝지 않았다. 시민운동 위기론과 함께 활동가들이 스스로 느낀 역할 위기의 탓도 있었을 것이다. 그러나 행사장을 둘러보며 와닿는 것은 외로움이었다. 활동가들의 노고를 격려하고, 그간의 성공적 활동을 축하해야 할 자리에 그 흔한 정치인 하나 보이지 않았다. "그래도 많이들 왔어"를 연발하는 것으로 위안을 삼아야 했다.

지난 20년 동안, 특히 시민운동이 새롭게 분화된 지난 10년간 우리 사회는 아래에서부터 많이 바뀌었다. 우리는 1980년대까지 산업화가 주도하는 성장의 시대를 살았다면, 2000년대 이후에는 생활정치가 주도하는 성찰의 시대를 살고 있다. 거창한 정치적 구호와 시대정신이 들먹여지기 전에 성찰의 시대는 아래로부터의 조용한 변화를 만들었다. 지역을 바꾸고, 마을을 바꾸며, 공동체를 다시 만드는 일들이 천천히 그러나 광범하게 벌어졌던 것이다. 이 변화를 가능하게 한 것은 누구인가? 성장의 시대에 정부가 나서서 산업화의 역군을 표창하고 수출기업들을 금탑이니 은탑이니 하며 서훈하던 일을 우리는 기억한다. 이제 기존의 삶의 방식에 대해 왜 그렇게 살아야 하는가를 일깨웠던 시민사회의 일굼이들, 어떻게 살 것인지를 앞에서 이끌던 '앞섬이'들, 그리고 이제 시민과 주민들의 자발적 참여를 전문적 운동지식으로 뒤에서 밀어주는 '뒷심이'의 역할을 하는 수많은 활동가들이야말로 오늘과 같은 성찰의 시대에 표창되어야 할 존재들이 아닐까 라는 생각을 해본다.

이들의 활동이 귀하게 여겨지고, 많은 젊은이들이 이들의 일을 존중하게 될 때 우리 사회는 남다른 격을 갖추게 될 것으로 보인다. '시민의 날'이라도 제정되어 시민적 삶의 공공성과 이에 헌신하는 실천가들을 떠올릴 수 있는 시간을 가졌으면 하는 생각도 든다. 그날 하루쯤은 활동가들의 휴일이 되어도 좋겠다. 목련꽃 흐드러진 4월도 좋고, 핏빛 철쭉이 산과 들을 덮는 5월도 괜찮겠다. 뜨겁게 달아올랐던 저항의 아스팔트를 떠올리면 6월도 시민의 날을 만들기에는 나쁘지 않을 듯하다. 밝지 않은 표정이지만 그래도 그들이 아름답다.

—〈주간경향〉 931호, 2011. 6. 28.

집회소음과 시위의 제도화

소리는 마음의 평온과 위안을 주기도 하고 경우에 따라 고통을 주기도 한다. 새소리와 풀벌레 소리마저 사라져 정적만이 흐르는 침묵의 봄은 섬뜩한 공포를 주지만, 소음으로 가득 찬 세상 역시 견디기 힘들다. 일상에서 자동차의 경적을 규제하고 특정 공간에서는 더 엄격한 소리규제가 따르는 것이 그래서 당연시된다. 아파트 층간소음이 환경분쟁 1위인 곳도 있고, 심지어 이웃 간에 살인과 방화를 저지르게 해 사회문제가 된 것이 어제 오늘의 일이 아니다.

10월 22일부터 집회소음에 대해 강화된 규제가 시행된다고 한다. 기존에는 광장과 상가에서 주간 80dB과 야간 70dB까지 허용하던 것을 각각 75dB과 65dB로 강화하고, 소음 측정방법도 5분씩 2회 측정해서 평균 내던 것을 10분간 1회 측정한 것으로 적용한다는 요지다. 일상의 소음과 집회소음은 사회적 의미가 크게 다르다. 주지하듯이 집회의 소음은 시민의 기본권과 직접 관련되기 때문에 그 규제 또한 신중해야 한다. 경찰청은 집회소음에 관한 개정안이 국민요구를 반영한 것이고 집회의 기본권은 최대한 보장한다고 강조하지만 집회

및 시위에 관한 자유를 위축시킬 것이라는 우려가 크다. 그도 그럴 것이 시위는 드러내고 알리기 위한 행위양식이기 때문에 크게 외치고 질서를 깨트리기도 해야 잘 보이고 잘 알려지는데 소리를 줄이라니 시위하지 말라는 것으로 이해될 법도 하다.

시위에 대한 관용도가 크게 낮아진 것도 우리 시대에 주목할 만한 현상이다. 화염병연기와 최루가스로 가득 찬 1980년대 대학가의 주민들은 고통스런 일상에도 시위대학생을 비난하지 않았다. 독재정권에 저항하는 학생운동의 높은 공공적 가치를 주민들이 공유했기 때문이다. 세월이 흘러, 우리 시대에 팽배한 집회와 시위는 수준 높은 공공적 가치를 추구하는 경우도 있지만 많은 경우에 집단이해에 기초해 있다. 시위에 대한 시민적 관용도가 높을 수 없는 현실이다. 저항과 시위의 주체가 변하고, 대상과 목적도 달라졌다. 공론장의 조건이 변했고 시민들의 생각도 훨씬 더 개인화되었다. 더 많은 시민들에게 자신들의 입장을 알리려는 시위의 방식도 다양하게 진화하지 않을 도리가 없다. 약탈과 방화를 수반하는 격렬한 폭력시위가 있는가 하면 한국의 문화적 토양에서 고안된 삼보일배, 침묵시위, 1인 시위, 단식, 삭발과 같은 조용한 시위도 보편화되었다.

어떤 시위방식이든 자신들의 주장을 알리기 위한 주창과 저항의 수단이기는 마찬가지지만 적어도 민주화운동 시기에 폭력시위나 분신과 같은 극단의 시위방식은 약자들의 무기였다. 그러나 오늘날 시위는 보편적 시민의 정치양식이자 문화양식이 되었다. 물론 여기에는 시위의 자유가 보장되는 만큼 시위방식의 허용수준이 세밀하게 정해졌다. 우리 시대 대부분의 사회에서 표현의 자유와 함께 시위의 허용수준은 민주주의의 척도가 되었다. 민주주의는 자유와 책임의 윤리를 본질로 한다. 자유와 책임은 상호성의 원리에 바탕을 두고 있다. 말하자면 상호공존의 질서와 타인에 대한 배려를 전제로 한 자유이며 책임 또한 그러한 정신이 반영된 것이다. 따라서 민주주의 질서에서 시위의 자유는 공동체가 수용할 수 있는 한계의 범위에서 법적으로 규율된다. 시위문화의 제도화라고 말할 수 있다.

서구의 사회학자들은 저항행동과 갈등이 현대적 삶에 상존하는 요소이며 이것이 현대 민주정치의 특징이 된 사회를 사회운동사회라고 부르기도 한다. 나는 이러한 특징을 반영한 우리 시대 현대성의 특징을 갈등사회라고 즐겨 표현하곤 한다. 민주주의의 정치적 토대에서 다양한 개인, 집단, 결사체, 운동이 추구하는 이슈와 요구와 저항들이 보편적으로 확대된 사회를 말한다. 갈등사회에서 시위는 다양화, 일상화, 제도화되는 경향이 있다.

10월 22일부터 시행되는 집회소음의 강화된 규제는 갈등사회에서 집회와 시위의 제도화수준이 높아진 것을 의미한다. 문제는 시민의 기본권과 관련된 저항행동을 제도적 규범으로 순화시키는 데는 사회적 합의가 요구되고 이러한 합의는 공권력의 정당성에 기초해야만 민주적이라는 점에 있다. 개정법령의 시행을 앞두고 공론형성을 위한 경찰청의 홍보 노력이 이전과는 달라진 점이 눈에 띈다. 해외 국가들의 현황을 비교해서 소개한다든지 타인에 대한 배려를 강조하는 일종의 민주시민교육을 수반한 설득적 모습은 경찰의 새로운 변화로 비치기도 한다. 그러나 우리의 민중의 지팡이가 시민의 눈에 공정하고 정당한 공권력으로 비치기 위해서는 더 많은 변화가 필요하다. 벌써부터 정부 비판적 집회에만 채증이 집중될 것이라는 의심이 앞서는 이유다. 정권이 어찌 바뀌든 독립적 권위로 움직이는 공정한 공권력을 갖추는 일이야말로 시민들이 시위의 규칙을 지키게 하는 근본적 조건이다. 저항과 시위, 나아가 갈등을 제도화하는 가장 빠른 길인 셈이다.

—〈매일경제〉 38면, 2014. 11. 3.

죽은 시민의 시대

한바탕 권력의 행패를 본 듯하다. 25일 마감한 여야의 총선 공천과정은 그야말로 막장이고 난장이었다. 야권연대를 거부한 안철수의 오만이나 비례대표 추천과정에서 보인 김종인의 독단은 오히려 난장의 리허설이었다. 배신자를 심판하라는 대통령의 일갈과 오로지 그 뜻을 좇아 황포하게 휘두른 이한구의 눈먼 창, 후보등록 마감일에 5곳의 공천승인을 거부한 김무성, 곧이어 2곳 공천과 3곳 무공천으로 야합하고 만 그의 무딘 칼. 최고 권력의 뜻에 따라 친박이니 진박이니 하는 패거리정치가 만든 난장의 절정이 아닐 수 없다.

이 무도한 난장의 정치판에는 유권자도 시민도 없다. 오픈프라이머리는 애당초 수용되지 않았고, 양당의 당헌 당규에 규정된 국민참여 선거인단대회, 국민참여경선, 국민경선, 당원경선, 시민공천배심원제 등 상향식 공천절차 또한 무시되었다. 어찌할 수 없이 권력의 굿판을 망연자실 바라보는 시민의 가슴엔 박탈감만 쌓였다. 도저히 근대적 정당의 모습으로는 볼 수 없는 일들이 벌어진 것이다. 유권자를 조금이라도 의식한다면 이럴 수는 없다. 시민에 대한 두려움이 조금이라도 있다면 더더욱 이럴 수 없는 일이다. 정당 내부에서 무슨 짓을 하든지 간에 정해진 유권자는 기계처럼 표를 찍는다는 생각인 게다. 정치권력을 틀어쥔 이들의 눈에 시민이 죽은 지 오래고, 유권자는 영혼 없는 좀비가 된 지 오래다. 죽은 시민의 시대가 아닐 수 없다.

정치가 시민과 너무 멀리 떨어져 있다. 그나마 4년마다 한 번씩 돌아오는 선거마저 시민의 삶과는 점점 더 무관해지고 있다. 정치와 민주주의가 1987년에 멈추어 있다. 대통령 직선제를 얻어낸 87년의 정치는 이제 중앙집권적 국가주의와 이념정치와 지역주의로 남아 한 발짝도 진화하지 못하고 있다. 게다가 1997년 외환위기 이후 들이닥친 정글과도 같은 시장경쟁의 질서와 함께 우리 사회는 부서져 해체되기 시작했다. 일자리를 얻지 못하거나 일자리에서 밀려나고 양극화와 불평등이 심화되는 가운데 시민 대부분의 삶은 위태롭게 흔들렸다. 마침내 97년의 사회는 우리 시대의 청년들을 N포 세대, 미래 없는 수저계급, 헬조선의 현실로 몰아넣었다. 노력해도 안 된다는 절망감이 만연하다.

돌이켜 보면 대한민국의 비정상은 언제나 시민의 힘으로 정상화되었다. 4월 혁명이 그랬고 6월 항쟁이 그랬다. 그래서 대한민국의 첫 번째 민주주의를 4월의 시민이 만들었고, 두 번째 민주주의를 6월의 시민이 만든 것이다. 한국의 민주주의를 이끌었던 바로 그 위대한 시민이 2016년 총선을 앞둔 지금 보이지 않는다. 민주주의를 향한 의지로 충만했던 그 시민들이 오늘날 먹고 사는 문제에만 매달리는 위축된 대중이 되고 말았다. 남들과의 차이로 인한 불안을 견디지 못하는 획일적 대중으로 전락하고 말았다. 나아가 시민들은 경쟁과 효율의 쳇바퀴에 갇혀 끝없이 일하고도 또 일을 찾는 강박적 대중으로 지쳐 있다. 지난 20년의 시간 동안 87년의 정치와 97년의 사회 속에서 한국의 시민은 거세된 대중이 된 셈이다.

능동적 시민이 거세된 대중으로 바뀐 것을 누구보다 먼저 알아챈 것은 정치권력이다. 시민이 죽은 곳에 그래서 난장의 정치가 판을 치고 있다. 87년의 정치는 이제 더 이상 견딜 수 없을 정도로 곪고 말았다. 87년의 정치가 거세된 대중의 마지막 숨통을 조이고 있는 것이다. 87년의 정치와 97년의 사회가 기형적으로 결합된 이 뒤틀린 시간이 더 지속된다면 우리 사회는 치유되기 어려운 현실을 맞게 될지도 모른다. 거세된 대중으로 가득 찬 이 비관적 현실에서 더 이상 견딜 수 없이 뒤엉킨 정치의 굴레를 벗어나는 일은 혁명보다 더 어려운 과제일 수 있다. 그러나 우리는 감당할 수 없는 더 가혹한 현실을 맞이하기 전에 87년의 정치를 벗고 97년의 사회에서 탈출하는 몸짓을 시작해야만 한다. 이번 총선이 그 마지막 시간일 수 있다.

4·13 총선은 무엇보다도 죽은 시민의 시대로부터 탈출하는 출발이 되어야 한다. 그래서 다시 시민의 귀환이 시대의 절실한 요청이다. 87년의 정치와 97년의 사회 속에 내동댕이쳐진 시민의 고단한 삶을 떠올리면 이번 4·13 총선은 세 번째 민주주의를 향한 서막이 되어야 한다. 시민이 다시 귀환할 때다. 4월은 죽은 땅에 라일락꽃을

피우며 기억과 욕망을 뒤섞어 잠든 뿌리를 봄비로 일깨우는 잔인한 달이라고 했다. "망각의 눈이 대지를 덮은" 땅에서 겨울처럼 죽었던 시민이 다시 깨어나야 하는 우리의 4월은 어쩌면 더 잔인하다. 깨어나 눈과 귀를 열고 정당과 후보를 가려낸 후 투표장으로 향해 시민이 살아 있음을 알려야 한다. 시민의 귀환을 알려야 한다.

—〈경향신문〉 31면, 2016. 3. 30.

이보다 더 나쁠 순 없다

매일 밤 광화문에 시민들이 모여들고 있다. 지난 주말에는 약 20만이 모였다고 한다. 1987년 6월의 시민이 떠오른다. 온 국민이 박근혜의 국민이었다는 사실에 치를 떨고, 박근혜가 대통령직을 유지하고 있다는 사실에 숨이 멎을 것 같다고도 한다. 박근혜의 시간은 유체이탈의 화법과 기만의 언어, 봉건적 권위와 여제적 행태, 그리고 베일에 가려진 청와대로 채워졌다. 바로 그 박근혜의 시간이 '어린' 국민에게는 자학의 시간이었다. 박근혜의 오만과 기만과 불법과 무능은 '우리가 도대체 지난 대선에서 무슨 짓을 저질렀지?'라는 우리의 선택을 비추는 거울이었기에 가슴속 깊이 파인 상처를 오로지 자학으로 가리고 있었다. 자학의 시간이 분노의 경계를 넘지 못한 것은 권력과 언론의 굳건한 협업 탓이기도 했다.

그 굳건한 협력의 빗장을 풀고 은폐의 육중한 문짝을 열어젖힌 것은 흥미롭게도 보수권력이 자신들의 입으로 삼고자 했던 종편방송이었다. JTBC가 확보한 최순실의 태블릿 PC라는 판도라의 상자가 열리면서 박근혜의 시간은 최순실의 시간으로 확인되었다. 마음 여린 시민의 자학은 거대한 분노로 바뀌었다. 등에 배반의 칼 하나씩을 꽂힌 채 망연자실한 시민들 앞에 대통령은 두 번의 마음 없는 성명서를 독백처럼 읊조리고 들어갔다. 총리를 일방적으로 지명하고, 국회의 장실의 카펫을 마치 패션쇼의 런웨이 걷듯 휘돌아 나왔다. 자신의 거취에 대해서는 단 한마디도 없었다.

아주 오래된 기만, 아주 익숙한 대통령의 오만을 다시 떠올리며 이제 시민들은 거대한 저항행동에 돌입했다. 2016년의 시민항쟁이 시작되었다. 모든 역사적인 저항행동이 그렇듯이 시민항쟁은 누적된 불만의 효과다. 불만의 직접적 계기가 무엇이든 시민항쟁의 근저에는 피폐한 경제와 고단한 시민의 삶이 있다. 청년의 미래를 닫아버리는 수저계급론과 헬조선의 현실, 심각한 양극화와 불평등, 줄어드는 소득과 늘어나는 부채, 가계부채 1,300조, 노동계를 압박하는 재벌대기업 친화적 정책, 모든 세대가 불안을 벗을 수 없는 현실 등이 저항의 심층에 시퍼렇게 자리 잡고 있다. 박근혜·최순실 사태에 대한 시민의 분노와 저항의 뿌리가 그만큼 깊다.

지난 주말부터 대규모 저항의 물꼬를 튼 시민의 물결에는 아주 냉철한 이성적 분노가 감지된다. 광장의 시민들은 파괴적이고 폭력적 군중이 아니라 질서 있는 이성적 군중의 모습을 보이고 있는 것이다. 그 하나의 지표로 시위군중의 표정이 참 밝다. 배신의 칼을 맞은 시민의 표정이 왜 이토록 밝은가? 하나의 설명방식은 누적된 자학의 시간에서 벗어난 해방감일 수 있다. 독재자의 딸을 선택한 불안과 세월호, 메르스, 경주지진, 백남기 씨의 사망으로 이어지는 누적된 자학의 원천이 온전히 드러나면서 일종의 마음의 해방감을 맛보는 듯하다. 여기에 덧붙일 수 있는 설명 하나. 자신감이다. 성공에 대한 확신과 승기를 잡았다는 자신감이 그것이다. 5%로 곤두박질 친 대통령지지율과 보수언론의 변화를 보며 광장의 군중 속에서 시민들은 끊임없이 "더 모여야 된다"고 서로를 독려한다.

2016년 항쟁의 시민들에게 인지된 기회구조가 자신감으로 표출되고 있다. 저항행동에는 주어진 기회구조를 운동주체가 어떻게 인식하고 있는가가 중요하다. 정부의 통제역량에 대한 인지가 중요하며, 동시에 자신들의 조직과 동원의 역량에 대한 인지 또한 중요하다. 말하자면 광장의 군중들의 밝은 표정에는 적을 알고 나를 안다는 냉철한 이성이 담겨 있고, 이제 새로운 기회를 열 수 있다는 희망이 담겨 있다. 그래서 2016년의 시민항쟁은 어느 때보다 새로운 역사를 만들 가능성이 높다. 거대한 군중의 냉철한 이성과 고도의 집단지성이 비추는 렌즈에는 어떤 것도 숨길 수 없고 어떤 것도 피해갈 수 없다. 국민을 배반한 권력의 마지막 꼼수도, 정치권의 주판 굴리기도, 궤변의 책임논리나 돌발적 소영웅주의마저도 시민의 눈을 속일 수 없다.

박근혜의 모래시계에서 마지막 모래알이 흘러내리고 있다. 박근혜 대통령은 자신이 직을 유지하는 것이야말로 국정공백과 헌정중단보다 더 큰 재앙이라는 사실을 깨달아야 한다. 대한민국은 이보다 더 나쁠 순 없다. 그래서 민심과 공감하는 야당의 역할이 중요하다. 시민들은 국정의 정상화를 기대하고 그 역할을 야당이 떠안을 수 있을 것으로 생각한다. 야당에 대한 새로운 기대를 하고 있는 것이다. 사사로운 정치에서 시작된 위기이기 때문에 사사로운 잇속을 노리는 정치는 이 국면에서 가장 예리하게 포착될 것이다. 야 3당은 오로지 시민의 뜻에 따라 국정을 정상화하는 길을 올곧게 선택해야 한다.

경제가 위기를 예고하고, 미국 대선의 트럼프 당선이라는 놀라운 결과는 외교 안보 정책의 새로운 변화를 주문하고 있다. 이 급박한 모든 현실을 자신이 물러나지 않아야 할 이유로 생각하는 반상식과 비정상의 절정에 있는 것이 박근혜의 사람들이라는 것을 시민들은 이미 너무 잘 알고 있다. 그렇다면 국민의 힘을 보여줘야 하고 국민은 이 싸움에서 물러나지 않을 각오가 되어 있다는 사실을 확인시켜야 한다. 대한민국이 이보다 더 나쁠 순 없기 때문이다.

—〈경향신문〉 31면, 2016. 11. 11.

박근혜 퇴진
2천만 서명운동을 제안하며

군중은 동일한 물리적 공간에 모인 다수의 사람들을 의미한다. 사회학자들은 군중의 유형을 다양하게 구분한다. 쇼윈도 앞에 모여든 우연적 군중과 스포츠 경기관람을 위해 모인 관습적 군중을 나누거나, 강렬한 일체감으로 군무에 빠져드는 춤추는 군중을 구분하기도 한다. 군중행동 가운데 언제나 주목되는 것은 집단저항이나 시위에 참여하는 능동적 군중이다. 능동적 시위군중은 자칫 충동적으로 변해 파괴적이고 폭력적인 행동을 수반하는 경우가 많다. 실제로 서구의 대규모 시위는 약탈과 방화 없는 경우가 드물다. 시위군중의 폭력성은 자극에 대한 순간적 반응의 효과이기 쉽다. 생각할 틈도 없이 나타나는 순환적 반응인 셈이다. 반면에 사람들의 일상적 상호작용은 순환적이 아니라 상대의 말과 몸짓을 알아듣고 이해한 후에 반응하는 해석적 과정이다.

지난 주말 광화문에 모인 100만 명이 넘는 군중시위에는 폭력도 없고 순환반응도 없었다. 빼어난 시민의식이라고 했다. 21세기에 무당국가로 낙인 찍혀 해외에서 추락한 국격을 그나마 100만 촛불시민의 수준 높은 시위문화가 살렸다고도 했다. 그날 구름처럼 모인 100만의 시위군중은 놀라우리만치 이성적이었다. 100만이 넘는 사람들이 점령했던 거리에 쓰레기 한 점 남지 않았다는 사실을 어떻게 설명해야 하는가? 무서운 시민들이었다. 그들이 거리로 나와 외친 것은 광폭한 불만이 아니라 아주 냉철하고 차가운 분노였다. 그들은 충동적 군중이 아니라 서로의 표정을 읽고 연사의 발언에 귀 기울이며 끊임없이 현실을 판단하는 해석적 군중이었다.

이 무서운 100만 군중의 차가운 분노는 모든 정세를 한순간도 놓치지 않는 듯하다. 박근혜의 오만과 시간 끌기, 변호사의 입으로 확인된 어떻게든 임기를 채우고자 하는 몸부림과 뻔뻔함 그 모든 것을 냉철하게 포착했을 것이다. 또한 정치적 이익에 따라 분열하는 정치인의 타산적 행동 또한 분명히 가릴 것이다. 특히, 대안이 되어야 할 야권에 대해 시민들은 박근혜 퇴진이라는 오직 하나의 대오를 만들기를 염원하고 있다. 야권 내의 서로에 대한 비방은 시민들에게는 이기적이고 때 이른 선거공학으로 비칠 뿐이다. 부패로 망하는 박근혜 정권의 목전에서 분열로 망하는 모습을 보이는 것이나 다름없다. 그래서는 안 된다. 박근혜 퇴진이라는 절체절명의 국면에서 비난은 오로지 이 대오를 이탈하는 경우로만 한정되어야 한다.

이제 저 무서운 100만의 해석적 군중 앞에서, 나아가 그들이 내리는 명령 앞에서 야 3당은 하나의 대오로 결집해야 한다. 마침 그 조건도 만들어졌다. 국민의 당과 정의당이 이미 '질서 있는 퇴진'을 일관되게 주장했고, 제1야당 더불어민주당도 대통령 퇴진을 당론으로 정했다. 대권주자들도 대통령 퇴진 대오에 모두 동참했다. 안철수 국민의당 전 대표와 박원순 시장 등이 광장의 100만 시민과 함께 퇴진운동에 벌써 뛰어들었고, 더불어민주당 문재인 전 대표도 마침내 국민과 함께 전국적인 퇴진운동에 나설 것을 선언했다.

이제 야 3당은 가슴 뚫린 시민들을 위무해야 한다. 촌철의 상황도 놓치지 않고 차가운 분노로 대응하는 위대한 시민을 이제는 야 3당이 앞서서 끌어줘야 한다. 야 3당이 당리당략을 넘어 박근혜 퇴진운동을 거국적으로 주도했으면 한다. 이번 주말 또 한 번의 100만 군중 앞에서 그 출발을 알렸으면 한다. 나는 이번 주말 다시 모이게 될 광화문의 100만 촛불 군중 앞에서 야 3당이 주도하는 '박근혜 퇴진 2,000만 서명운동'을 시작할 것을 제안한다. 이미 안철수 전 대표는 서명운동을 전개하고 있다. 이 운동을 야 3당이 공조해서 2,000만 서명이라는 분명한 목표를 제시하고, 올 연말을 기한으로 적극 추진했으면 한다. 나아가 야 3당은 조기대선을 포함한 정권이양 일정에 합의해서 국민들에게 분명하게 밝히고 이를 통해 박근혜 대통령의 퇴진을 압박했으면 좋겠다.

1986년 2월, 당시 신민당과 민추협은 '1천만 개헌서명운동'을 시도했다. 전두환 정권의 혹독한 탄압과 감시 속에서 연행과 투옥이 일상화된 가운데 서명운동이 진행되었다. 그 험한 시절, 1천만 서명운동을 추진한 민주화의 역사를 되새긴다면 우리 시대에 어디로든 흐르는 스마트폰과 SNS를 통해 2,000만 서명은 빠르고도 효과적으로 실현될 수 있다. 야 3당 대표와 대권주자들이 손을 맞잡고 전국을 순회하며 서명운동본부를 발족시킨다면 여기에서 대한민국의 새로운 미래가 트일 수 있지 않겠는가? 백만의 군중을 2,000만의 시민행동으로 잇고, 마침내 박근혜의 사설국가를 정상적 민주공화국으로 되살리는 역사의 과업을 이제 야 3당이 기꺼이 떠안아야 한다.

—〈경향신문〉 31면, 2016. 11. 18.

21세기 민주주의, 진화하다

전국에서 넘실대는 거대한 저항행동을 일단 '2016 촛불대항쟁'이라고 불러본다. 박근혜-최순실 게이트로 세계의 조롱거리가 되었던 한국을 경이로운 눈으로 다시 보게 한 것이 촛불대항쟁이었다. 230만의 시위군중이 쏟아져 나왔다. 하지만 너무나 평화롭고, 너무나 자유롭고, 너무나 이성적인 자신감으로 대통령 퇴진과 탄핵의 바람을 표현해낸 후, 시민들은 쓰레기 한 점 남기지 않고 일상으로 복귀하기를 반복했다. 이 위대한 시민행동 앞에 누군들 탄성을 터뜨리지 않겠는가? 바로 이 촛불시민이 야당은 야당대로 여당은 여당대로 주판알을 굴리던 국회를 하나의 물살로 내몰아 마침내 대통령 탄핵안을 가결하게 했다. 촛불의 힘이었다.

헌법재판소의 탄핵판결과 새로운 대한민국을 세우라는 촛불의 염원이 아직 남아 있다. 그러나 2016 촛불대항쟁은 이미 그 자체로 정치사적 의미가 되기에 충분하다. 외환위기 이후 점점 더 고단해진 시민의 삶은 민주주의를 아득히 잊어버린 듯했고 위임권력은 권력자들만의 것이 되었다. 이 황폐한 정치의 시대에 놀랍게도 2016 촛불항쟁은 국민주권의 민주주의를 완전히 진화된 형태로 귀환시켰다. 그것도 세계적으로 진화를 멈춘 대의민주주의의 출구를 열었다. 촛불대항쟁은 21세기 민주주의를 진화시킨 지구적 사건이 될 만했다. 그 특징을 몇 가지 들여다보자.

첫째, 촛불대항쟁은 제도로서의 민주주의영역을 획기적으로 확장했다. 대규모 군중행동은 대개 불법적이고 비제도적 행동을 수반한다. 그러나 촛불대항쟁은 230만의 군중이 완전한 자발성으로 그리고 완전히 합법적인 방식으로 제도화된 저항행동을 보여줌으로써 가장 강력하고도 직접적인 정치적 영향력을 보였다. 단 한 건의 체포나 연행 없이 자율적 군중의 민주적 활동반경을 넓힌 셈이며 대의적 영역을 넘어 직접참여의 민주주의를 확장한 효과를 얻었다.

둘째, 거의 매일 그리고 매 주말 열리는 거대 집회는 생활민주주의의 현장이 되었다. 생활민주주의는 삶의 다양한 영역에 참여적 정치양식이 결합된 질서를 말한다. 말하자면 개인의 삶을 공공적 쟁점으로 구성된 정치양식과 결합하는 생활공공성의 질서다. 2016 촛불대항쟁은 불법 없는 시민행동이라는 점에서 이제 확장된 정치제도요 정치양식이 되었다. 적어도 촛불시민들은 대통령의 퇴진과 새로운 질서라는 공적 쟁점을 추구하고자 자신의 일상적 시간을 정치와 결합시키고 있다. 촛불대항쟁은 생활시민이 생활민주주의를 실현하는 공공적 정치양식이 되었다.

셋째, 촛불대항쟁은 자아실현의 민주주의이자 자기표현의 민주주의를 구현하고 있다. 이 거대한 집회는 일원적 질서로 움직이지 않고 거대 투쟁조직이 일원적으로 시민을 동원해내는 구조도 아니다. 오히려 시민들은 다양한 방식으로 스스로를 표현해내고 있다. 매주 새롭게 등장하는 깃발과 구호에는 다양성을 추구하는 자기표현의 민주주의가 그대로 드러나 있다. 얼룩말연구회, 한국 고산지 발기부전연구회, 독거총각 결혼추진회, 노처녀연대, 행성연합 지구본부 한국지부, 장수풍뎅이연구회, 아이돌 팬의 깃발 등 대단히 다양하고 흥미롭다.

넷째, 촛불대항쟁은 한국 민주주의의 역사성을 반영한다. 2016 촛불대항쟁은 역사적인 시민항쟁의 누적된 학습효과를 갖는다. 1960년 4월의 민주주의와 1987년 6월의 민주주의가 모두 미완에 그쳤다. 시민의 힘으로 항쟁을 만들었으나 제도정치권이 받아내지 못했다. 2016년 촛불의 민주주의를 실현하고자 하는 시민들은 우리 시민혁명의 미완의 역사를 선명하게 인식하고 있다. 그래서 훨씬 더 차가운 이성으로 훨씬 더 부릅뜬 눈으로 제도정치권을 밀어붙이고 있는 것이다.

다섯째, 2016 촛불대항쟁은 한국 민주주의의 세대적 진화를 기대하게 한다. 현재까지 일곱 차례에 걸친 거대 시위에는 어린 아이에서부터 노인에 이르기까지 모든 세대가 망라되어 있다. 심지어는 신혼부부들이 이 위대하고도 거룩한 역사의 현장에 함께하기 위해 유모차를 몰고도 나온다. 또 아이들에게 지켜야 할 가치와 질서가 무엇인지 알려주기 위해 자녀들을 데리고 나왔다고 말한다. 세대에서 세대로 이어지는 한국 민주주의의 진화를 떠올리게 하는 감동적인 장면이다.

2016 촛불대항쟁은 이미 문명사적 사건이 되었다. 그러나 여기서 멈출 수 없는 위태로운 정치과제들이 남아 있다. 더 크고 맑고 차가운 촛불의 눈으로 정치권의 움직임을 뚫어지게 직시해야 한다. 그리고 완전히 새로운 대한민국을 만들라고 외쳐야 한다. 완성된 시민혁명, 그것도 무혈의 명예혁명 한 번 해봤으면 더한 바람이 없겠다. 전국에서 출렁이는 촛불의 물결이 2016년 촛불혁명으로 기록되는 날을 그려본다.

—〈경향신문〉 31면, 2016. 12. 16.

10

대학과 청년

우리 시대 청년의 문제는
일과 삶과 생존,
곧 국민적 삶의 문제이다.
이제는 정치가 꼰대질이 아니라
청년의 아픔을 담고
청년을 끌어안아
바로 그대들의 것이라고
말해줘야 한다.

고려대학의
'교격'을 생각하며

투자의 귀재 워런 버핏은 미국 미드웨스트의 옥수수 밭에 둘러싸인 그의 출신지 오마하에 거주지를 두고 있어 오마하의 현자라고 칭송받는다. 창조적 자본주의를 전파하는 빌 게이츠도 돈만 가진 부자와는 전혀 격이 다르다. 이들의 격이 다른 것은 나눔과 공생을 실천하는 남다른 철학과 삶의 방식 때문일 것이다.

요즘 우리 고려대학교의 위세가 대단해서 우선은 기분이 좋다. 그러나 세상이 우리 대학을 이전보다 품위와 격조가 높아진 것으로 평가하는 것 같지는 않아 일종의 허망함이 있다. 사람됨과 그것의 수준을 인격이라 하고 나라의 격을 국격이라 말할 수 있다면, 곳곳에서 축배가 이어지는 이 안암의 성공시대에 고려대학교의 '교격'을 성찰해보는 것도 의미 있는 일이 아니겠는가?

최근 몇 년간 고대는 세계 100대 대학진입이라는 숭고한 목표를 세우고 국내대학들을 치열한 경쟁의 질서로 바꾸는 데 앞서 왔다. 이 목표의 선두에 섰던 경영대는 이미 국내에서는 경쟁할 상대를 찾지 못해 이제 세계 50대 대학을 향한 거룩한 걸음을 떼었다. 마침내 대통령도 배출했다. 신문과 방송에는 새 정부의 파워 엘리트가 갖는 지위지표로 'SKY'와 '고소영'이 연일 오르내린다. 100년의 역사에 응축된 에너지가 거침없이 뿜어지는 듯해서 뿌듯한 마음이 없지 않은 것도 사실이다.

그러나 고려대학교의 이 같은 화려한 변신, 특히 시장과 경쟁을 지향하는 변신이 아무리 성공적이라고 하더라도 그것이 학교의 격을 높였는가를 묻는다면 세상의 눈길이 다소 따갑다. 고려대학은 언제나 우리 사회의 최고엘리트를 배출해 왔다. 졸업생들은 어떤 조사에서나 최고의 사회적 평판을 얻었다. 평판은 세상의 인심을 얻는 것이다. 민족의 아픔을 함께하며 시대정신에 앞장 선 고대인들이 나서는 것, 그리고 고대정신으로 뭉친다는 것은 곧 세상을 향한 헌신에 다름 아니었기에 다른 대학과는 차별적으로 인심을 얻은 것이 오히려 당연한 일이었는지도 모른다. 말하자면 작은 이익에 집착하기보다 민족과 시대를 위해 나눌 줄 아는 큰 사람의 가치가 고려대학교의 격을 남다르게 만들었던 것이다.

많은 이들이 우리 시대가 지향할 가치를 경쟁과 효율의 시장가치로 생각하는 듯하다. 최근 고려대학교의 변신 또한 시장적 혁신과 일치한다. 시장가치가 팽만한 시류 속에서 시장을 외면할 수는 없는 일이다. 그러나 고려대학교가 최고의 엘리트를 배출하고, 배출된 엘리트를 통해 세상의 평가를 받는다면 무엇보다도 대학의 목표는 시장과 공동체를 고루 짚는 균형적 지성을 기르는 데 두어져야 한다. 한 사회의 엘리트가 시류를 따르는 존재가 아니라 시대를 선도하는 존재라고 한다면, 맹목적 경쟁의 가치나 냉혹한 이윤의 추구가 아니라 사회적 약자를 돌아보며 공동체를 건강하게 가꾸는 공영의 가치를 좇는 것이 맞을 것이다. 글로벌 자본주의의 향방이 약육강식의 정글식 자본주의가 아니라 하위계층을 위해 창조적으로 재구성된 자본주의여야 한다는 빌게이츠의 생각은 이런 점에서 선도적이라 할 만하다.

고대인이 경쟁에서 이기는 것만을 아는 시장적 냉혈한으로 길러질까 두려운 생각이 참 많이 드는 때다. 세상에 대한 책임을 갖고 함께 나아갈 줄 아는 균형적 지성이 참으로 아쉽다. 오늘 모교 교정에 발을 들이면 이러한 균형적 지성의 위태로움이 선연히 들어온다. 중앙광장을 중심으로 나누어진 장동(場東)과 장서(場西)가 마치 강남과 강북을 연상시키는 빈부의 격차를 드러내고 있는 것이다. 장동의 상징인 LG-포스코관에 들어서면 장서의 상징인 문과대학의 비 새는 계단이 떠올라 우울하다. 화려한 LG-포스코관이나 삼성관에서 샤일록이 아니라 버핏이 나오기만을 바랄 뿐이다.

— 〈고려대학교 교우회보〉, 2008. 5. 2.

오늘 나는
대학을 그만 둔다

점심 어떠냐는 동료의 전화에 김연아의 출전시간에 맞추어 화면 넓은 TV가 있는 식당을 찾았다. 동료는 정작 김연아의 순서가 다가오자 가슴이 떨려 못 보겠다며 일어나 버린다. 김연아는 세계인을 황홀하게 한 후 여제에 등극했다. 모태범, 이상화, 이승훈, 이정수가 다르지 않았다. 그들은 우리를 몰입시키고 열광하게 했다.

그 몰입의 날들을 달리 보면 스포츠가 우리 시대의 새로운 종교임을 실감한 시간이었다. 스포츠의 신은 밴쿠버 동계올림픽에도 어김없이 강림했던 것이다. 재능, 자본, 과학기술, 국가, 민족, 인종의 경계 등이 잘 버무려져 오늘날 스포츠는 어떤 거대 종교보다 강력한 흡인력으로 대중을 빨아들인다. 여기에 스타의 드라마틱한 개인사까지 보태면 스포츠의 신을 향한 대중의 찬미는 극치에 이른다.

그러나 종교적 열망의 시간과 현실적 삶의 공간은 엇갈려 있기 쉽다. '종교는 가슴 없는 세상의 가슴'이라는 통찰은 스포츠의 신이 지배하는 오늘의 현실에도 여전히 어울리는 말이다. 세파가 고단할수록 경배는 열렬해지니, 스포츠 신의 위세는 현실의 비참함을 반증하는 것일 수 있는 것이다.

밴쿠버의 사제들과 함께했던 찬미의 시간을 아프도록 날카롭게 현실로 돌린 것은 한 대학생의 자퇴의 변이이었다. '오늘 나는 대학을 그만둔다, 아니 거부한다'라는 고려대생 김예슬의 도발에 가슴이 내려앉았다. "25년 동안 경주마처럼 길고 긴 트랙을 질주"하며 "무수한 친구들을 제치고 넘어뜨린 것을 기뻐하고 앞질러 간 친구 때문에 불안했다"고 한다. 명문대 이름난 학과에 입학해 세상의 모든 것을 얻은 듯했을 텐데 오히려 그녀는 "심장이 뛰지 않는" 자신을 본 것이다. 그리고 저 "트랙의 끝에서 무한경쟁의 질주"가 다시 시작됨을 알아 차렸다.

그녀에게 대학의 진실은 처절하다. "12년간의 규격화된 인간제품을 만들어 대학에 올리는 국가"와 "자격증장사 브로커, 글로벌 자본과 대기업에 부품을 공급하는 하청업체"인 대학이 "이마에 새겨준 바코드도 10년을 채 써먹을 수 없기에 더 비싼 가격표를 위해 다시 대학원에, 유학에, 전문과정에 돌입해야 하는 고비용 저수익의 악순환"을 직시한다. "대학에서 나는 누구인지, 왜 사는지, 무엇이 진리인지 물을 수 없었고, 우정도 낭만도 사제 간의 믿음도 찾을 수 없었으며, 불의에 대한 저항도 꿈꿀 수 없었다. 이제 대학과 자본의 거대한 탑에서 내 몫의 돌멩이 하나가 빠진다"는 대목에서는 또 한 번 가슴이 무너졌다.

청년실업이 범람하는 터에 그녀의 행동을 철없는 객기로 여길 수도 있다. 그러나 '어린 왕자'를 옥죄는 물신의 현실이 두텁고도 난폭하다. 입시교, 자격증교, 외국계 기업교의 신을 숭배하지 않고는 살아남을 수 없고, 스포츠의 신, 쇼핑의 신, 연예의 신을 찬미하지 않고는 버틸 수 없는 세속에서 자아를 찾는 몸부림이 위태롭기에 오히려 귀하다.

이쯤이면 저 절망의 계곡에서 신음하는 젊은이들의 소리에 조금은 귀 기울여야 하지 않을까? 청년의 꿈이 사라진 사회에서 미래기획도 국가브랜드도 사회통합도 그리고 세계일류대학도 망상에 불과하다. 돈의 독재와 이익의 전쟁이 젊음의 숨통을 조이는 이 공멸의 굿판을 이제 그만 멈출 때가 된 듯하다. 대학은 인문적 사유를 보듬어 시장의 질서를 다독이는 역할을 되찾고, 나라를 맡은 이, 사회를 이끄는 이들은 청년들을 시시포스의 언덕에서 희망의 세계로 이끄는 일에 눈을 떠서 이제 사회발전의 궤도를 좀 수정하면 좋겠다. 4월과 5월, 그리고 6월, 저항의 기념일이 어김없이 다가온다. 그래, 그때의 대학생에게는 긴 어둠 속에서도 해방에의 꿈이 있었지. 강의실을 가득 메운 학생들의 창백한 얼굴을 다시 들여다본다.

—〈위클리경향〉 868호, 2010. 3. 30.

'고대'의 과잉과
'고대정신'의 결핍

교우회보가 주소를 찾지 못하고 돌아다니다가 한참 늦게야 배달된 탓에 지난달 4·18과 관련된 내용들이 채워진 호를 지난주에 볼 수 있었다. 가장 눈에 띈 것은 4월 혁명의 과정에서 고대생들이 주도한 4·18에 대한 호칭이 고대인들 간에도 다양하게 사용되고 있다는 점이었다. 특히, 한 칼럼에서는 4·18 혁명이라고 부르기도 했다.

이승만 정권을 무너뜨린 4월 혁명을 혁명으로 볼 것인가 라는 문제를 두고도 이미 학계에서는 다양한 논의가 있었다. 일반적으로 혁명은 사회질서의 총체적 전환을 수반하는 정치변혁을 지칭하기 때문에 4월 혁명에 관한 혁명으로서의 의의에 대해서는 서로 다른 시각들이 있다. 그러나 4월 혁명은 우리 현대사에서 정권을 붕괴시킨 유일한 정치저항이었다. 게다가 비록 사회질서의 근본적 변화에는 이르지 못한 미완의 혁명이지만 4월 혁명 이후 연속된 사회변혁의 과제와 결부해 볼 때 4월 혁명은 혁명적 가치를 갖는 거대한 시민저항이었다. 이 점에서 나는 1960년 4월 19일에 정점을 이룬 저항운동을 4월 혁명이라고 부르는 데에 동의한다. 고대생들이 주도한 4·18 고대행동은

4월 혁명을 전국적으로 확산시키는 데 결정적인 계기가 되었다는 점에서 고대인들 스스로는 고대정신의 정점으로 자부했고, 객관적으로도 정치사적 의의를 부인하기 어렵다. 그러나 4·18 자체를 혁명이라고 부르는 것은 과도한 고대 중심주의의 혐의를 피하기 어렵다. 그것은 오히려 4·18의 가치를 희화화할 위험을 갖는다. 4월 혁명의 과정에서, 4월 혁명을 가능하게 한 결정적인 요인으로 평가되는 4·18 고대행동만으로도 그 의의는 충분할 수 있다.

나는 고대인들이 최근 우리 사회에서 목격되는 고대의 과잉현상에 대해 자기성찰의 기회를 가졌으면 한다. 근래 들어 고려대학교는 대학의 경쟁지상주의를 선도함으로써 세간의 주목을 받았다. 세계 몇 대 대학에 드는 것을 지상의 과제로 삼고, 주요 신문의 한 면을 통째로 사서 그리 산뜻하지 않은 총장들의 얼굴을 전면에 깔아 세상을 술렁이게 한 것이 불과 얼마 되지 않은 일이다. 이즈음 대학이 추구하는 경쟁주의는 벌거벗은 이익과 맹목적 효율의 시장판에 대학을 내맡기는 과정에 다름 아니다.

특히, 100년 역사 속에서 누적된 고대정신의 실질적 경쟁력을 너무도 빠르게 해체시키고 허구적 수사로 가득찬 광고와 홍보 위주의 무책임한 포장형 상업주의를 지향한 것이 최근 우리의 자화상이었다. 그 와중에 막걸리의 역사를 폐절하고 와인의 역사를 새로 쓰는 코미디가 벌어지는가 하면, 요즘은 막걸리에 대한 국민적 관심에 편승해 다시 막걸리 잔을 만지작거리는 참으로 고대답지 않은 일들이 심심찮게 벌어지고 있는 것이다.

최근 이명박 대통령의 집권은 고대 출신이 처음으로 대통령이 되었다는 점에서 반길 만한 일이 아닐 수 없다. 그러나 이명박 대통령의 집권을 마치 고려대학교의 집권으로 오인한 듯 일부 고대인들이 집단흥분 상태에 빠져 있는 모습은 민망한 일이 아닐 수 없다. 이명박 대통령의 집권 이후 세간에 비친 고대의 이미지는 곱지 못한 것들만이 유독 크게 거론되지만 그것이 실제 우리의 거울인지도 모른다. 이것을 고대에 대한 세상의 질투쯤으로 해석하는 오만이 고대인들의 모습을 더욱 일그러지게 한다. 100년 역사를 딛고 선 대학의 격조와는 거리가 멀다.

이뿐만 아니라 우리 대학에서 공부한 흔적을 찾아볼 수 없는 스포츠 스타 김연아를 호위하는 학교 당국의 모습을 보며 세상이, 아니 얼마나 많은 고대인들이 고대정신의 쇠락에 우울해 하는지를 감지해야 한다. 또 녹색성장과 같은 정부의 구호가 왜 고려대학에서 공공연하게 제기되어야 하는지 나는 이해할 수 없다. 1천 년을 지향한다는 대학이 5년짜리 정부와 동락하는 아이러니를 어찌 설명해야 하나?

세상에 고대가 넘치는 만큼 고대정신이 쇠락하는 현실을 바라보는 심정은 착잡하다. 나는 고대인들의 집합적 의식으로서의 고대정신은 고대인들만의 구호가 아니라 사회적 승인을 얻음으로써 성립하는 것으로 이해한다. 나는 지난 100년 이상의 역사에서 고대정신은 지성주의와 열정주의, 윤리주의를 문화적 원천으로 정의성과 대중성, 역사성을 확보함으로써 사회적 혹은 민족적 승인을 얻어왔다고 본다. 그러나 오늘날 고대정신은 그 정당성의 기반이 훼손되어 위태롭기만 하다.

세계 100대 대학 혹은 50대 대학, 와인과 클래식의 향기, 명품학생의 구호가 드러내는 천박한 일류주의는 고대정신의 대중성을 해체시켰고, 기업과 정부가 풀어놓는 돈의 향배를 좇는 동안 고대정신의 정의로움은 찾아보기 어렵다. 또 경쟁과 효율만능의 무분별한 자기변신은 고대정신의 역사성을 단절시키고 있다. '민족을 버려라'는 레토릭은 이제 수사가 아니라 현실이 되고 말았다.

사람이든 대학이든 연륜이 쌓이면 그만큼의 품격이 동반되어야 한다. 몇몇 평가기관의 양적 지표에 목을 매고 등수를 향해 맹목적으로 돌진하는 경박성의 궤도에서 벗어나 새로운 시대적 가치를 생산하는 고대정신을 다시 가다듬어야 한다. 고려대학교에 대한 진정한 평가는 몇 개의 지표가 아니라 고려대학교가 생산하는 세계시민적 가치와 실천을 세상이 감동적으로 승인함으로써 이루어진다. 강이 깊을수록 물은 고요히 흐르는 법이다.

—〈고대신문〉 1645호 1면, 2010. 5. 31.

야성의 정치를 복원하라

4·19 혁명이 있은 다음 날, 조지훈 선생은 '어느 스승의 뉘우침에서' 라는 부제가 달린 긴 시를 썼다. '늬들 마음을 우리가 안다'라는 제목의 시에는 선생의 절절한 심정이 배어 있다. 노도와 같이 거리로 뛰쳐나온 학생들의 정의로움을 보고 "그날 비로소 너희들이 갑자기 이뻐져서 죽겠던 것이다"라고 고백했다. 늘 제자들에게 "요즘 학생들은 기개가 없다고, 병든 선배의 썩은 풍습을 배워 불의에 팔린다고" 지탄한 것을 후회하며 마침내 선생은, "나의 두 빰을 적시는 아 그것은 뉘우침이었다"고 자책한다.

6·2 지방선거가 끝난 후 조지훈 선생이 느꼈던 저 4월의 정서를 떠올리는 것은 지나친 감상일까? 그래도 지방선거 후 학생들이 갑자기 기특해 보이는 것은 어쩔 수 없다. 시류에 몸을 싣고 현실의 경쟁과 실리에만 집착하는 학생들을 보며 가슴 한구석을 짓눌린 우울증이 그만큼 깊었던 탓인지도 모른다. 20대와 30대의 투표율이 높아진 것은 분명히 작은 변화가 아니다. 그러나 더 중요한 것은 투표에 참여하니 권력구도가 바뀌더라는 청년세대의 정치적 체험일 것이다.

젊은이들의 값진 정치적 체험을 우리 사회의 생동하는 에너지로 만들기 위해 이제 정치권이 변화로 화답할 차례이다. 무엇보다 이번 선거를 통해 지역권력의 여당이 된 민주당의 변신이 주목된다. 스스로도 예상 못한 선거결과에 민주당은 도취를 경계하고 대안정당으로 거듭날 것을 다짐하기도 했다. 그러나 변화의 핵심은 청년세대의 정치적 욕구에 부응하는 것이고 그 첫 번째 과제는 야성의 정치를 복원하는 일이다. 민주당의 현실은 야성을 잃은 야당, 식어버린 피자처럼 권력의지를 찾아보기 어려운 정당의 형국이었다. 이번 지방선거에서, 특히 광역단체에서 승리한 정치인들은 대부분 정치적 야성을 잃지 않은 후보들이었다는 점을 눈여겨 봐야 한다. 그 가운데서도 친노진영의 주요 당선자들은 상처 입은 맹수의 야성으로 유권자들의 마음을 움직였다.

야성의 정치는 무모한 저항의 정치가 아니라 민의를 알고, 민의를 만들며, 민의를 이루는 정치이다. 여기에는 현장성이 요구된다. 지역과 시민사회, 서민과 대중 속으로 파고드는 현장을 향한 정치가 첫 번째 요건이다. 둘째로 야성의 정치는 혁신성을 가져야 한다. 정치적 개방이나 파트너십과 같은 새로운 정치적 실험을 두려워하지 않는 과감한 정치가 그것이다. 셋째로 야성의 정치는 진정성을 갖추어야 한다. 진실을 가리는 정치적 언술과 화려한 레토릭이 아니라 시민에게 가슴으로 다가가는 참 정치가 절실한 것이다.

현장성과 혁신성, 진정성을 핵심으로 하는 야성의 정치는 주민과 직접 호흡하는 지방정치에 더욱 어울린다. 지역사회에서 지방정부와 직접 맞닿아 있는 다양한 사회단체와 기업, 개인과 일상문화의 실천적 소통은 지역정치의 요체이다. 이 점에서 야성의 정치는 거시적 제도로서의 민주주의보다는 정치의 운용과 실행의 영역이라고 할 수 있는 민주주의의 미시적 과제에 접목된다.

이번 선거에서 지역권력을 얻은 야당으로서는 이제 민심의 안방에 들어앉은 셈이다. 야성의 정치를 회복하고 미시민주주의의 실험에 성공함으로써 안정적인 정치기반을 구축할 것인지 아니면 민심의 안방에서 다시 배척될 것인지, 이제 야당은 거대한 실험대에 올랐다. 지방선거 이후 중앙정치가 요동치고 있다. 문제는 지역이고 현장이다. 6·2의 승자들은 자신의 지역에서 민의의 밭을 일구는 성실한 농군이 되어야 한다. 젊은이들의 정치적 감성을 자극하고 그들에게 미래를 되돌려주는 한국정치의 새로운 가능성은 바로 지역의 현장에서 찾아져야 한다.

—〈위클리경향〉 880호, 2010. 6. 22.

고려대학교의
캠퍼스 혁신

고려대학교 사람들은 정경대 후문이라고 부르는 서쪽의 작은 출입문을 많이 이용한다. 지하철 접근성이 높고 상권이 발달해 있기 때문에 이 서문은 언제나 붐빈다. 세계의 이목을 끌었던 '안녕들 하십니까?'라는 릴레이 대자보나 김예슬 선언으로 알려졌던 '오늘 나는 대학을 그만 둔다'라는 제목의 대자보도 바로 이 서문통에 처음 붙었다. 며칠 전 바로 그 자리에 올해 새로 취임한 염재호 총장에 대한 불만 섞인 대자보가 붙었다.

최근 염 총장은 광폭의 소통행보에 공을 들여 캠퍼스별로 '교수와의 대화'를 이어가고 있다. 총장이 전체 교수와 한자리에서 듣고 답하는 형식으로 교수의원들이 패널로 교내 핵심 사안을 질의하고 참석교수들도 자유롭게 의견을 낸다. 참석 못한 교수들을 위해 인터넷 포털로 생중계를 하고 동시에 SNS로 질의응답도 한다. 얼마 전에는 '학생과의 대화'를 시작했는데 이 자리에서 염 총장이 학생들의 의견을 반영할 수 있는 다양한 채널을 열어놓겠지만 피교육자인 학생들이 학교행정에 직접 관여하는 것은 바람직하지 않다는 소신을 밝힌 모양이다. 피교육자라는 표현과 학생들을 배제하는 듯한 염 총장의 생각이 비민주적이라는 것이 대자보의 내용이다.

그 내용이 어떻든 염 총장의 소통행보와 학생들의 반응에서 모처럼 대학의 미래를 여는 빛 같은 것을 볼 수 있어 반갑다. 염재호 총장은 "고려대가 미래의 대학에서 가장 앞서고 모범이 되었으면 좋겠다. 우리는 문제를 풀어낼 능력이 있다는 것을 보여주고 싶다"고 했고, 바로 문제해결의 출발을 소통에서 찾은 듯하다. 필자가 재직하고 있는 대학의 일이라 민망하지만, 고려대학교는 지난 세 번의 총장 시기 동안 한국 대학의 일그러진 상업적 경쟁지상주의를 선도했다는 점을 고백하지 않을 수 없다.

하필 세계적으로는 신자유주의가 위축되던 시기에 그와는 거꾸로 간 이명박 정부의 친기업주의에 편승한 듯해 불편함이 더했다. 등위를 높이는 데 학교의 명운을 걸고 주요 신문의 한 면을 통째로 사서 총장의 얼굴을 전면에 내걸어 세상을 술렁이게 하기도 했다. 뿌리 깊은 정신의 대학으로 알려진 바로 그곳이 벌거벗은 이익과 맹목적 효율의 시장판으로 변해 갔다. 끝없는 평가와 스펙경쟁에 지친 교수와 학생들이 마침내 탈출구 없는 궤도에 갇히고 만 듯했다.

지금 우리 사회의 도처에서 대학이 질식할 듯 가쁜 숨을 몰아쉬고 있다. 두산그룹이 인수한 중앙대에서는 교수와 학생의 비명이 요란하다. 최근 사퇴한 중앙대의 박용성 이사장은 구조조정에 반대하는 교수들에게 "인사권을 가진 내가 법인을 시켜서 모든 걸 처리한다"면서 “가장 피가 많이 나고 고통스런 방법으로 목을 쳐 줄 것”이라고 했다. 도살장을 연상시킨다. 못된 짓은 빨리 배우는 법이다. 한림대의 노건일 총장은 ‘교원의 의무’서약을 강행하고 강압적인 구조조정을 추진하다 교수들의 총장퇴진운동에 부딪혔다. 한림대 교수평의회는 “대학이 대화는 실종되고 일방적인 지시와 명령만 난무하는 병영체제로 변했다”고 했다. 수많은 박용성과 노건일의 뒤틀린 리더십이 우리 시대 대학을 죽이고 있다.

한 사회의 미래로 가는 출구를 막으려면 대학의 숨통을 틀어막으면 된다. 세상이 아무리 심각하게 헝클어져도 대학의 이성과 지성이 살아 있어 이를 꾸짖을 수 있다면 그 사회의 미래는 어둡지 않다. 그러나 교수들은 논문 편수를 채우는 기계가 되었고 학생들은 취업을 위한 스펙에 목을 매는 오늘의 대학은 진리도 지식도 가치도 생산할 수 없는 식물이 되고 말았다. 대학에서 세상을 향한 목소리가 사라진 지 오래다. 시장의 논리로 가득 찬 대학에서 철학이 죽고 문학이 죽고 역사가 죽고 있다. 생동하는 아카데미즘은 자유로운 소통에서 나온다. 그래서 대학의 공기는 자유로워야 하고 대학을 경영하는 리더십은 자유로운 소통을 보장하는 리더십이어야 한다. 대학의 총장이나 이사장의 일그러진 리더십이 대학을 죽이면 비극은 대학에만 머물지 않는다. 대학의 침묵은 공동체의 미래를 향한 문을 닫는다.

메르스보다 심각한 것이 병든 리더십이다. 병든 리더십으로 가득 찬 시대에 염재호 총장의 열린 리더십은 청량하다. 학교본관만 보면 생기던 오랜 우울증이 사라졌다. 출근길이면 통과하는 서문통에는 총장을 비판하는 학생들의 싱싱한 대자보가 눈에 띄고, 그럼에도 총장은 교수와 학생과 직원을 부지런히 찾아다니고 있다. 고려대학교의 캠퍼스 혁신을 눈여겨 볼 일이다.

— 〈경향신문〉 31면, 2015. 6. 19.

'꼰대정치'의 굿판을 걷어라

청년의 불안이 팽배하고 청년의 삶이 점점 더 위태롭다. 88만 원 세대로 시련이 예고되었던 한국의 청년세대는 오늘날 3포, 5포, 7포세대라고 불린다. 생애의 대사와 희망어린 삶의 항목을 하나하나 지워야 하는 처지가 된 것이다. 이제 청년들 사이에 금수저니 흙수저니 하는 수저신분론이 번지고 마침내 헬조선을 외친다. 청년의 비관이 운명론으로 바뀐 것이다. 대한민국을 도저히 어찌해 볼 수 없는 지옥 같은 신분의 제국이라 선언한 셈이고, 스스로를 운명의 감옥에 갇힌 수인의 신세라고 여긴 셈이다. 자조 섞인 절규가 아닐 수 없다.

아픈 청춘, 운명의 수인이 된 청춘에게 어른들은 기껏 '아프니까 청춘'이라거나 '분노해야 한다'고 훈수를 둔다. 아픈 청춘에게 아픈 게 당연하다하고, 응답할 수 없는 신세의 청년들에게 분노하라는 요구는 공허한 꼰대질일 수 있다. 신년특집으로 청년문제를 다루고 있는 한 언론의 기획기사에 실린 청년들의 목소리가 신랄하다. "당장 청년에게 계급투표를 하라거나 정당으로 쳐들어가라는 이야기는 '꼰대질'로 보일 뿐이다.", "청년들에게 '계급투표'를 하라고 한다. 직접 만나서 물어보고 싶더라. 도대체 계급투표를 하려면 어디다 하면 되느냐고. 과연 우리 세대의 이익을 반영하는 정당이 존재하는가?", "획일화되고 역동성이 정체된 구조에서 청년들이 정치에 참여하고 싶겠느냐?", "청년에게 투표 인증샷 캠페인이나 하도록 하는 정도의 발상으로 청년이 자기편이라고 생각하는 기성정당"이라며 봇물 쏟듯 불만을 토로한다.

한국정치에서 20~40대는 정치적 공백지대가 된 지 오래다. 19대 국회의원 당선자 300명 가운데 40세 미만은 9명이고 초선의 평균 연령이 56.4세다. 더불어민주당의 대의원 평균연령은 58세이고 20~30대는 9%에 그친다. 공개되지는 않았지만 새누리당도 이와 크게 다르지 않을 것으로 짐작된다. 사정이 이러니 정당에서 청년의 기준은 45세 이하다. 더불어민주당은 45세 이하로 정했다가 최근 39세 이하로 조정했다. 게다가 20대 청년층의 투표율은 60대 이상 투표율의 절반에 그치고 선거인 규모도 20대는 점점 줄어들고 있다. 유권자의 표를 먹고 사는 게 정치이기에 청년에 대한 관심이 멀어지지 않을 수 없다. 청년에게 다가가지 않는 정치와 정치에 다가설 수 없는 청년의 처지가 꼬여 한국정치는 미래 없는 어둠에 갇혀 있다.

이제 우리 시대에 청년은 청년이라 쓰고 불안이라 읽힌다. 포기이고 절망이라 부른다. 실업이고 비정규직이고 빈곤이고 알바이고 공백이라 말한다. 아프니까 청년이라고 다독이거나 분노해야 하는 이유를 열거하는 것만으로는 청년의 현실을 바꿀 수 없다. 분노하고 저항하고 개입할 수 있는 무기를 청년들에게 쥐어줘야 한다. 이익으로 뭉쳐진 기성세대와 달리 이익의 기반을 갖지 못한 청년세대에게는 버티고 일어설 수 있는 제도와 조건을 갖추어줘야만 한다. 그래서 청년의 불안에 정치가 응답해야 한다. 청년정치가 서고 청년 정책이 설 수 있게 정치판을 혁신해야 하는 것이다.

청년에게 응답하지 않는 꼰대정치야말로 국민의 삶을 외면하는 한국정치의 본령이다. 역사교과서 국정화를 몰아붙이고 정당과 국회를 협박하는 대통령의 교시정치는 청년들에게 도를 넘은 꼰대정치로 비친다. 이승만을 국부라고 칭송하며 국민의당 창당에 합류한 고희를 넘긴 전직 교수의 위태로움도 청년들에게는 못 말리는 꼰대정치일 것이다. 또 호남을 외치며 호남정신을 왜곡하는 지역주의 정치세력, 혁신정치의 광풍을 맞거나 정쟁에서 밀려난 구태 정치인들이 총선을 앞두고 신당을 만들다가 결국 기득권으로 합당하는 정치놀음도 꼰대정치이기는 매한가지다. 비전도 정체성도 정책도 인물도 없이 권력과 금배지로만 향하는 꼰대정치의 굿판을 이제 걷어야 한다. 인물과 제도와 문화를 갈아엎어 청년에게 활짝 열린 혁신의 정치판을 차린 후, 청년을 초대하고 청년을 후원하는 그런 정치가 필요하다.

청년은 미래다. 청년 정책 없는 정치는 미래 없는 정치요 미래 없는 국가다. 청년의 문제는 언제나 문화적인 것이었다. 그러나 우리 시대 청년의 문제는 일과 삶과 생존의 문제이고 그것은 곧 국민적 삶의 문제이다. 그래서 청년 정책은 민생 정책이고 국가의 미래 정책

그 자체다. 정치권이 총선을 향한 레이스를 준비 중이다. 청년을 향한 그리고 미래를 향한 혁신적 비전과 정책과 사람으로 차려진 신선한 메뉴를 보고 싶다. 그래서 정치가 꼰대질이 아니라 청년의 아픔을 담고 청년을 끌어안아 바로 그대들의 것이라고 말해줘야 한다.

—〈경향신문〉 31면, 2016. 1. 29.

11

위험사회

오늘날 불안과 위험은

일국적이지 않다.

따라서 국가운영의 모든 방식을

시민의 생명과 안전을 위해

재구성하는 생활국가모델은

모든 국가의

지향점이 되어야 한다.

위험현실과
예방적 시민사회

상상을 넘어선 강력한 지진이 거대한 물살을 만들고 그 물살이 도시를 삼킨 지 일주일. 1만 5,000명이 넘는 주민이 죽거나 사라져 버렸다. 끝없이 펼쳐진 폐허, 찾을 길 없는 가족과 이웃과 동료, 부족한 생필품으로 인한 허기와 추위는 대지진과 쓰나미가 남긴 일본 동북부의 참혹한 현실이다.

인간 존재의 의미를 되묻게까지 하는 이 처절한 대재앙 앞에서 집단 패닉의 상태에 빠져 삶의 의욕을 잃어버리거나 아니면 생존을 위한 이기적인 탐욕으로 혼란에 빠져드는 것이 오히려 정상적일 수 있었다. 그러나 누대에 걸쳐 지진과 화산이 삶과 함께했던 일본은 달랐다. 가공할 대참사 속에서도 그들은 눈물을 감추었고 감정을 드러내지 않았다. 남아 있는 가게에서 생필품을 구입하거나 구호품을 수령하는 긴 줄에는 동요하지 않는 강인함이 있었고 절제와 배려의 내면화된 규율이 그대로 반영되었다. 그것은 곧 성숙된 시민의 덕목으로 세계인을 감동시키기도 했다.

일본 동북부의 대지진은 이 지역 후쿠시마 원전의 전력공급에 문제를 일으켜 사상 최악의 핵 방사능물질 유출을 우려하는 원전사고 상황으로 전환되었다. 후쿠시마 원전 가운데 4기에 이미 폭발과 화재가 이어졌고, 이제 간신히 전력복구가 된 듯하지만 일본은 말할 것도 없고 세계가 공포의 눈으로 상황을 지켜보기에 이르렀다. 일본 국민들의 인내와 절제도 간 나오토 총리체제와 도쿄전력의 무능과 무책임한 태도 앞에는 한계를 보이는 듯하다. 도쿄에서는 간 총리의 책임을 묻는 시위가 있었다.

나는 지진과 쓰나미 피해지역의 주민들이 보여준 절제와 배려의 미덕을 보고, 다른 한편으로 도쿄에서 정부의 무책임을 성토하고 피해지역에 대한 구호품의 빠른 공급을 촉구하는 시위를 보면서 일본의 시민사회와 한국의 시민사회, 그리고 고도의 위험 현실과 대면한 우리 시대 시민사회의 또 하나의 과제를 떠올려 본다.

이번 대재난에서 일본이 보여준 성숙한 시민적 덕목의 근저에는 오랫동안 자연재해와 함께하면서 역사적으로 누적된 숙명론적 세계관이 자리 잡고 있는지도 모른다. 전통적 운명주의를 기반으로 절제되고 인내하는 일본적 세계관은 규율된 시민사회를 만들었을 수 있다. 시민사회의 규율과 공동체 순종의식은 일본의 시민사회를 비판적이고 저항적이기보다는 정부에 협조적이고 공생하는 특징을 갖게 했다. 이러한 시민사회의 특징은 공동체의 위험을 대비하는 민관일체의 매뉴얼사회라는 장점으로 평가되기도 한다.

문제는 이번 후쿠시마 원전사고에서 드러나듯이 오늘날과 같은 고도의 위험사회에서는 준비된 매뉴얼이 무용지물이 될 수 있다는 사실이다. 고도 위험사회에서 위험은 예측불가능하다. 특히, 우리 시대가 직면한 핵 위험은 자연재해와 환경생태, 과학기술, 사람들의 가치관 등과 복합적으로 결부되어 있기 때문에 안전한 관리의 문제뿐만 아니라 사고의 파급효과 또한 현재의 지식체계로는 이미 감당하기 어려운 수준에 있다. 오늘날의 과학기술은 개별 전문분야에서는 일정한 예측성을 가질 수도 있다. 그러나 현재의 과학지식은 위험을 진단하고 사회에 미치는 위험의 효과를 총체적으로 판단하기에는 너무나 세분화되어 한계를 드러낸 지 오래이다. 따라서 무엇을 위험이라고 하고 그 위험을 어떻게 관리할 것인가의 문제는 결국 사회적으로 결정될 수밖에 없다. 바로 이 지점에서 고도 위험사회의 시민적 공론장이 갖는 의미가 강조된다.

잘 규율화되고 수동적인 시민사회의 공론장은 고도 위험사회의 문제해결에 더 이상 적응력을 갖기 어렵다. 거대한 재앙이 닥친 후 보여주는 시민적 미덕도 중요하고 높이 평가되어야 하지만 보다 중요한 것은 위험이 닥치지 않도록 만드는 예방적 시민사회를 갖추는 일이다. 고도 위험사회에서 예방적 시민사회는 위험현실과 관련된 진단과 처방의 담론이 규제 없이 소통되어야 한다. 이를 위해서는 위험에 관련된 정부와 시장(기업)의 시각과 가치관, 관리방식에 대한 비판적 공론장이 필수적이다. 일본의 원전사고를 보며 최근 우리 시민사회에서 조용한 시민사회를 강요하는 저간의 흐름이 있다는 점을 우려하지 않을 수 없다. 광우병 쇠고기 문제, 경부고속철 건설과 천성산 생태파괴 문제, 국내 원전문제 등에서 당장 눈에 보이는 현상만을 들어 그간의 논쟁과 담론이 소모적이고 무의미했다고 말하는 정부와 일부 언론의 태도에는 고도 위험사회에 대한 감수성이 전혀 느껴지지 않는다. 고도 위험사회에서는 위험에 대한 진단과 처방의 담론도 고도화된 예방적 시민사회가 있어야만 한다.

—〈시민사회신문〉, 2011. 3. 23.

고도 위험시대와
위험감수성 제로의 사회

지구 종말 이후를 소재로 하는 공상과학 영화는 인류의 멸망 원인을 핵전쟁으로 그리는 경우가 많다. 그러나 장차 핵무기는 지금보다 더 많은 나라가 보유함으로써 일종의 공포의 균형을 이루기 때문에 차라리 안전할 수 있다는 견해도 있고 보면 오히려 핵발전소와 같은 일상의 핵 관리가 심각할 수 있다는 데 생각이 미치게 된다. 대지진과 쓰나미로 가공할 대참사를 맞은 후 다시 세계를 공포로 몰아넣고 있는 일본 동북부 후쿠시마의 원전폭발은 이 점을 아주 절실하게 확인해주고 있다.

1979년에 미국 펜실베이니아주 쓰리마일 섬(Three Mile Island)에서 처음으로 원전사고가 있은 지 17년 만에 구소련 체르노빌에서 원전폭발로 대규모 방사능이 유출되었다. 그리고 다시 15년 만에 후쿠시마 원전사고가 발생한 것이다. 체르노빌 참사 20주기에 실시한 그린피스의 대규모 피해조사는 체르노빌 사고의 방사능오염이 70년간 지속되고 벨라루스를 비롯한 인근국가에서 약 93만 명이 사망할 것이라고 예측했다. 이번 후쿠시마의 경우 또한 이미 인근 해역과 이

지역 농산물에서 기준치를 100배 이상 초과하는 방사능물질이 검출되었고, 수도 도쿄의 수돗물에서도 유아기준치를 넘는 방사능물질이 나왔다고 한다. 더욱이 세계를 불안하게 만드는 것은 이 방사능물질이 사고원전 어디에서 흘러나오는지 확인조차 되지 않고 있다는 사실이다. 말하자면 향후 후쿠시마 원전사고의 위험이 어떻게 전개될지 예측하기 어렵다.

쓰리마일과 체르노빌, 후쿠시마의 사고는 전력공급 차질로 냉각수가 줄고 고온의 원자로가 이른바 노심용융 현상을 일으키는 전형적인 형태가 반복되었다. 똑같은 방식으로 원전사고가 거듭되고 있지만 이러한 사고가 언제 어떻게 현실화될지에 대해서는 예측불가능하다. 고도로 과학화된 기술문명의 틈새에 끼어 있는 인간의 작은 실수가 참사를 낳을 수도 있고, 예상을 넘어서는 대지진과 해일이 원전을 건드려 사고가 날 수도 있다. 생태환경의 오염과 유전자 조작식품, 광우병과 같은 재앙에 덧붙여 이제 원전의 방사능물질 유출이 범지구적 차원에서 생명의 멸절을 가능케 하는 고도의 위험시대에 이르렀음을 알리고 있다.

이 극한적 위험시대에 한달음에 닿는 지척의 이웃에서 세계를 공포로 떨게 하는 사고가 났는데도 우리 원전은 안전하다는 말만 되풀이하는 정부와 여당의 두둑한 배짱은 참으로 놀랍기만 하다. 게다가 궁극적 대책에 몰입해도 모자랄 판에 네티즌의 유언비어 단속을 대책이라고 언급하는 데는 어이가 없다. 그래, 광우병 쇠고기나 4대강

환경훼손에 대한 시민적 저항을 비과학적 무지로 몰아붙였었지. 또 천성산 터널로 KTX가 수십 회 다녀도 올봄에 도롱뇽 알이 지천에 깔렸다며 생태훼손에 대한 시민사회의 공론을 무모하고 극단적인 환경주의로 몰고 있기도 하다. 이 이상한 기류는 정부의 유언비어 단속과 어울려 순종적 시민사회에 대한 바람을 그대로 드러내는 듯하다.

고도의 위험징후가 일상화된 극한적 위험시대에 우리는 위험감수성 제로의 사회를 향해 거꾸로 가고 있는지도 모른다. 오늘날과 같은 고도 위험사회에서 안전의 수준을 높이는 길은 위험에 대한 시민사회의 예방적 담론을 고도화하는 일이다. 위험의 현실은 눈에 보이는 현상만으로 짐작할 수 없을뿐더러 개별과학의 전문성을 넘어서 있기 때문에 정부영역의 위험인식만으로는 애초에 한계가 뚜렷하다. 왕성한 토론과 더 많은 비판이 넘치는 예방적 시민사회를 구축하는 일이야말로 정부의 위험감수성을 높이는 길이다. 방사능보다 더 무서운 것은 소리 없는 시민사회일 수 있다. 시민들의 불안과 공포를 부르는 것은 유언비어가 아니라 핵 위험에 대한 높은 분들의 무모한 낙관주의이다.

—〈주간경향〉 919호, 2011. 4. 5.

세월호, 메르스, 불안한 한국사회

한국에서 중동호흡기증후군(MERS, Middle East Respiratory Syndrome)이 발생한 지 벌써 40일을 넘어서고 있다. 메르스 사태는 2014년 4월 16일 한국의 남쪽 섬 진도 앞바다에 여객선 세월호가 침몰한 이후 그 진상과 대책이 여전히 과제로 남아 있는 상태에서 또 다시 국민의 생명과 안전에 대한 관리의 문제를 적나라하게 드러냈다. 세월호에 이은 메르스 사태는 한국사회를 생명에 대한 불안과 공포로 휘청거리게 하고 있다. 특히, 이번 메르스 사태는 한국이 의료분야에서는 선진국이라는 통념을 여지없이 깨뜨렸다는 점에서 국민들의 불안과 불신이 그만큼 깊다.

보건복지부 중앙메르스관리대책본부에 따르면, 지난 5월 20일 중동의 바레인에서 귀국한 한 남성이 첫 번째 메르스 확진 판정을 받은 후 지금까지 184명의 확진 환자가 발생했다. 7월 3일 기준으로 사망자는 33명에 이르러 사망률이 18%다. 그럼에도 불구하고 최근 며칠 동안은 환자 수가 늘어나지 않아 이제 메르스 사태의 종료를 예상하게 하기도 했다. 현재 치료 중인 환자는 48명으로 줄었고 퇴원자는 총 102명으로 늘어났다. 그간 약 16,000명이 넘던 격리자는 대부분이 해제되고 2,067명이 격리자로 남아 있다. 최초 발생 후 매일 새로 늘어나던 확진환자가 지난 4일 동안은 더 이상 나타나지 않았기 때문에 메르스 종료가 현실로 다가오는 듯했다. 그러나 닷새 만에 두 명의 환자가 다시 나타나 확진환자가 184명이 된 것이다. 새로 확인된 확진 환자는 이번 메르스 사태의 진원이기도 한 삼성서울병원의 의료진이라는 점에서 또다시 질병관리체계에 의문을 갖게 한다. 사망자, 격리자가 뚜렷이 줄어들었지만 여전히 확진환자가 나타난다는 사실은 한국사회에서 메르스에 대한 불안과 정부에 대한 불신을 깊게 하고 있다.

이번 메르스 사태의 첫 환자가 발생한 곳은 한국에서 가장 앞선 의료체계를 갖춘 삼성서울병원이었다. 그러나 이 첫 환자는 삼성서울병원에 오기 전에 이미 충남 아산의 서울병원과 평택성모병원을 경유해 왔다. 첫 번째 환자가 거쳐 온 병원에서 또 다른 환자가 발생했는데 이 환자도 삼성서울병원 응급실을 찾았다. 이른바 슈퍼 전파자로 낙인찍힌 14번째 환자이다. 이 14번째 환자는 중동을 방문하지 않았던 2차 감염자이기 때문에 메르스라고 판단하기 쉽지 않았고, 이 환자가 삼성병원 응급실에서 4일 동안 60여 명의 환자를 감염시켰다. 이렇게 감염된 환자들이 서울을 비롯한 전국의 병원으로 다니면서 메르스를 옮겼다.

이번 메르스 방역의 실패는 무엇보다도 정부 실패 탓이 크다. 감염

질환은 초기대응이 핵심이다. 그러나 메르스 발생 후 약 10일간의 초기 대응과정에서 정부는 없었다. 메르스 발생 후 11일이 지나도록 보건복지부는 감염이 크게 확산되지 않을 것이라고 안이하게 판단했고 박근혜 대통령은 13일 만에 메르스 관련 민관합동 점검회의를 처음 소집했다. 정부는 메르스 발생 1년 전에 문제점을 인지했지만 어떤 대책도 없었다. 2003년 세계적으로 중증급성호흡기증후군(SARS, Severe Acute Respiratory Syndrome)이 유행했을 때 한국은 모든 공항 출입장소에 발열측정기를 설치하고 2,200명을 격리시켰다. 초기의 강력한 방역대응으로 사망자가 없었을 뿐만 아니라 세계보건기구로부터 사스예방 모범국이라는 평가를 받기도 했다. 그러나 이번 메르스 사태 발생 초기에 정부는 문제의식도 없었고 컨트롤 타워도 없었다. 안이한 대응은 애초에 방역범위를 과감하게 넓히지 못하는 오류를 범했다.

정부의 정보통제는 메르스의 확산보다 빠르게 유언비어를 확산시켰다. 메르스와 같은 전염병 방역을 위해서는 신속하고도 정확한 정보공개가 중요함에도 정부는 초기에 어떤 정보도 공개하지 않음으로써 유언비어를 확산시켰다. 메르스 관련 병원 명단도 공개하지 않았고, 이 같은 정보의 비공개는 병원의 피해뿐만 아니라 국민들의 혼란을 가중시켰다. 유언비어는 불안과 공포를 확대시켰고 그것은 바로 정부에 대한 불신으로 이어졌다. SNS에서 누리꾼들은 박근혜 대통령의 사진에 "이미 아무것도 안 하고 있지만 더 격렬하고 적극적으로 아무것도 안 하고 싶다"는 문구를 달 정도로 불신이 깊어졌다.

이번 메르스 방역 실패에는 정부의 실패와 함께 민간의료체계의 실패가 뚜렷이 드러났다. 이번 메르스 감염의 최대 진원지인 삼성서울병원은 세계적인 기업 삼성이 소유하고 있으며 국내 최고 수준의 의료체계를 갖추고 있다. 7월 3일 현재 삼성서울병원에서만 14명의 의료진이 감염되었고 총 89명의 감염자를 발생시켰다. 초기에 감염 확산 병원을 공개하지 않은 데는 거대 기업병원의 이해관계가 작용했다는 의혹이 크다. 뒤늦게 병원의 부분폐쇄와 삼성 이재용 부회장의 대국민 사과가 있었지만 조기방역체계가 무너진 데는 삼성서울병원의 책임이 크다. 게다가 대형병원의 감염관리지침은 아주 세밀하게 만들어져 있지만 현실적으로 거의 지켜지지 않는다는 사실이 삼성서울병원에서도 그대로 나타났다. 응급실 과밀화 문제가 삼성병원도 예외는 아니었고 감염병 치료를 위해 필수적인 음압격리병상은 삼성서울병원을 비롯한 민간병원에서는 비용낭비를 이유로 갖추고 있지 않았다.

메르스가 중동을 제외한 지역 가운데 유독 한국사회에서 크게 확산되고 사망률이 높은 데는 정부와 민간병원의 초동대응 실패요인이 크다. 그러나 메르스 사태가 한국사회의 새로운 변화를 가져올지도 모른다는 일종의 희망을 갖게 하는 대목도 있다. 메르스 사태의 전 과정에서 중앙정부와 민간 대형병원이 거듭되는 실패와 불신을 드러내는 가운데 오히려 지방자치단체와 공공 의료기관의 활약이 돋보였다는 데 주목할 수 있다.

메르스 사태 발생 이후 정부와 대형병원이 정보공개를 회피하는 가운데 박원순 서울특별시장과 이재명 성남시장은 정부방침과는 정반대로 서울과 성남의 메르스 현황 정보를 각각 공개함으로써 메르스 사태의 국면을 전환시키는 효과를 가져왔다. 박원순 서울시장은 6월 4일 삼성서울병원의 의사가 확진 판정을 받기 전에 이미 1,500여 명이 모인 행사에 참여했다는 사실을 심야에 전격적으로 발표하고 정부의 투명한 정보공개를 촉구했다. 이재명 성남시장 또한 성남시 거주자 가운데 메르스 양성반응을 보인 환자의 직장과 거주지, 자녀가 다니는 학교의 실명까지 공개함으로써 메르스에 대한 공개적이고 투명한 대응을 공론화했다. 정부는 이후 어쩔 수 없이 메르스 감염병원의 명단을 공개했다.

메르스 사태가 확산되는 동안 중앙정부는 컨트롤 타워도 없이 혼란을 보인 반면 주요 광역 지방정부는 사령탑을 세우고 정보공개와 민간협력을 적극적으로 이끌었다. 오히려 지방정부의 수장들이 중앙정부를 이끄는 모양이 되었다. 남경필 경기지사는 경기도 내의 공공병원과 대형병원을 연계해 구축한 메르스 공동대응 시스템을 동네병원과 약국까지 참여시키는 협약을 맺었다. 원희룡 제주지사와 안희정 충남지사를 비롯한 자치단체장들도 메르스 방역을 진두지휘하는데 최선을 다했다.

지방자치단체장들의 선도적 역할과 아울러 공공 의료기관의 역할도 주목할 만하다. 민간 대형병원조차 갖추고 있지 않았던 음압격리 병실을 갖춘 곳은 공공 의료기관뿐이었고, 메르스 치료병원으로 알려지면 다른 질환의 환자들이 급감할 것을 알면서도 메르스 환자를 수용할 수 있었던 곳이 공공 의료기관이었다. 서울의료원을 비롯해서 서울시가 운영하는 거점병원 8곳, 강원도립 강릉의료원, 경기도립의료원 수원병원, 부산의료원, 인천의료원 등 공공 의료기관의 역할이 컸다. 메르스 발생 40일이 넘는 동안 중앙정부와 최고의 의료시설을 자랑하던 민간 대형병원들이 메르스 재앙을 키웠던 반면, 오히려 지역 거점의 공공 의료기관이 메르스 방역에 기여한 것이다. 그간에 저소득층을 위한 의료로 취급되었던 공공 의료의 중요성이 메르스 사태를 통해 새롭게 조망되는 계기가 되었다.

2014년 4월 진도 앞바다에서 300명이 넘는 생명을, 그것도 대부분 고등학생들이었던 어린 생명을 차디찬 바다에 묻은 후 한국사회는 망연자실했다. 그곳에는 썩은 뗏목 같은 고장 난 배를 불법적으로 운항하는 탐욕스런 해운회사가 있었고, 금쪽같은 목숨들이 바다에 잠긴 이후 생명구조를 위해 움직여야 할 정부나 국가는 존재하지 않았다. '청해진'이라는 해운회사와 정부는 세월호에서 무슨 일이 있었는지 알리지 않았고 사실을 은폐하는 데 치중했다. 온갖 유언비어가 난무했고 유언비어의 대부분은 대통령과 정부에 관련된 것이었다. 그리고 박근혜 대통령은 해운회사의 사주에게 모든 책임을 물었고 그 사주는 도주하다가 시신으로 발견되었다. 대통령을 비롯한 정치인들은 예외 없이 대한민국은 세월호 이전과 이후로 구분될 것이라고 비장하게 말했으나 변한 것은 아무것도 없었다. 1년이 지난 후 똑같이 국민의 생명을 위협하는 메르스 사태가 발생했고, 사태의 전개는 세월호 때와 전혀 다르지 않았다. 대형 민간병원의 사리와 사욕, 무능한 정부의 무대책, 난무하는 유언비어, 책임의 회피 등 사태를 구성하는 요소와 전개과정은 세월호와 메르스가 다르지 않았다.

한국사회는 불안하다. 불안의 원천은 다른 무엇보다도 박근혜 정부의 무능과 독선에 있지만, 구조적으로는 국가운영체계의 문제, 보다 넓은 의미에서는 정치 패러다임의 문제에 주목할 수 있다. 대통령 1인에게 집중된 고도의 중앙집권적 권력구조, 냉전의 이념과 지역주의로 왜곡된 대의정치의 질서, 성장주의와 친기업적 경제정책 등은 한국정치의 오랜 흐름이다.

1997년 IMF 외환위기 이후 한국사회는 신자유주의적 시장질서로 재편되면서 경쟁과 이익의 가치가 지배하는 살벌한 각축장이 되었다. 경쟁에서 이기는 자는 모든 것을 갖고 패배하는 자는 삶의 나락으로 떨어지는 양극적으로 해체된 사회를 맞게 된 것이다. 오늘날 한국사회는 중앙집권적 국가주의와 시장주의의 기형적 결합 속에서 시민의 생활과 생명은 점점 더 정치로부터 멀어진 질서를 갖게 되었다. 말하자면 한국사회의 연속적이고 가중적인 불안은 무엇보다도 정치와 시민의 삶이 너무 멀리 떨어진 데서 나타나는 현상이라고 해석할 수 있다.

시민의 구체적인 생활과 정치를 결합할 수 있는 새로운 정치 패러다임의 구축이 절실하다. 국가주의와 시장주의를 넘어서는 새로운 공적 질서는 모든 국가운영의 원리를 시민의 삶에 두는 생활국가(*life state*)와 생활민주주의(*life democracy*)의 패러다임에서 찾아질 수 있다. 생활국가는 시민의 생명과 삶의 안전을 추구하는 것이 국가경영의 제1의 과제가 되는 정치질서이다. 나아가 생활국가는 자율, 협력, 책임을 지향하는 생활민주주의를 근간으로 정치영역과 시민생활이 결합될 수 있게 재구성된 공적 질서라고도 할 수 있다.

모든 정치의 궁극적 목적이 시민의 안전하고 편안한 삶이라고 한다면 이제 국가운영의 모든 제도는 시민의 삶을 겨냥하도록 재구성돼야 한다. 정치가 시민의 삶에 결합하기 위해서는 획기적인 분권적 질서가 실현되어야 한다. 그래서 자율의 가치를 바탕으로 하는 자치는 생활국가의 핵심적 지향이다. 아울러 중앙집중적 국가권력이 부여하는 공적 질서가 아니라 시민사회와 지역의 협력을 바탕으로 하는 생활공공성의 질서야말로 생활국가와 생활민주주의가 지향하는 공동체의 구성원리이다. 생활공공성의 질서는 참여적이고 소통적이며 공감적 제도와 문화를 확장함으로써 가능하다. 한국의 메르스 관리에 지방정부와 공공 의료기관의 역할이 컸다는 사실은 시민의 삶과 정치가 밀착된 생활국가 패러다임의 필요성과 가능성을 말해주고 있다.

생활민주주의를 이념으로 하는 생활국가는 안전국가이며 복지국가이고 나아가 평화국가의 모델이라고 할 수 있다. 따라서 생활국가와 생활민주주의는 한국사회에만 요구되는 특수한 정치모델을 넘어선다. 생활국가는 근대 국민국가를 가능하게 했던 폐쇄적 민족주의와 국가주의의 그늘을 벗어나 지구적 공공성의 질서를 실현할 수 있는 정치모델이 될 수 있다.

한국사회의 불안은 한국사회에 국한된 불안으로 머물지 않는다. 오늘날 불안과 위험은 일국적이지 않다. 우리 시대의 불안과 위험은 지구적이다. 중국의 황사가 주변국을 괴롭히고, 후쿠시마의 원전사태가 주변국을 공포로 몰아넣듯이 이번 한국의 메르스 사태는 주변국들도 불안하게 한다. 따라서 국가운영의 모든 방식을 시민의 생명과 생활의 안전을 위해 재구성하는 생활국가모델은 근대국가의 위험과 불안을 넘어서야만 하는 모든 국가의 지향점이 되어야 한다.

무엇보다도 동아시아 국가들이 생활국가를 지향하는 노력은 우선 동아시아의 생명과 생태안전을 위한 연대를 모색하는 데서 찾아질 수 있다. '동아시아 생명 · 생태안전 레짐'과 같은 기구를 출발시키는 것도 방법일 수 있다. 한국의 메르스 불안이 각국에서 새로운 질서를 향한 자극이 되었으면 하는 바람을 갖는다.

—〈성균중국관찰〉 11권, 2015. 7.

12

정치, 정치인

잘못된 질서를 바꾸는 것은
결국 사람이다.
아노미적 병리의 정치는
새로운 도덕으로 무장된 사람들이
새로운 규범의 질서를
만들어야 치유된다.

노무현 정부 3년,
열망과 실망 사이

노무현 정부가 집권 3년을 넘어섬에 따라 국정운영에 대한 평가가 다양한 영역에서 나오고 있다. 언론보도를 보면 대부분의 항목에서 평균 이하의 점수를 받아 참여정부의 국정운영에 대한 불신이 팽배해 있다는 점을 알 수 있게 한다.

한 시민단체의 전문가조사에 관한 보도를 보면 경제성장, 참여와 통합의 정치개혁, 한반도 평화체계구축, 기업하기 좋은 환경구축, 사회양극화 해소 등이 국정운영의 주요 변수로 지목되었다. 참여정부는 이러한 변수와 관련된 25개 정책분야 가운데 대부분의 항목에서 실망스러운 평가를 받았던 것이다.

2002년 대선과 2004년 총선을 통한 개혁세력의 집권은 1987년 6월 항쟁의 완결을 의미하는 것이었고 권위주의정치의 실질적 종료를 알리는 것이었다. 이 점에서 노무현 정부의 출범은 87년 6월을 분출시킨 국민적 열망과 분리될 수 없고 이 열망을 연속적으로 성숙시켜온 90년대 이후 시민사회의 노력과도 별개가 아니었다. 열망과 함께 출발한 참여정부가 3년간의 평가에서는 실망을 안겨준 셈이다.

따지고 보면 이러한 실망과 불신에 대해 노무현 정권으로서도 변명의 여지가 없는 것은 아니다. 과거 권위주의 정치권력에 유착되었던 사회권력과 집권세력 간의 요란한 갈등이 지난 3년간 무엇 하나 제대로 할 수 없게끔 정권의 발목을 잡았다는 사실도 틀리지 않은 말이고, 탈권위주의화 과정에서 민주적 리더십의 실험기를 거쳤다는 주장도 납득할 만한 것이었다. 그러나 적어도 이러한 논리는 민주주의가 현실적으로 요청됨으로써 국민적 관심의 중심에 있고 민주주의에 대한 열망이 정서적으로 식지 않는 한에서 유효했다. 정치사적 의의를 갖는 권력이동이 현실로 나타나고 그로 인한 우리 사회의 특별한 갈등이 크게 부각되는 그런 조건에서는 국정운영의 낙제점에 대해서도 동정적일 수 있는 여지가 있었던 것이다.

민주주의에 대한 열망은 고단한 현실의 삶 앞에서 무력하다. 더구나 정치적 민주화에 대한 갈증이 채워진 후 일상적 삶의 무게 아래에서는 열망은 실망으로, 실망은 더욱 더 싸늘한 냉소로 바뀌기 쉬운 것이다. 여기에서 권력교체에 따른 특별한 갈등은 더 이상 특별한 것이 될 수 없고 국정운영에 대한 낙제점의 은신처도 될 수 없다. 노무현 정부 3년을 넘기는 현재의 시곗바늘은 바로 이 시간대에 있다.

참여정부 들어 우리 사회는 다른 어느 때보다도 빠르고 근원적이며 거대한 사회변동을 경험하고 있다. 무엇보다도 최근의 우리 사회는 세계적 현상이라고도 할 수 있는 갈등사회로 전환하고 있다는 사실에 주목해야 한다. 갈등사회는 근대 산업사회의 계급갈등과 같은 근본적이고 단일한 형태의 갈등을 넘어 일상적 삶의 수많은 영역에서 사회갈등이 출현함으로써 갈등이 보편화, 일상화된 사회를 말한다. 신자유주의적 시장화 경향에 따른 이익충돌의 일상화, 민주화에 따른 권력구조의 분산, 커뮤니케이션 경로의 다양화 및 복잡화, 일상적 삶의 욕구 증대 등 최근의 지구적 변화들이 갈등사회를 등장시킨 것이다. 갈등사회에서 시민들의 가치는 훨씬 더 현실적 삶에 두어지기 때문에 민주주의에 대한 열망은 정부의 갈등관리능력에 대한 냉정한 평가로 전환될 수밖에 없다. 또한 갈등사회에서는 일반적으로 제도와 권위에 대한 신뢰가 크게 낮아짐으로써 정부에 대한 불신 또한 확대될 수밖에 없다.

참여정부 3년의 과정은 민주주의에 대한 열망과 국정운영에 대한 실망 사이에 위치한 듯하다. 이제 갈등사회적 변화를 염두에 둔다면 남은 2년 참여정부의 과제는 다소 역설적이지만 정부에 대한 평가치를 건강한 불신의 수준에 잡아두는 것이라고 할 수 있다. 이 같은 과제는 갈등사회에서 공공기관에 대한 증대하는 불신의 경향 속에서 열망과 실망을 정부에 대한 냉소와 이탈로 나아가지 않도록 만드는 것이다.

어쩌면 노무현 정부 3년에 대한 열망과 실망은 건강한 불신의 정서적 토대가 된다고 말할 수 있다. 이러한 토대에서 갈등사회를 관리하는 국정운영능력은 참여와 합의의 폭을 얼마만큼 넓히느냐에 달려 있고 그것은 곧 강한 민주주의를 만드는 일과 결부되어 있다. 정부에 대한 건강한 불신은 민주주의를 단련시키지만 냉소와 이탈은 껍질뿐인 민주주의를 남긴다. 강한 민주주의의 여정에 참여정부의 남은 2년은 결코 짧지 않다.

— 〈시민의 신문〉, 일자 미상.

바람의 정치와
박·안·문 현상

'바람'이라고들 했다. 선거철이면 정치는 예외 없이 바람으로 변신하고 바람으로 몰아친 후 바람처럼 사라진다. 언론은 바람에 요동치는 민심을 드라마틱하게 보도하고 선거는 바람으로 결딴난다. 분단의 원죄로 약속처럼 불어오는 북풍이 그랬고, 병역비리를 들추면 여지없이 휘몰던 병풍이 그랬다. 탈세와 관련된 세풍도 심심찮게 끼는 메뉴이다. 지난 서울시장 보궐선거에서도 민심의 문풍지를 흔들다 만 정도였지만 북풍과 병풍은 법칙처럼 얼굴을 내밀었다. 보궐선거에 이어 내년 4월의 총선과 12월의 대선을 앞두고 이미 정치의 계절은 시작되었고 바람의 시즌은 막을 올렸다.

선거판에 부는 바람의 양은 우리 정치의 불안정과 후진성이 그만하다는 것이고 그 바람이 선택을 결정하는 것은 민도가 또한 그만한 수준이라는 것이다. 바람의 정치는 정치 외적 변수가 선거의 승패를 가르는 혼돈의 정치에 다름 아니다. 그간에 분 바람은 정치영역 밖의 이슈가 주도했기에 풍향으로 보면 '바깥 바람'이라고도 할 수 있다. 그런데 지난 서울시장 선거 이후 바람의 정치는 풍향이 달라진 것을 감지하게 한다. 여성후보가 약진함으로써 여풍이 등장했고, 안철수의 안풍과 박근혜의 박풍, 문재인의 문풍이 여론을 자극했으며 박원순의 바람은 마침내 시장선거를 승리로 이끌었다. 선거정치의 주요 축이라고 할 수 있는 후보가 일으키는 바람이니 이 바람은 바깥바람이 아니라 정치영역 내부의 '안 바람'인 셈이다.

바람의 정치가 외풍에서 내풍으로 바뀐 것은 일종의 정치발전으로 위안해도 좋을 듯하다. 그러나 최근 선거판의 신인으로 등장한 박원순, 안철수, 문재인의 바람을 우리에게 익숙했던 바람의 정치라는 문법으로 독해해도 좋을 것인가에 주목할 필요가 있다. 바람은 불어왔다가 사라지기에 바람이다. 이 점에서 적어도 안풍과 문풍, 그리고 박원순 현상을 선거국면에서 잠시 스쳐 지나가는 그런 바람으로 읽는 것은 우리 시대 사회변동에 대한 걱정스러운 오독일 수 있다. 그것은 바람이기보다는 새로운 사회변동이 만들어낸 정치효과이자 새로운 질서의 도래를 알리는 강력한 정치적 신호일 수 있는 것이다.

이미 세계사회의 질서는 탈냉전과 시장주의의 새로운 역사국면으로 바뀐 지 오래이며, 그러한 변화는 금융자본의 탐욕이 만든 기형적 시장질서로 인해 이른바 99%의 사람들이 1%를 위해 신음하는 비극을 드러냈다. 그러나 99%의 신음이 이제 저항으로 바뀜으로써 극한적 시장주의의 품에서 자란 오늘날의 정치 패러다임은 피할 수 없는 거대한 전환의 경로에 들어서 있다. 성장의 정치, 이념의 정치, 외형의 정치, 국가주의 정치를 지탱하는 정치질서가 전복되고 있는 것이다. 이 같은 정치질서의 전환에 대한 요구는 2008년 대규모 촛불시위나 월스트리트 시위로 이미 첨예화되고 있다.

제도화된 정치체계는 공적 질서의 정점에 있다. 따라서 기존 정치질서의 전환은 무엇보다도 한 사회의 공공성의 질서를 재구성하라는 요청이다. 박원순의 바람과 안풍과 문풍은 성장과 외형, 이념과 국가주의 정치를 넘어 복지와 사람, 삶과 시민사회를 지향하는 정치를 추구한다는 점에서 생활정치 패러다임이 새로운 질서로 구축되는 과정이라고 할 수 있다. 정치 패러다임의 전환은 정치이슈와 정치주체, 그리고 정치행위를 재편한다는 점에서 공적 질서의 거대한 재구성과정이다. 이러한 재구성은 정당의 쇄신이나 공천물갈이와 같은 옛 노래로는 감당할 수 없는 문제이다. 박·안·문 현상은 왔다가 가는 바람이 아니라 새로운 질서라는 말이다.

—〈주간경향〉 951호, 2011. 11. 22.

비움의 정치

현실에 대한 집착은 세상을 만드는 동력이 될 수도 있다. 일과 사람에 대한 몰입은 그만큼의 성과와 변화를 가져 오기 마련인데 집착 또한 그 비슷한 효과를 가질 수 있기 때문이다. 사람들의 속내를 이제 가늠하기도 하고 세상 이치에 눈뜨기도 하면서 현실의 굴절된 내막을 아주 조금은 알게 된 나이 탓인지 요즘은 그 집착을 경계하는 일이 부쩍 잦아졌다. 무엇보다 집착은 사물과 사람을 있는 그대로 보게 하는 명경의 눈을 어지럽히기에 혼란을 부추긴다. 문득문득 여전히 뭔가에 집착하는 자신을 돌아보며 일천한 정신의 깊이에 스스로 혀를 차면서, 비움(空)에 대한 생각도 그만큼 자주 하게 된다.

일본에서는 검성(劍聖)이라고 추앙받는 미야모토 무사시의 《오륜서》는 '니텐이치류'(二天一流)라는 검법을 바탕으로 쓴 검술 수련서이다. 오륜서는 지, 수, 화, 풍, 공이라는 다섯 개의 장으로 구성되어 있는데 마지막 장인 '공(空)의 권'에서는 앞에서 익힌 모든 기술을 비워버리라고 가르친다. 공의 경지이다. 공은 어떤 것에도 구속되지 않고 들어가는 것과 나오는 것이 다르지 않은 상태이다. 일체의 사물과 사람을 욕망이 개입되지 않은 있는 그대로의 모습으로 볼 수 있어서 검술의 기법을 내면화하면서도 기교에 구애받지 않는 단계인 것이다. 이 수준에 이르면 검술은 더 이상 칼을 쓰는 일이 아니라 마음을 좇는 일이 된다.

이 같은 무위의 경지를 공자는 개인의 생애사적 맥락으로 일깨운다. 《논어》의 〈위정편〉에서 공자는 칠십의 나이가 되어 '마음이 하고자 하는 대로 하더라도 법도에 어긋나지 않게 되었다'(從心所欲, 不踰矩)고 했다. 말하자면 고도의 유교적 수양의 단계에서 마음이 가리키는 바는 이미 욕망이 아니라 자기를 넘어선 보편 윤리와 하나가 된 것이다. 마음이 시키는 대로 가면 그것이 곧 이치이고 법이 되므로 공자의 칠십은 욕망을 비워버린 공의 도에 이르러 있다.

불가의 정신이 응축된 《반야심경》은 눈에 보이는 만물이 곧 공이요 공은 다시 만물이라고 하는 '공'의 사상을 '색즉시공 공즉시색'의 논리에 함축하고 있다. 공과 색이 하나라는 이치를 터득하고 세속의 혼탁을 그러한 공의 눈으로 투명하게 볼 수 있는 선승의 경지는 공자의 칠십과 오륜서의 다섯 번째 바퀴에 맞닿아 있다. 《논어》와 《오륜서》, 《반야심경》은 고전으로 읽혀 누구에게나 모범이 될 수 있고 또 그 가르침을 따를 수 있다. 그러나 그 진리를 체득하고 깨우쳐 직접 공의 경지에 이르기는 쉽지 않은 일이다. 오륜서의 다섯째 바퀴는 자신을 허무는 처절한 수련 후에 얻어지는 귀결이다. 상식적으로 평균수명이 짧았던 시대에 생존율이 아주 드물었던 칠십의 고령이 되어서야 비로소 공자도 공의 경지에 이른 것을 보면 이 경지는 유교적 수행과 더불어 인생사의 고난을 거친 후라야 얻게 되는 성취일 것이다. 깨달음을 얻기 위한 불가의 고행은 말해 무엇 할 것인가? 일상에서 흔하게 내뱉는 '마음을 비웠다'는 표현은 수행의 단계로 보면 공의 경지를 말하므로 쉽게 할 수 있는 말이 아니다.

민주통합당에 통합의 정신이 사라졌다는 말도 들리고 치솟은 지지율로 오만해졌다는 소리도 나온다. 서울시장 후보를 내지 못하는 거대 야당의 수모를 겪으면서도 범야권 통합에 발 벗고 나섰을 때 시민들은 나를 비우는 비움의 정치를 보았다. 그러고 나서야 민심은 움직였다. 정치적 공의 경지에 이르는가 싶더니 이제 총선 공천과정이 시작되면서 욕망과 집착의 정치적 탐심이 벌써 고개를 드는 걸까? 아직 갈 길이 멀다. 나를 버리는 공의 정치야말로 있는 그대로의 민심을 가장 밝고 뚜렷이 볼 수 있는 길이다. 더 비워야 한다.

— 〈주간경향〉 963호, 2012. 2. 21.

완전국민경선제에 관하여

12월 대선에 출전할 후보 선출방식을 두고 '완전국민경선제'에 관한 말들이 많다. 완전국민경선제는 당원이 후보를 뽑는 게 아니라 국민들이 직접 후보를 선택하는 개방적 후보선출 제도이다. 당원이 자기 정당 후보를 뽑는 자격을 박탈당한다면 정당존립의 근거가 훼손된다는 반대논리가 만만치 않고, 새누리당의 경우도 현행 당규를 근거로 완전개방제는 수용하지 않는 듯하다. 대체로 정당 내 지지기반이 두터운 후보는 완전국민경선제를 반대하고, 당내 기반이 취약한 후보 쪽은 완전개방제를 선호하는 듯하다. 이런 가운데 최근 민주통합당 국회민생포럼 창립강연에서 최장집 고려대 명예교수가 이 제도에 대해 비판한 내용은 극단적이다.

언론에 따르면, 최 교수는 국민참여경선과 모바일 투표는 모바일 접근성이 떨어지는 사회저변층이나 소외층을 대표하지 못하기 때문에 정당민주주의를 후퇴시키는 "나쁜 의미의 혁명적 변화"라고 했다. 나아가 "당권과 후보, 대표와 원내대표의 분리, 집단지도체제 등 권력을 분산하는 제도는 당의 중심성과 리더십을 해체하고 정당을 약화시키는 제도개혁이라는 점에서 일종의 자해적 정당구조"이며, 이 점에서 "민주당의 정당개혁은 민주화 이후 여러 정치개혁들 가운데 최악의 변화 중 하나"라고도 했다는 것이다.

좀 거칠게 표현하자면, 모바일이 등장하기 이전의 우리 정당사에서 과연 정당과 의회가 소외계층을 대표한 적이 있었던가? 또 정당이 유권자에 대한 책임정당의 모습을 보인 적이 있었던가? 보스정치, 지역정치, 카르텔정당, 선거정당 등으로 표현되는 우리 정당정치가 스스로 정당민주주의를 한 발짝이라도 진전시킨 적이 있었던가? 더구나 당비를 내는 당원의 규모는 알 수도 없고 알려주지도 않는 이미 극도로 허약한 정당구조에서 모바일이 정당민주주의를 후퇴시킨다는 논리가 어떻게 성립할 수 있는지 이해하기 어렵다.

게다가 이미 보편화된 모바일 문화에서 모바일이 배제하는 인구층보다 새롭게 포함할 수 있는 세대와 약자층이 훨씬 더 많을 수 있다는 현실을 애써 외면하는 점도 의아할 따름이다. 한국 정당민주주의의 핵심 장애는 정당구조의 폐쇄성에 있고 이를 넘어서기 위해 당내권력의 분산과 개방화를 시도한 것이 2000년대 초의 정당개혁이었다. 그 결과로서의 당내 권력분산이 정당을 약화시키는 자해적 구조라고 비판하는 것은 민주주의론의 맥락에서도 납득하기 어렵다.

오늘날 정당구조는 시민사회의 팽창하는 정치적 욕구의 다양성을 서푼어치도 담아내지 못하고 있다. 그럼에도 불구하고 정치를 정당의 밖으로 끌어내서는 안 되며, 정당을 약화시켜서도 안 되고, 정당을 통한 정치만이 현대 민주주의를 지킬 수 있다는 인식은 이해하기 어렵다.

지구화와 정보화의 거대 경향 속에서 네트워크를 타고 흘러넘치는 욕망과 가치들은 새로운 정치양식을 추구하고 새로운 정치질서를 만들고 있다. 근대사회가 구축한 제도와 이념과 규범이 끊임없는 자기 대면의 성찰로 새롭게 재구성되는 현실에서 정당의 개방적 개혁을 부정하는 것은 정당을 근대의 유물이나 박제로 된 장식쯤으로 보존하려는 일이 아닐 수 없다. 정당의 개방은 민주주의의 진화와 결부되어 있다. 시민의 자기실현성을 높이는 참여, 소통, 공감의 민주주의로의 진화를 위해 각 정당들은 정당정치를 개방하고 바꾸는 데 인색하지 말아야 한다. 완전국민경선제는 그러한 정당 개방의 물꼬를 트는 새로운 실험일 수 있다. 분명한 것은 오류를 무릅쓴 새로운 실험이야말로 폐쇄적 소수독식 정치의 악순환보다 훨씬 더 희망적이라는 사실이다.

—〈한겨레〉 30면, 2012. 7. 10.

예비경선의
자해정치

12월 대선의 후보를 결정하기 위한 여야의 당내 경선이 시작되었다. 박근혜 후보의 압도적인 지지율로 경선이 요식이 되어버린 여당과 달리 8명의 후보가 출전한 민주통합당은 예비경선에다 결선투표까지 채택해 상대적으로 관심이 높다. 여당보다는 야당이 일단 흥행이 좀 될 것 같은 분위기다. 그러나 민주통합당의 예비경선을 위한 토론회와 합동연설회를 보니 건강한 선거정치에 대한 기대를 무망하게 만드는 변함없는 조짐들로 걱정이 앞선다.

선거과정에서 정치의 건강성은 후보들이 공들여 만들어낸 정책대결로 나타나기 마련인데 이에 견주어 민주통합당 예비경선 토론회의 빛깔은 그리 곱지 않았다. 아직은 구체적인 정책들이 덜 준비되어서 그럴 수도 있겠지만, 제한된 시간의 토론회는 참여정부의 실패, 대북특검, 총선패배의 책임, 노무현 대통령 서거의 책임, 참여정부에서의 역할, 노무현 정부 평가, 민주정부 10년의 공과, 부산·경남 총선책임 등의 이슈로 채워졌다. 토론회와 연설회를 자신의 정책을 알리는 기회로 삼기보다는 7명의 후보들이 일제히 특정 후보 개인의 과거에만 집요하게 매달리는 형국이었던 것이다.

당내 경선과정은 무엇보다도 예비후보들의 정책에 국민의 삶에 대한 애정과 고뇌가 배어 있으며 그러한 정책들이 적절하고 실효적이라는 점을 입증함으로써 숙성된 수권능력을 과시하는 시간으로 채워져야 한다. 그 귀한 시간을 특정 후보와 과거정권에 대한 비난과 비방으로 땜질해 버리는 것은 자해의 정치라고 말하지 않을 수 없다. 문재인 후보가 노무현 대통령과 참여정부의 공과를 공유하고 있다는 사실이나 손학규 후보가 신한국당에 몸담았던 사실을 국민들이 모르지 않는다. 또 참여정부에 대해서도 국민들은 이미 나름의 판단을 내리고 있다. 후보들이 지난 정권에서 했던 역할에 대한 문제는 그 정권에 대한 평가와 결부되어 있기 때문에 경선의 짧은 토론과정에서 의미 있게 다루어지기가 결코 쉽지 않다.

이러한 이슈들은 대체로 후보에 대한 비난과 흠집 내기로 이어지기 마련이고 그 결과는 자칫 정당이나 진영 전체에 대한 평판을 떨어뜨리기 십상인 것이다. 후보들이 이런 단순한 이치를 모를 리 없다. 그럼에도 이 같은 비방의 정치가 반복되는 것은 어쩌면 고도로 계산된 정치공학적 셈법에 따른 것일 수 있다. 그러한 셈법은 토론에서 잠깐의 우위를 점할 수는 있을지 모르지만 민주통합당이나 민주개혁 진영 전체로서는 자해의 정치이자 공멸의 조짐일 수 있다.

남은 경선 일정을 앞두고 각 선거캠프들은 이러한 자해적 정치문화를 뛰어넘는 획기적이고 진정어린 성찰이 필요하다. 민주통합당의 후보들이 제시한 정책이나 슬로건은 대단히 매력적인 것들이 많다. 문재인의 '사람이 먼저다', 손학규의 '저녁이 있는 삶', '맘이 행복한 세상'에는 우리 시대의 시대정신이 잘 담겨 있다. 국민들은 이러한 슬로건에 내재된 깊이 있는 국정철학과 국가비전을 궁금해 하고 어떤 구체적인 정책과제가 채워질 것인지 기대하고 있다. 서로의 비전과 정책을 비판적으로 검증하는 토론의 과정에서 미더운 정치역량과 성숙된 정치문화가 드러나는 것이다.

엄청난 자원을 동원한 대선과정을 후보의 개인사나 과거 정권을 들추는 데 몰입하는 말도 안 되는 선거행태를 거듭하는 일이 얼마나 우리 스스로를 무너뜨리는 일인지 크게 깨우쳐야 할 때다. 이번 대선의 핵심이슈가 국민의 실질적 삶과 국가운영의 전략이 아니라 참여정부나 박정희 정권에 모아질 경우, 우리는 지난 선거에서 '경제살리기'의 마법에 씌어 국민적 착시현상이 만들었던 어리석은 선택을 반복해야만 할지도 모른다. 후보들이 마음을 반듯이 해서 민심을 똑바로 대면할 때이다.

—〈주간경향〉 987호, 2012. 8. 7.

박근혜의 미래정치

누구라도 어두운 과거보다는 밝은 미래에 솔깃해 한다. 그러나 과거와 현재, 미래가 뗄 수 없는 인과적 연관을 갖는다는 점에서 과거는 덮고 미래만을 그릴 수는 없는 일이다. 더구나 그 과거가 당대의 사람들이 집합적으로 경험한 역사일 경우 그것은 과거가 아니라 여전히 현재일 수 있다. 또 언제나 역사는 현재적으로 해석되기 마련이며 바로 그렇게 현재화된 역사의 성찰 속에서 미래가 잉태된다는 사실이야말로 더욱 더 과거를 현재나 미래와 분리하기 어렵게 한다.

새누리당 박근혜 후보의 역사관과 미래관은 납득하기 어려운 점이 많다. 헌법질서를 파괴한 명백한 군사쿠데타인 5·16을 개인사나 가족사에 치우친 주관적 입장에서 해석하는가 하면, 박정희 대통령 시절의 어두운 역사는 과거의 일이기 때문에 이를 들추는 것은 미래지향적 정치발전을 해치는 구태로 여기는 것 같기도 하다. 박 후보는 후보당선 후 5·16이나 유신문제에 대해 "과거로 가려면 한이 없다. 이제 미래로 가자"고 했다. 최근에 새롭게 제기되고 있는 장준하 선생 타살의혹에 대해서도 "우리 정치권이 미래로 갔으면 좋겠다"면서 다시 미래를 강조했다. 후보 수락연설에서 강조된 국민통합과 국민행복의 논리에는 과거를 불러들이는 것은 국민분열과 국민불행을 가져온다는 편향이 짙게 배어 있다.

최근 장준하 선생 묘소 이장과정에서 장 선생의 타살의혹이 다시 제기되었고 유족들은 정부에 진상규명을 요구하고 있다. 유족 가운데 장준하 선생의 장남이 바로 장호권 선생이다. 장호권 선생과는 두어 번 사석에서 함께한 기억이 있는데, 지금 생각하니 박정희와 전두환 시절 이래 해외를 떠돌며 통한의 세월을 보낸 후 국내에 돌아온 지 그리 오래지 않은 시점이었던 듯싶다. 장대한 기골에 형형한 눈빛이 사진과 글로만 보았던 장준하 선생을 떠올리게 했지만, 불행한 역사의 무게에 짓눌린 고난의 가족사를 말할 때는 얼핏얼핏 그의 얼굴에 그늘이 비치던 기억이 새삼 떠오른다.

언론에 따르면 그의 어머니 김희숙 여사는 일원동의 낡은 영구임대 아파트에서 15년째 살고 있다고 한다. 남편의 의문사, 감시와 통제, 가난과 씨름하는 것으로 모자라 뜻을 펴지 못하고 해외를 전전하는 자식들의 한까지 가슴으로 쓸어 담아야 했던 모진 세월을 견딘 분이다. 장준하 선생의 죽음은 누군가에게는 덮고 싶은 과거일 수 있지만 이들 유족에게는 해체된 삶으로 지속되는 여전한 현재이다.

장준하 선생이 그 가족에게 현재이듯 박정희의 역사 또한 여전히 살아있는 현재일 수 있다. 국민이라는 베일을 걷으면 역사적 경험에 뿌리를 둔 서로 다른 가슴을 가진 시민이라는 얼굴이 드러난다. 박

정권의 어두운 역사가 박근혜 후보에게는 덮고 싶은 과거일지 모르지만 오늘을 사는 역사적 시민에게는 상처로 남은 현재인 것이다. 국민통합을 외치려면 먼저 역사 속에서 상처 났던 가슴을 서로가 쓸어주는 진정어린 역사적 화해가 있어야 한다. 이러한 과정이 생략된 채 무조건 어두운 과거를 덮자는 것은 뒤틀린 현실에 눈 감는 것이다. 과거를 묻어버린 국민통합과 국민행복의 미래는 국민기만의 구호일 수도 있다. 허공에 짓는 상상의 궁전인 것이다.

역사를 현실로 불러 공공의 이슈로 만드는 것은 언제나 현재를 사는 이들의 몫이었다. 아버지 시절의 어두운 과거를 현실로 부른 것도 사실은 박근혜 후보 자신이다. 박 후보 본인이 공적 위치의 정점인 대통령직에 도전했기 때문에 덮고 싶은 역사는 다시 현재가 된 것이다. 아버지인 박정희 시대의 어두운 과거를 정말로 들추기 싫다면 박 후보는 대통령후보가 아니라 저 흘러간 대중가요 속 '산장의 여인'으로 사는 게 이치에 맞다.

—〈주간경향〉 991호, 2012. 9. 4.

제헌절 아침에 묻다

제헌절 아침에, 부끄럽고 불만스럽지만 우리 헌법을 떠올려 본다. 헌법적 가치와 현실 간의 간극이 점점 더 멀어지는 데 대한 불만과, 현실이 이리 막되는 것을 허용한 데 대한 시민으로서의 자괴감이 한꺼번에 마음을 누른다. 일상에서 시민들에게 헌법은 잊혀 있기 마련이다. 그러나 최근 두 정부에 들어 헌법 제1조 1항 “대한민국은 민주공화국이다”라는 표현이 자주 눈에 띄더니 마침내 유승민 새누리당 전 원내대표의 사퇴회견문에도 “지엄한 가치”라는 수사와 함께 올랐다.

국가공동체의 구성원이 합의하는 최고의 가치는 헌법에 구현되어 있다. 우리 헌법 제1조 1항의 민주공화국이란 권력이 국민으로부터 나오는 질서를 의미한다. 바로 이 헌법적 가치가 구현된 질서야말로 가장 궁극적 질서이며, 가장 보편적 질서이고 가장 상식적 질서다. 많은 나라가 민주공화국이란 이름을 내걸고 반민주적 독재의 길을 걸었기에 이름과 현실이 다른 것은 이제 특별한 일이 아닐 수 있다. 그러나 오랜 민주화운동의 비용을 치른 후 오늘의 직선제 헌법을 얻은 우리는 헌법적 가치와 현실의 멀어지는 거리를 당연시할 수 없다. 그래서 다시 묻는다. 우리는 얼마나 헌법적인 질서에서 살고 있는가?

오늘날, 특히 박근혜 정부 들어 국가권력의 헌법적 가치훼손은 단순히 위법, 위헌, 불법, 비민주, 반민주, 불공정 등으로 표현할 수 있는 범주를 넘어서고 있다. 최근에 만연한 공권력의 의도적인 헌법가치 훼손행위를 보면서 떠오르는 것은 반질서다. 어쩌면 우리는 눈에 띄거나 알려진 것보다 훨씬 더 심각한 반질서적 권력과 반질서적 리더십으로 인한 위기에 직면해 있는지도 모른다.

국민이 위임한 권력 스스로 헌법적 가치를 무너뜨리는 반질서적 권력행태가 넘친다. 가깝게는 세월호 1주기 추모집회의 불법성을 문제 삼아 경찰은 4·16연대 지도부에 대한 사전구속영장을 내고 시위 주최 단체에게 9천만 원의 손해배상소송을 청구하겠다고 한다. 게다가 당시 경찰은 시위 시민이 드나들 수조차 없이 완전 봉쇄된 위헌적 차벽을 세우고, 8천 명 집회시민에 1만 3천 명의 경찰을 투입하는 과잉진압을 시도했다. 세월호 특조위가 빨리 가동되어 진실을 밝히는 것이 질서를 근본적으로 복원하는 일임에도 오히려 희생당하고 상처 입은 유족과 시민을 과잉진압과 법적 대응으로 옥죄는 반질서적 권력행태를 드러낸 것이다.

최근에 대통령은 국회법 개정안의 위헌성을 언급하며 거부권을 행사했다. 이때 원내총무를 직접 거명하며 자기 정치를 한다고 지적하고, 배신의 정치를 국민이 직접 심판해 달라고도 했다. 정부의 시행령이 상위 법률의 취지를 벗어나지 않도록 바로 잡는 것은 법치의 기본이고 정부의 역할과 기능이 법률을 넘어서지 않도록 국회가 감시하는 것이야말로 헌법적 질서다. 더구나 개정안은 여야가 합의한 것이다. 개정안이 위헌이라는 인식과 "배신의 정치를 선거에서 국민이 심판해 달라"는 도대체 상상하기조차 어려운 해괴한 발언은 최고 권력자의 반질서적 행태가 아닐 수 없다. 대통령의 반질서적 행태는 여기에 그치지 않는다. 아직 진행형이라고 할 수 있는 세월호 사태나 메르스 사태 때 대통령과 정부가 근본적이고 상식적인 질서조차 가동하지 않았던 반질서적 권력행태는 나라 전체를 공황상태로 몰아가는 심각성을 보인 바 있다.

정부가 청구하고 헌재가 결정 내린 통합진보당의 해산 또한 민주주의를 포기하는 국가권력의 반질서적 행태다. 국민의 선택으로만 존폐가 결정되어야 할 정당질서를 정부와 헌재가 강제적으로 무너뜨리는 반질서가 아닐 수 없다. 지난 대선 시 국정원의 댓글사건이나, 이제 막 드러난 국정원의 해킹프로그램 구입과 국내 SNS 감청 의혹, 성완종 리스트에 대한 검찰의 황당한 부실수사는 물론이고 성완종 특사에 관한 수사로의 물 타기 등도 반정치와 반법치를 포괄하는 반질서적 권력행태다. 자신들이 선출한 원내총무를 대통령 말 한마디에 사퇴시키는 새누리당 의총의 행태나, 당의 사활이 걸린 혁신에는 관심 없고 오로지 공천권과 수구적 이익에만 목을 매는 새정치민주연합 일부의원의 행태 또한 반질서적이긴 마찬가지다.

권력의 반질서적 행태는 정상적 질서를 훼손하고 무너뜨리는 데는

능하지만 새로운 질서를 만드는 데는 무심하고 무능하며 무망하다. 반질서적 권력행태를 누적시키는 일은 시민의 굴욕을 누적시키는 일과 다르지 않다. 국민들의 인내를 시험하는 일은 위험하다. 그리고 위험한 권력의 위기는 순식간에 올 수 있다는 것이 역사가 가르친 바다. 제헌절 아침 대한민국은 민주공화국인가를 또 물어야 하는 현실이 아프다.

— 〈경향신문〉 31면, 2015. 5. 17.

친노패권주의라는 정치프레임

야당이 두 개의 정치 프레임에 갇혀 좀처럼 벗어나지 못하고 있다. 친노패권주의와 호남민심이라는 프레임이다. 4월 29일 재보선 패배 이후 당 지도부를 향한 책임론이 무차별적으로 쏟아지다가 이른바 혁신기구안이 제시되면서 다소 주춤한 듯하다. 그러나 혁신기구의 구성조차 순탄하지 않아 두 개의 프레임은 여전히 살아 움직이고 있다.

프레임은 복잡한 현실을 해석해 주는 의미의 틀이다. 많은 이들이 공유한 프레임은 여론의 향배와 유권자의 선택을 가르기도 하고 사회운동을 확산시키기도 한다. 프레임은 현실의 문제를 진단하는가 하면 문제해결을 위한 처방의 기능을 갖기도 한다. 친노패권주의나 호남민심 프레임은 재보선 참패의 원인에 대한 일종의 진단프레임이다. 진단용이든 처방용이든 프레임에는 실질적인 것과 기획된 것이 있다. 대중의 현실과 열망을 실제로 반영하는 실질적 프레임과, 실제적인 현실이나 대중의 실제 기대와는 무관하게 의도적으로 만든 기획적 프레임이 그것이다. 기획된 프레임은 특정의 정치세력이 숨겨진 목적으로 선동을 위해 만든 허구일 수 있지만 소문이나 유언비어처럼 사실여부와 관계없이 그 자체로 영향력을 갖는다.

문재인 대표 취임 후 새정치민주연합은 생활정당, 분권정당, 네트워크정당, 유능한 경제정당, 안보정당의 새 깃발을 올리고 탕평인사와 전략공천 없는 경선 등으로 국민의 눈길을 모았다. 당 지지율과 문 대표 지지율이 동반적으로 솟았다. 적어도 이때까지 문 대표는 유능했다. 그러나 재보선 4석을 여당과 무소속에게 내준 그날부터 문 대표의 유능은 무능으로 돌변했고 그의 부드러운 카리스마는 독선적인 친노수장으로 탈바꿈되었다. 친노패권주의와 호남민심 프레임이 기다린 듯이 그리고 가차 없이 그를 가두었다.

친노패권주의는 적어도 친노와 비노의 경계를 도무지 알 수 없고 그 면면들이 제대로 알려진 적이 한 번도 없다는 점에서 선동을 위한 기획의 혐의가 짙다. 게다가 국민들은 친노가 새정치연합 내에서 무슨 짓을 했는지 어떤 패권놀음을 했는지 도대체 알 수 없다. 날만 새면 친노패권주의를 지탄하는 종편TV의 어디에서도 구체적인 친노패권주의의 실태는 찾을 수 없다. 호남민심의 경우도 재보선의 패배가 호남홀대에서 비롯되었고 그에 따라 문재인 대표와 친노패권주의를 심판했다는 건데 이 또한 기획된 것일 수 있다. 실질적 호남민심은 제대로 된 정치혁신을 요구하는 호남정신이 여전히 주류다.

야당은 누구도 예외 없이 재보선 패배에 대해 뼈아픈 성찰이 필요하다. 새정치민주연합의 누군가가 다른 누군가에게 야단스레 책임을 묻는 것은 코미디다. 그것도 야당의 미래, 한국 민주주의의 미래를 가로 막는 비극적 코미디다. 이 비극적 코미디를 끝내야 할 책무가 당을 이끄는 문 대표에게 있고 그런 점에서 문 대표의 성찰은 남달라야 한다. 문 대표의 성찰은 현실에 대한 분명한 진단과 정확한 처방의 새로운 정치 프레임으로 이어져야 한다. 무엇보다도 새정치민주연합은 선동을 위해 기획된 상상의 프레임을 당원과 대중의 실질적 욕구를 반영하는 실질적 프레임으로 전환시켜야 한다. 이 같은 실질적 프레임은 문제의 진단에 머물지 않는 처방의 프레임이어야 한다. 분열과 이탈세력을 가둘 수 있는 강력한 처방은 무엇보다도 국민을 감동시킬 수 있는 혁신과 새로운 결집의 프레임에서만 나올 수 있다.

국민을 감동시키는 혁신의 프레임은 상처투성이가 되면서도 새로운 질서를 향해 나아가는 불굴의 리더십이 만들 수 있다. 계파의 이익을 나누고 담합을 성사시키는 정치공학이 탁월한 리더십으로 평가되어서는 안 된다. 계파안배를 통해 조용한 나눠먹기를 주도하는 담합의 리더십은 계파를 만족시킬 수는 있지만 국민을 감동시킬 수 없고, 실질적 혁신에 이를 수도 없다. 나아가 새로운 결집의 프레임은 모든 계파를 아우르는 통합이 아니라 감동 있는 혁신의 길을 함께 나아갈 수 있는 세력의 결집으로 가능하다.

문재인, 박원순, 안철수, 안희정 등은 시민지향의 리더십을 브랜드로 하는 새로운 결집의 좋은 자원이다. 또 생활민주주의를 실천하며 시민의 삶을 아래로부터 혁신하는 걸출한 기초단체장들도 당 재건의 실질적 자원이다. 당소속 의원들이 혁신의 동력을 잃었다면 이들이 새로운 결집력으로 의원들을 포위하고 압박해서 혁신의 프레임을 확산시켜야 한다. 국민과 당원을 속이는 계파적 정치프레임이 아니라 국민의 요구를 진실하게 반영하는 정치프레임이 필요하다. 깊게 보고 멀리 보아야 한다. 야당의 미래가 한국 민주주의의 미래다.

—〈경향신문〉 31면, 2015. 5. 22.

아노미적 병리의 정치

정치판이 가관이다. 당대표를 둘러싼 긴장과 갈등이 야당에서 좀 조용해지나 싶더니 곧바로 여당이 격랑에 휩싸였다. 잠시 소강상태인 것 같은데 공천과정에서 분란이 계속되리라 짐작된다. 야당의 문재인 대표는 재보궐선거 패배 이후 혁신위의 구성과 혁신안의 통과, 탈당과 분당의 협박 속에서 재신임 정국을 거치며 혹독한 시련을 겪었다. 아직 수렁에서 완전히 빠져나온 형국은 아니지만 그래도 자리를 잡는 모양새다. 여당의 김무성 대표는 추석에 부산에서 문재인 대표와 안심번호 국민공천제에 합의했다가 청와대와 친박계에게 전면 포화를 맞은 후 다시 고개를 숙였다.

세상이 다 알듯이 두 대표를 흔드는 까닭이 공천권에 있고 두 대표를 흔드는 수준이 도를 넘은 듯해 두고 보기 불편하다. 공천권이라는 먹이를 두고 흉측한 이빨을 드러낸 채 덤비는 탐욕의 마당에는 이미 부끄러움 따윈 찾아 볼 수 없다. 자신들이 선출한 대표를 돌아서서 흔들고 위협하는 양당의 몰염치가 상상을 넘는다. 이 몰염치에 여론의 야만이 보태져서 우리 정치의 앞날이 혼미하다. 폭주하는 미디어가 생산하는 여론은 양당 대표들이 과연 이 위기의 벼랑에서 살아날 것인가 죽을 것인가 하는 드라마적 상황에만 관심이 있다. 우리 정치의 발전이나 미래는 애초에 관심사가 아니다. 주류와 비주류가 펼치는 정치공학적 대결을 관전하며 계파의 득실을 셈하느라 여념이 없다. 이것이 민주주의라면 비정하고 몰염치하며 어리석기조차 한 관객의 민주주의일 뿐이다.

몰염치한 당내 의원들과 냉담한 관객민주주의의 백미는 당 대표의 리더십을 비난하고 리더십 부재의 정치를 한탄하는 것이다. 합리적 정치라면 리더십만큼이나 중요한 것이 좋은 리더십을 따르고자 하는 의지로서의 팔로우십이다. 따르고자 하는 의지를 가진 사람이 없는 곳에 리더십은 공허하다. 이끄는 자와 따르는 자 사이에 공유된 도덕적 규범과 윤리가 필요한 것이다.

몰염치한 정치와 야만적 여론에 도덕이 없고 윤리가 없고 규범이 사라졌다. 리더십의 부재보다 더 심각한 현실이 아닐 수 없다. 리더십의 부재가 정치의 우물 하나쯤 마른 것이라면, 도덕과 윤리와 규범이 사라진 정치판은 정치의 바다가 통째로 오염된 것이다. 여당의 경우, 이 오염의 참을 수 없는 징후는 청와대가 입법부의 의원들을 대통령 특보로 삼고 당대표와 선거제도 개혁에 노골적으로 훈수를 두는 불법을 천연덕스럽게 자행하는가 하면, 친박계라는 의원들이 온 국민이 보는 앞에서 당대표를 면전에 두고 까대는 철면피함을 태연히 드러내는 데서 극치를 보인다. 야당의 경우, 스스로 다른 배를 타

사실상 재보궐선거 실패의 원인을 만든 사람들이 갓 선출된 당대표가 다른 배를 타도록 만들었다고 우기며 모든 책임을 대표에게 돌리는 파렴치가 민망하기 짝이 없다. 또 스스로가 혁신의 대상인 사람들이 쉴 틈 없이 당 분열을 꾀하는 것을 세상이 다 아는데도 입만 떼면 통합을 외쳐대고, 당대표와 주류 측에 분열의 책임을 묻는 적반하장과 후안무치가 도를 넘어섰다.

여야의 이런 정치행태에는 최소한 공유해야 할 윤리와 양심을 찾기 어렵다. 오로지 권력을 향한 뻔뻔한 욕망만이 출렁이고 있다. 정상적인 도덕적 질서로부터 이탈하는 비정상성을 사회학에서는 아노미라고 표현한다. 아노미는 도덕적 질서의 부정이며 정상적 상태에 혼돈을 부르는 현상이기 때문에 비정상적이고 병리적인 것이다. 2015년 한국의 정치판에 아노미적 병리가 깊다. 정치가 막가고 있다.

잘못된 질서를 바꾸는 것은 결국 사람이다. 아노미적 병리의 정치는 새로운 도덕으로 무장된 사람들이 새로운 규범의 질서를 만들어야 치유된다. 자질과 자격을 갖춘 사람들이 하는 정치를 보고 싶다. 국가를 운영하는 정치인에게 쥐어진 가장 특별한 수단은 폭력적 강제력이다. 정치를 하는 것은 바로 이 폭력에 내장된 악마적 힘들과 관계를 맺는 것이기 때문에 정치인에게는 특별한 자질이 요구된다고 했다. 막스 베버는 그 자질로 대의를 추구하는 열정과 열정을 통제하고 조절하는 책임의식, 그리고 책임의식을 단련하는 균형감각이라는 세 요소를 든다. 이 세 가지 자질을 갖춘 사람만이 진정한 정치적 개성을 발휘할 수 있고, 단순히 악마적 힘에만 마음이 뺏긴 권력정치가와 구분되는 진정한 정치인이다.

새로운 비전과 새로운 정치질서를 지향하는 양당의 개혁세력이 부디 공천 혁신에 성공해서 정상적 정치인을 많이 충원하기를 빈다. 병리적 아노미의 정치를 새로운 도덕적 질서로 고치는 유일한 방법이다. 무엇보다 유권자가 죽은 관객의 자리를 박차고 일어나 매의 눈으로 현실을 꿰뚫는 시민이 되어야 한다.

—〈경향신문〉 31면, 2015. 10. 9.

안철수의 도돌이표 정치

안철수 의원의 행보가 불안하다. 안타깝고 걱정이 앞선다. 길지 않은 시간이었지만 그가 한국정치 혁신의 아이콘으로 비친 적이 있었다. 정치권에 들기 전에 그는 이미 대한민국 청년들의 우상이었다. 대학생들과 직접 대화를 나누는 '청춘 콘서트'는 안철수가 만든 문화 현상이었다. 나는 언젠가 연구자 입장에서 안철수의 토크 콘서트를 시민사회의 새로운 정치양식으로 설명하려 한 적도 있었다. 입학사정관으로 대입 수험생들을 면접할 때 롤 모델을 묻는 질문에 너무나 많은 학생들이 망설임 없이 '안철수'라고 답하는 것을 보고 희망 있는 세상이라 위안삼은 적도 있었다.

안철수 현상이 정치현상으로 바뀌면서 새정치를 주도했던 그가 이제 야당의 비중 있는 정치인이 되었다. 근자에 그는 문재인 대표가 제안한 이른바 문안박 연대를 거부하고 모든 계파가 참여하는 혁신 전당대회 개최를 제안했다. "나는 조직도 세력도 없다", "꼴찌를 해도 좋다", "창조적 파괴가 필요하다"며 혁신전대를 제안한 것이다. 야당의 명운을 지켜보는 세상의 관심은 안 의원이 역제안을 했다고 하고 이제 다시 공이 문재인 대표에게 넘어갔다고 한다. 마치 게임을 보는 듯하다. 자세히 보니 어느덧 안 의원 자신도 게임을 즐기는 선수가 된 듯하다.

사람들의 판단을 가르는 기준은 두 가지를 들 수 있다. 옳고 그름을 기준으로 삼는 것이 하나이고, 이익과 손실을 기준으로 삼는 것이 다른 하나다. 게임은 득과 실을 따지는 놀이다. 정치가 게임의 논리에 치우치면 정치공학이 되고 국민을 위한 정치가 아니라 정치인의 생존놀이로 변질되고 만다.

새정치민주연합이 그 기로에 있다. 적어도 현 시점에서 새정치민주연합의 혁신은 대의고 옳은 것이고 마땅히 해야 할 일이고, 통합은 기득권 세력이 당에 공존하고 안주하는 길이 되고 말았다. 두 개의 선택지가 만들어진 것이다. 안타깝게도 안 의원이 주장하는 혁신전당대회는 아무리 살펴도 옳은 것을 지향하는 혁신의 길이 아니라 정치적 생존과 이익을 겨냥하는 통합의 길로 보인다. 게다가 안 의원이 제안하는 전당대회는 문재인 대표체제의 출범과 더불어 그간에 진행된 일체의 절차와 제도를 스스로 부정하는 일이다. 또 당 차원에서 어렵게 마련한 혁신위의 혁신안을 휴지 조각으로 만드는 일이기도 하다. 그리하면 총선결과와 관계없이 당의 모든 세력이 살아남아 안존하는 혁신 없는 통합을 구현할 수는 있을지 모르겠다.

새정치민주연합은 2008년 야당이 된 이후 7번의 혁신위를 만들었다. 그러나 당은 그 모습 그대로였다. 위기 때마다 비대위가 구성되고 혁신위가 생겼지만 새로 들어선 대표체제에서 언제나 혁신은 온데간데없고 기득권을 나누는 옛 질서로 돌아갔다. 새정치민주연합의 '도돌이표 정치'다. 이 공허한 도돌이표 정치에 수많은 혁신위원들이 동원되었다. 특히, 교수를 비롯한 당 밖의 혁신의원들은 현직에 있으면서도 시간을 쪼개어 야당의 변화를 위해 헌신했다. 언제나 원점으로 돌아가는 도돌이표 정치 앞에 이 같은 헌신은 이제 국민적 조롱거리가 되고 말았다. 부끄러움을 모르는 정당의 행태가 아닐 수 없다.

이제 그 도돌이표 정치의 선봉에 안 의원이 나서려 한다. 안 의원이 제안하는 전당대회는 임박한 총선을 겨냥한 기존의 세력과 계파에게 물불 가리지 않는 공천전쟁의 길을 열어주게 될 것이다. 새정치민주연합은 공천권 나눠먹기로 엄청난 혼란을 거친 후 다시 혁신 없는 공존의 도돌이표 정당이 될 것이다. 어째서 이런 전당대회가 혁신전당대회가 될 수 있는가? 안 의원은 새정치를 외치던 초심으로 돌아가 스스로 부족하다고 생각하는 혁신을 채워나가는 데 협력해야 한다. 그것이 안철수식 미래정치에 어울리고 그래야 자신의 정치적 활로도 열린다.

더불어 문재인 대표는 애써 만든 당의 혁신안을 실현하는 하나의 길로 나아가야 한다. 만성질환이 되어버린 도돌이표 정치와 단절하고 문 대표 자신이 말한 대로 가 보지 못한 길에 과감하고 흔들림 없는 걸음을 내딛어야 한다. 문 대표 역시 초심으로 돌아가 왜 당대표의 길을 선택했는지를 떠올려야 한다. 다시 대통령후보로 갈 수 있는 안전한 길이 있는데도 스스로 진흙탕에 뛰어든 것은 한국 정당정치의 혁신에 대한 의지가 아니었던가? 국민들은 강한 야당, 큰 정치에 목말라 있다. 설령 거침없는 혁신의 정치가 당의 통합을 위축시키고 더 나아가 총선에서 100석 이하 의석의 참패를 가져온다 해도 당 혁신만은 좌고우면하지 않는 강단이 문 대표에게 주어진 소명이다. 지금은 안 의원과 공을 주고받을 게임의 시기가 아니다. 거대한 위기 앞에 옳은 것을 선택해 거침없이 나아가는 큰 정치를 해야 할 시기다.

—〈경향신문〉 31면, 2015. 12. 4.

문재인을 위한 변명

4·13 총선의 결과는 놀라왔다. 늘 지는 야당 더불어민주당이 제1당이 되었고 신생 국민의당이 약진했다. 게다가 더민주는 부산, 대구, 경남에서 9석을 얻어 지역주의의 벽마저 깨뜨렸다. 이 예상 밖의 쾌거 앞에서도 더민주는 표정을 관리하고 있다. 선거혁명의 주역 문재인 전 대표 또한 승자의 표정이 아니다. 전통적 지지기반이었던 호남 참패가 너무 아픈 탓이리라. 선거 막바지에 광주를 찾아 호남이 자신에 대한 지지를 철회한다면 대선도 포기하고 정치도 그만두겠다고 배수진을 친 문 전 대표로서는 광주호남의 패배가 누구보다 아플 것이다. 그의 아픔이 어떻든 간에 야속한 여론의 일각은 대선포기 발언을 '문재인의 딜레마'라 하고 '광주의 약속'이라고 들먹이기도 한다. 과연 지금의 현실이 문재인의 딜레마고 광주의 약속을 그에게 압박할 형국인가?

우선, 호남은 문 전 대표에 대한 지지를 철회한 적이 없다. 28개 호남 지역구의원 후보의 득표수를 보면 국민의당에 5명이 투표했을 때 더민주에 4명이 표를 주었다. 광주를 제외한 전남과 전북의 경우 유권자 11명이 국민의당 후보를 선택했을 때 10명은 더민주 후보를 선택했다. 한 표라도 많으면 당선되는 소선거구제에서 의석수가 현실의 지지를 그대로 반영할 수는 없다. '호남이 지지를 철회한다면'이라는 전제로 시작된 약속이라면 비록 국민의당에는 못 미치지만 호남은 여전히 더민주를 강력하게 지지하고 있다는 점에 주목해야 한다. 문 전 대표는 광주의 약속을 의석수 확보로만 판단해 호남에서 명백하게 유지되고 있는 지지자들을 외면해서는 안 된다.

둘째, 딜레마란 경중이 비슷한 사안 간에 발생하는 선택의 혼란을 말한다. 문 전 대표에게 광주발언은 마음의 빚일 수 있지만 그것을 염두에 두기에는 그와 더민주가 얻어낸 선거혁명의 성과가 정치사적이라 할 만큼 크다. 문 전 대표는 그간 누구보다도 책임 있는 정치지도자로서의 역할에 충실했다. 세월호의 현장을 비롯해 시민이 아픈 자리에는 언제나 그가 있었다. 정부와 여당, 심지어 야당 내에도 넘치는 욕망의 정치 앞에 늘 가치의 정치로 대응했다. 이기는 정당을 만드는 데 그는 혼신의 힘을 다했다. 수도권 압승과 마침내 동진에 성공한 더민주의 새로운 역사는 문 전 대표 없이 불가능했다. 김대중 대통령도 노무현 대통령도 못한 일을 그가 해낸 것이다. 선거혁명이라 할 만한 이 놀라운 성과에 비하면 광주의 발언은 선거상황에서의 에피소드일 뿐이다.

셋째, 문재인의 딜레마를 만든 호남의 딜레마에 오히려 주목해야 한다. 광주의 정신, 호남의 민주주의는 이번 선거에서 퇴행적 지역주의의 덫에 걸리고 말았다. 국민의당을 선택하는 호남의 변명은 더민주로는 정권교체가 안 되고 문재인으로는 전망이 없다는 것이었다. 선거결과 호남을 제외한 모든 지역에서 더민주는 선전했고 수도권에서 압승했으며 제 1당이 되었다. 지역정치가 세대정치로 바뀌고 탈지역화로 한국정치의 미래가 열렸다. 호남이 문재인과 더민주로는 안 된다고 할 때 세상은 더민주와 문재인을 선택한 셈이다. 세상이 87년의 정치를 뛰어넘고자 하고 지역주의의 덫에서 벗어났는데 호남만이 다시 지역주의의 늪에 빠진 것이다. 호남의 선택은 호남 기득권 정치가 드러낸 마지막 지역주의의 몸부림일지 모른다. 문 전 대표는 구태에 갇힌 호남의 선택보다 새로운 세대의 호남정치와 변화를 요구하는 수도권의 민의, 그리고 영남의 변화를 훨씬 더 무겁게 생각해야 한다.

정치인의 말에 신뢰와 책임이 따라야 한다는 것은 상식이다. 그러나 정치인의 신뢰와 책임은 언제나 더 높은 공공성을 향해 열려 있어야 한다. 작은 신뢰가 더 큰 공공적 미래를 위협할 수는 없는 일이다. 야권의 분열과 호남의 딜레마, 이 모든 것의 출발은 야당 내부, 특히 호남 기득권 정치인들이 만든 친노패권주의의 허상과 반문재인 정서에서 시작되었다. 문재인 때문에 안 된다던 바로 그 당을 국민이 선택했고 그래서 선거혁명을 이루었다. 이 선명한 대의 앞에서 언제까지 친노의 허상을 잡고 언제까지 문재인을 물어뜯는 하이에나 정치를 되풀이할 것인가? 문재인을 포함한 여야의 유능한 정치인들은 예외 없이 우리 시대의 소중한 정치적 자산이다. 오로지 개인의 정치적 이익을 위해 근거 없는 증오로 상대를 물어뜯는 것은 공동체의 정치적 자해일 뿐이다. 사익과 욕망으로 통합을 가로 막는 자해의 정치를 이제 멈추어야 한다. 정치혁신을 이끌 유능한 정치인이라면 그가 누구든 마음껏 정치할 수 있게 해야 한다. 문 전 대표에게 유독 가혹한 이상하고도 불공정한 정치잣대를 이쯤에서 걷어야 한다.

—〈경향신문〉 31면, 2016. 4. 22.

이정현의 불안

20대 정기국회 교섭단체 대표연설이 마무리되었다. 추미애 대표나 박지원 비상대책위원장의 국정현안 중심 연설에는 무게와 연륜이 감지된다. 그러나 세간의 관심을 더 끈 것은 아무래도 이정현 새누리당 대표의 연설인 듯하다. 집권당 대표의 연설이기도 했지만 그의 연설에 담긴 거침없는 제안과 포장되지 않은 표현이 주는 강한 호소력도 한몫한 듯하다.

정치인 이정현의 말은 세고 액션은 현란하다. "정치대혁명" 해보자는 말이 거침없이 나왔다. "국민이 정치혁명동지가 되어 달라"고도 했다. "안타깝다"는 표현을 반복한다. 호소하고 부탁하고 도와달라는 말도 그냥하지 않는다. "눈물로" "간곡하게" "화끈하게" "진심으로 진정성 있게" "확실하게" "목숨 걸고" 하겠다 하고, 또 해달라고 한다. 어떤 동사도 그의 입을 통하면 강력한 갈망의 수사 없이는 표현되는 법이 없다. 다짜고짜 사과하고 반성한다. 참 쉽다. 그런데 그 시원시원한 성품과 넘치는 자신감이 과도한 액션과 거침없는 표현 속에서 오히려 불안하고 불편하다. 아니, 그의 행태와 언변에는 짙은 불안의 그림자가 배어 있다.

불안은 대체로 차이에서 온다. 재해나 테러 같은 위험이 만드는 불안도 있지만, 불안이라는 사회심리적 현상은 대부분 남들과 다르다는 차이에서 온다. 어떤 차이가 여당 대표 이정현을 불안하게 하는가? 이번 교섭단체 대표연설에서 남들과 다른 차이가 선명하게 드러난 두 지점이 있다.

첫째는 숙명적 국가주의다. 그는 사드배치와 관련해, 이미 대한민국 전역에 사격장, 군부대, 미군기지, 군비행장이 배치되어 있고 그것을 고약한 형제를 이웃에 둔 죄라 했다. 이 나라에 태어난 서글픈 숙명이라고도 말했다. 그리고 오직 애국심 하나로 받아들일 것을 호소했다. 사드배치 문제를 운명론과 국가주의로 버무려 낸 논리가 참 단순하고도 섬뜩하다.

이정현 대표가 남들과 다른 두 번째 차이는 강렬한 개인적 책임주의다. 대표연설에서 그는 국회의 문제를 국회의원 개인의 특권적 행태에 초점을 맞추었다. 공무원과 경제인을 대하는 태도, 대접받기, 심지어는 말투와 걸음걸이를 언급하기도 했다. 국회가 국회의원 개인의 품격과 태도로 운영되는 듯한 착각이 묻어 있다. 선거제도나 뒤틀린 정당정치와 같은 제도적 문제들이 국회의 합의정치를 방해하는 원천적 문제라는 것은 상식이다. 이 상식을 비켜서 국회의원 개인에게 책임을 돌리는 것은 참으로 간편한 현실인식이다. 그가 드러낸 개인적 책임주의의 극단은 자신의 성공신화를 세상의 표본으로 삼는 독선에 있다. 호남출신으로 사상 처음 보수정당의 대표가 된 성공신화를 되새기며 대한민국이 자신에게는 기회의 땅이요, 평등의 땅이며, 평화의 땅이라고 했다. 좌절하고 힘없는 서민들에게 희망을 주고 싶다는 그의 뜻과 달리, 대부분의 국민들에게 '니들이 열심히 살지 않아 좌절하고 절망한다'는 개인책임론으로 들리기 십상이다.

이정현의 숙명적 국가주의와 개인적 책임주의는 지금 불안으로 흔들리고 있다. 대부분의 국민들이 생각하는 것과 너무나 뚜렷한 차이 때문이다. 그는 스스로 이 차이를 알기 때문에 불안하다. 그래서 거침없는 언변 속에 배인 짙은 불안은 강박적으로 국민을 향해 외치게 한다. 숙명적 국가주의는 공공정책이 국민과의 소통, 해당주민과의 소통 속에서 자율적이고 설득적으로 결정되어야 한다는 시대의 통념으로부터 고립되어 있다. 국회개혁이 국회의원 개인의 책임이라는 생각은 국회를 바꾸기 위해서는 제도와 정당권력의 혁신이 핵심이라는 국민상식과 멀리 떨어져 있다. 또 자신의 성공신화를 만들어준 대한민국이 기회와 평등과 평화의 땅이라는 독보적 생각은 청년의 미래가 없고, 5포세대, 7포세대가 만연한 헬조선 대한민국과는 너무도 거리가 멀다.

집권당의 총선 패배 이후 사드문제, 일본군 위안부협상 문제, 우병우 사태, 세월호 특조위 기한연장 문제, 그리고 지역경제를 넘어 국가경제를 뒤흔드는 조선 해운산업의 최대위기 등은 국가가 책임지고 정부가 책임지고 집권세력이 책임져야 할 현실들이다. 이 수많은 국가책임의 현실들이 어떻게 숙명적 국가주의와 개인적 책임주의로 설득될 수 있겠는가? 도무지 설득될 수 없는 국가책임의 현실과 집권당 대표의 시대착오적 신념 사이에 가로놓인 깊은 계곡이야말로 우리 시대 불안의 원천이다. 이정현의 불안은 집권 여당의 불안이고, 그것은 곧 박근혜 정부의 불안이자 우리 시대의 불안이다. 차이는 불안을 낳고 불안은 강박을 낳는다. 강박은 불안을 해소하기 위한 회피적 처방이다. 이정현 대표와 집권당과 박근혜 정부의 불안, 나아가 시대의 불안은 강박적이고 회피적 처방으로는 치유될 수 없다. 불안을 없애는 보다 원천적 처방은 국민생각과의 차이, 국민과의 거리를 줄이는 것이다.

—〈경향신문〉 31면, 2016. 9. 9.

조대엽(趙大燁)

경북 안동에서 태어나 고등학교 마칠 때까지 낙동강을 보며 자랐다. 고려대 사회학과를 졸업하고 같은 대학원에서 사회학 석사, 박사를 마쳤다. 정치사회학 분야 가운데 사회운동, 시민사회, 공공성과 민주주의, 사회갈등과 사회통합 등에 연구관심을 기울였다. 분단국가의 사회과학자라는 원초적 책무를 핑계로 남북관계와 통일 분야 또한 연구관심영역이라고 할 수 있다.
그간의 공공성과 민주주의 연구에 바탕을 두고 최근에는 노동학연구와 사회적 대화, 좀 넓게는 협력문명에 대한 관심이 많다. 고려대학교 사회학과 교수로 20년 가깝게 학생들을 가르치면서 연구하고 있다.
바깥일로는 주로 학회활동과 시민단체 돕는 일을 했다. 한국사회학회, 한국정치사회학회, 한국 NGO학회, 한국 비교사회학회 등의 일을 비교적 열심히 했고, 현재는 노동대학원장 겸 노동문제연구소장을 맡아 노사정 현장과 고려대학교 아카데미즘을 하나로 묶는 데 애쓰고 있다.
돌이켜 보니 약 70편의 학술논문과 22권의 저서, 그리고 세상 돌아가는 데 훈수 두는 약 120편의 칼럼이 남았다.